노동법은 프리랜서를 보호할 수 있을까?

앞으로의 고용사회를 생각하다.

하시모토 요코(橋本 陽子) 저

권오성 · 박수경 역

정독
DEEP READING

역자 서문

일하는 사람은 전통적으로 노동법의 적용대상인 '근로자'와 노동법의 적용대상 밖에 있는 '자영업자'로 구분되어왔다. 그런데, '균열일터'라는 말이 상징하듯 현대의 일터는 지난 세기의 균질성을 상실하였고, 표준적 고용 관계에서 벗어난 다양한 일하는 방식이 확산하였다. 이로 인하여 종전의 기준으로는 '근로자'의 범주로 포섭하기 어려운 일하는 사람의 수가 증가하였다. 이러한 경향은 일부 국가에 한정된 것이 아니라, 정도의 차이는 있겠지만 산업화가 어느 정도 성숙에 이른 많은 국가에서 동시에 발생하고 있는 현상이다.

이러한 문제에 대응하기 위해 여러 국가에서 '비근로자'인 일하는 사람을 법적으로 보호하기 위한 다양한 입법이 추진되고 있다. 그런데, 각국의 노동법 체계는 각각 고유한 역사적 맥락이 있다. 따라서, 비근로자인 노동자를 어떠한 방식으로 보호할 것인지는 해당 국가의 노동법제가 근로자의 범위를 어떻게 보고 있는지, 근로자 이외의 노동자에 대하여 어떠한 보호를 하고 있는지 등의 규범 환경에 영향을 받을 수밖에 없다. 예컨대, 우리나라는 비근로자인 노동자 일부를 '노무제공자'라는 범주로 묶어서 산업재해보상보험법, 산업안전보건법, 고용보험법을 통해 근로자와 유사한 보호를 제공하고 있다. 반면, 일본은 비근로자인 근로자를 노동법의 대상으로 포괄하는데 다소 신중한 태도를 보여 왔다. 이러한 맥락에서 일본에서는 2024년 11월 1일 프리랜서를 보호하기 위한 「특정수탁사업자와 관련된 거래의 적정화 등에 관한 법률」(이하 "프리랜서 신법"이라고 한다)이 시행되었다. 동 법률은 1인 자영업자 중 일정한 요건을 갖춘 자를 '특정수탁사업자'로 범주화하고, 이들의 거래 조건의 적정화에 관하여는 경제법적 보호를, 취업 환경에 관하여는 노동법적 보호를 동시에 규정하는 방식을 도입한 것이다.

우리나라의 노동법제는 일본과 유사한 점이 많다. 따라서, 일본에서 프리랜서의 보호를 위해 "프리랜서 신법"을 제정한 맥락과 그 내용, 그리고 향후의 전망은 우리나라의 관련 정책에서 많은 시사점을 줄 것이다. 이러한 생각에서 일본 내에서의 "프리랜서 신법"에 관한 논의를 살펴보던 중 이 책을 만나게 되었다. 가벼운 마음으로 이 책을 펼쳤지만, 이 얇은 책은 단순히 일본의 "프리랜서 신법"의 내용을 정리한 책이 아니었다. 이 책은 '노동법의 보호를 받아야 할 사람은 누구인가'라는 노동법의 근본적인 문제와 관련하여 일본과 유럽 각국의 최신의 경향을 종합적으로 분석하고, 저자 나름의 입장을 제시한 '무거운' 책이었다. 하시코토 요코(橋本陽子) 교수는 2021년의 「노동자의 기본 개념 – 노동자성의 판단 요소와 판단 방법(労働者の基本概念－労働者性の判断要素と判断方法)」 등 다수의 연구서를 출판하는 등 '노동자성' 문제에 있어 일본에서도 정평있는 연구자이다. 이 책은 이러한 저자의 연구성과를 일반인들이 접근할 수 있도록 신서판으로 출판한 것이다. 이 책을 읽으면서 역자는 이 책은 일본뿐 아니라 노동법제에 관하여 일본과 많은 부분을 공유하고 있는 한국에서도 반드시 '읽혀야 하는' 책이라는 생각이 들었다. 다행히도 하시코토 교수도 이 책의 한국어판 출판을 흔쾌히 허락해 주셨다. 지면을 빌어 한국어판 출판을 허락해 주신 하시모토 교수님께 감사의 마음을 전한다.

역자들은 하시모토 교수의 생각을 정확하게 한국어로 옮기기 위해 최선을 다하였으나, 여전히 부족한 점이 있을 것이다. 한편, 문고판으로 출판된 관계로 원서에는 각주가 붙어있지 않아서 이 책에서 다루고 있는 각국의 판례와 법령 등을 독자들께서 찾아볼 수 있도록 역자들이 하나하나 찾아 각주로 표시하였다. 또한, 일본의 프리랜서 신법과 이 책에서 중요하게 다루고 있는 플랫폼노동 입법지침(EU Platform Work Directive)의 전문을 번역하여 부록으로 추가하였다.

마지막으로, 어려운 출판환경에서도 이 책의 번역을 위해 선선히 나서 주신 김중용 대표님을 비롯한 '정독'의 모든 임직원께 감사의 뜻을 전한다. 이 책이 독자들께서 '프리랜서'로 불리지만 실상은 '언프리(unfree)'한 일하는 사람들을 어떻게 보호해야 하는가를 생각해 볼 계기가 될 수 있었으면 하는 것이 역자들의 바람이다.

2024. 11. 27.
역자들을 대표하여 권오성 씀

한국어판 서문

이 책은 일본에서 노동법이 적용되는 "노동자"란 누구이며, 어떻게 판단되어야 하는가의 문제를 다룬 책입니다. 이 책의 내용은 전문적인 것이지만, 일반 독자를 위해 집필한 책입니다.

노동자와 구별되는 자는 '자영업자(사업자)'입니다. 노동법과 사회보험법은 노동자에게만 적용됩니다. 즉, 자영업자에게는 노동법의 보호가 미치지 못하고 사회보험에도 원칙적으로 가입하지 못하므로, 질병이나 노후 등 일할 수 없게 될 경우의 소득 및 의료서비스에 대한 보호는 자영업자가 스스로 준비해야 합니다.

노동자와 자영업자의 구별은 공업화가 시작된 19세기 후반부터 20세기 초반에 걸쳐, 여러 외국에서 문제가 되기 시작하여 현재까지 계속되고 있습니다. '일하는 방식'에 있어서 노동자와 동일하지만, 자영업자로 취급되고 있는 "위장 자영업"의 문제는 늘 존재해 왔지만, 최근에 플랫폼노동이라는 새로운 일하는 방식이 등장하면서 다시금 현재화(顯在化)되었습니다.

플랫폼노동에 관한 논의는 디지털화가 빠르게 진행된 한국이 일본보다 앞서 있습니다. 한국의 대법원 2024. 7. 25. 선고 2024두32973 판결은 '타다' 운전기사의 근로기준법상 근로자성을 긍정하고, 해고로부터의 보호를 인정하였습니다. 매우 획기적인 판결이라고 생각합니다. 일본보다 논의가 앞서 있는 한국에서 졸저를 번역하여 출판할 수 있을 것으로 생각하지 못했기에, 매우 영광입니다.

권오성 교수님과 박수경 박사님이 본서를 순식간에 번역해주셨습니다. 바쁘신 와중에 힘든 작업을 신속하고 정확하게 진행해주신 점에 대하여 진심으로 감사드립니다. 저는 10년 전에 한국을 방문한 일이 있습니다. 한국은 그때보다 더욱 많은 변모를 이루었을 것으로 생각합니다. 당시 한국의 낮은 최저임금에 놀랐었는데, 오늘날에는 최저임금액도 한국이 일본을 앞질렀습니다. 일본이 한국으로부터 배울 점이 적지 않을 것으로 생각합니다. 일본과 한국의 학술 교류가 앞으로도 더욱 발전하기를 마음으로부터 기원합니다.

2024년 11월 6일
도쿄에서
하시모토 요코

들어가며

오늘날 일본은 고용되어 일하는 사람이 80%가 넘는 고용사회이다. 농업이 중심이었던 시대에는 자영업이 인구 대부분을 차지했다. 고용되어 일하는 사람에게 적용되는 법의 총칭을 노동법이라고 하며, 노동법의 적용을 받는 사람을 '노동자'라고 한다. 노동자를 고용하는 사람(회사)을 '사용자'라고 한다. '노동3법'이라 불리는 노동기준법, 노동조합법, 노동관계조정법이라는 명칭은 누구나 들어본 적이 있을 것이다. 이들은 전후(戰後)에 곧바로 제정된 대표적인 노동입법이지만, 현재는 노동재해보상보험법, 최저임금법, 남녀고용평등법, 노동자파견법, 노동계약법 … 등 그 외에도 많은 중요한 노동법의 법률이 계속 제정, 개정되고 있다.

노동자를 채용하면 실업보험과 사회보험에 가입시키는 것도 사용자의 의무이다. 이와 같이 노동자라면 최저한의 임금이 보장되고, 해고는 간단하게 할 수 없으며, 만약 실직한 경우 실업수당이 지급된다. 업무에 종사하는 중에 사고를 당해 상처를 입거나, 장시간 노동으로 인해 과로사한 경우에는 본인 또는 유족이 산재보험의 보상을 받을 수 있다.

이처럼 노동자가 노동법의 다양한 보호를 받을 수 있는 이유는 무엇일까? 그것은 노동자가 자신의 노동 외에는 자산이 없고, 살기 위해서는 일할 수밖에 없기 때문이다. 그리고, 노동은 그것을 제공하는 인간과 분리될 수 없고, 단순한 상품으로 자유 시장에 맡겨두어서는 안 되기 때문이다. 그러므로, 노동자를 보호하기 위한 법규제가 필요한 것이다. 1944년 국제노동기구(ILO)에서 채택된 필라델피아 선언의 '노동은 상품이 아니다'라는 말이 이를 상징한다.

그런데, 최근 자주 화제가 되는 프리랜서는 개인사업주라고 불리지만, 기본적으로 자본이라고 할 만한 것을 갖지 못하고, 다른 사람을 고용하지 않으며, 자신의 노동력만 제공하고 있는 것이 아닐까? 이들은 노동자와 무엇이 다를까?

이 책은 "프리랜서에게 노동법이 적용되는가?"라는 문제를 중심으로, 이 문제와 관련된 노동법의 내용을 설명하고, 앞으로의 고용사회에 관하여 고찰하는 책이다. 이 책에서 중점적으로 검토하는 문제는 '근로자성'이라고 불리는 논점이다. 처음 들어보는 독자들도 많겠지만, 다음과 같은 사례를 염두에 두고 이 책을 읽어주면 좋겠다. 모두 실제 재판에서 다툼이 있었던 사례들이다(현재 진행 중인 사건도 있다. 또한, 사실을 조금 단순화한 것도 있다).

사례 1. Food delivery의 배달원

우버이츠(Uber Eats)의 배달원은 Uber Eats Japan사(이하 "우버이츠")와의 업무위탁계약에 따라 일하고 싶을 때 원하는 장소에서 앱을 켜고 주문이 오기만을 기다린다. 주문을 받을지 말지는 자유이지만, 여러 번 거절하면 자동으로 계정이 정지된다. 주문을 받고 레스토랑에서 음식을 받아본 후에야 비로소 어디로 배달해야 할지 알 수 있다. 보수는 우버이츠가 정한 기준에 따라 지급되는데, 이 기준은 종종 일방적으로 변경된다. 배달원들은 우버이츠가 작성한 상세한 매뉴얼을 따라야 한다. 배달이 끝나면 음식점과 고객은 배달원을 평가한다. 이 평가는 보수(인센티브)에 영향을 미친다.

배달에 필요한 자전거와 그 비용은 배달원이 직접 부담하며, Uber Eats라고 적힌 가방은 우버이츠에서 지급한다.

X 등 배달원은 사고의 보상 등을 요구하며 노동조합을 결성하

고 우버이츠에 단체교섭을 요구했다. 우버이츠는 이 제안에 응해야 하는가?

사례 2. 장의(葬儀) 집행의 업무 위탁

장의(葬儀) 회사를 운영하는 Y사는 고객으로부터 의뢰를 받아 장례식을 준비 및 실시하는 종업원(Funeral Advisor, 이하 FA)을 자신이 직접 고용하지 않고 '지부장'이라 불리는 대리점주에게 고용하게 하였다. Y사와 지부장 사이의 계약은 업무위탁계약이다(따라서, Y사는 종업원을 거의 고용하고 있지 않았다). 지부장의 사무소는 Y사로부터 임차한 것이며, '배치전환(配轉)'이라고 불리는 지부장의 이동도 이루어지고 있었다. FA는 Y사의 이름으로 모집했으며, FA가 사용하는 휴대전화는 Y사가 직접 FA에게 대여하고 있었고, 장례식의 시행에 대하여 FA는 Y사에 직접 보고했다. A지부장에게 고용되어 FA로 일해온 X는 노동조합을 결성한 후에 해고되었다. X는 Y와의 사이에 고용 관계가 있다고 주장할 수 있을까?

사례 3. 아이돌 활동

고교생인 A는 Y프로덕션과 전속 매니지먼트 계약을 체결하고, 그룹에서 아이돌 활동을 하고 있다. 라이브 외에도 슈퍼 등에서 열리는 특산품 판매 응원 활동도 해야 한다. 이는 매장에서 큰 소리로 손님을 불러모으는 것으로, 실제로는 판매원으로 일하는 것이다. 어떤 이벤트에 출석할지는 사전에 앱으로 입력하게 돼 있다. 그러나 '참가' 이외에 선택할 수 없는 이벤트도 많았고, '불참가'라고 입력한 이벤트에 대해서도 사무소에서 전화로 참가하라고 하는 등 사실상 참가를 강요받았다. 보수는 굿즈 매출에 따른 포상금이 한 달에 몇천 엔 정도 지급됐다.

A는 학업과 양립을 고민하다가, 아이돌 활동을 그만두겠다고

하자, Y 사장에게 '그만두려면 위약금을 물어내라'라는 말을 듣고, 괴로워하다 자살했다.

A의 자살에 대해 Y는 책임을 지지 않는 것일까? 또, 판매 응원에 종사한 시간에 대하여 최저임금이 지급되지 않는 것일까?

사례 4. 호텔 운영의 업무 위탁

Y는 저가의 비즈니스호텔 체인을 운영하고 있으며, 각각의 호텔 운영을 업무위탁계약에 따라 지배인과 부지배인에게 맡기고 있다. 지배인과 부지배인은 원칙적으로 부부로 호텔에 거주해야 한다. 지배인들은 Y로부터 높은 예약률을 유지하도록 항상 지도받고, 예약 사이트에 올리는 가격도 세세하게 지시받는다. 조식이나 체크아웃, 프론트에서 대응하는 시간, 호텔에서 사용하는 용구와 청소, 케이터링 업체 등 호텔 운영에 관한 사항은 모두 Y가 정하고, 상세한 매뉴얼로 작성되어 있다. 아르바이트는 지배인이 고용하기로 되어 있었지만, 아르바이트비에 상당하는 비용은 Y가 지배인들에게 지급하는 업무위탁료와 별도로 Y가 부담하고 있었다.

지배인과 부지배인은 어느 한 사람이 외출하는 것은 가능했지만, 장시간 빠지는 것은 불가능했다. A점의 운영을 맡고 있던 지배인들은, 이러한 일하는 방식에는 문제가 많은 것이 아닐까 하는 의문에 느끼고, 여러 가지 의견을 말했더니, Y는 X들과의 업무위탁계약을 갱신하지 않았다. X들은 이러한 계약 종료를 부당하다고 다툴 수 있을까?

사례 5. 법률사무소 소속변호사

일본 유수의 법률사무소인 Y에서는 수십 명의 파트너 변호사 외에 어소시에이트(associate)나 카운셀(counsel)로 불리는 약 700명의 변호사가 근무하고 있다. 사법연수를 수료한 변호사는 어소시에

이트로 몇 년을 근무한 후 카운셀로 승격한다. 어소시에이트와 카운셀은 Y와 기간 1년의 위임계약을 체결하고 있다.

어소시에이트와 카운셀은 파트너를 리더로 하는 팀에 소속되어, 파트너로부터 할당받은 업무에 종사한다. 어소시에이트와 카운셀은 기본적으로 파트너로부터 할당된 업무를 거부할 수 없으며, 다른 팀의 안건에 관여하기 위해서는 상사인 파트너의 허락을 받아야 하며, 일단 배정된 팀을 이동하는 일은 없다.

어소시에이트와 카운셀은, 자신이 담당하는 안건의 클라이언트를 자신의 '고객'이라고 부르기도 하지만, 자신의 이름으로 안건을 수임하고 있는 것은 아니다. 안건을 수임할 수 있는 것은 파트너뿐이다. 변호사들은 업무에 필요한 자료나 데이터베이스를 이용하려면, 기본적으로 사무소에서 작업할 수밖에 없어, 모두들 사무소에서 장시간 일하고 있다. 어소시에이트와 카운셀에게는, 파트너에 의한 근무 평가도 이루어지고 있다.

근속 10년이 되는 카운셀인 X는, 상사인 파트너와 사이가 나빠져, 업무의 의뢰가 격감하고, 최종적으로 계약갱신의 거절로 고용중지가 되었다. X는 이러한 계약 종료를 부당하다고 다툴 수 있을까?

사례 6. 프리랜서 라이터

미용계열의 프리랜서 라이터인 X(여성)는 월액 15만 엔으로 긴자의 에스테틱 살롱인 Y의 소개 기사를 홈페이지에 기재한다는 내용의 업무위탁계약을 에스테틱 살롱과 체결했다. 25세인 X에게 이 일은 처음으로 정액 수입을 얻을 수 있는 일이었다. X는 기사를 쓰기 위해 에스테틱 살롱의 시술을 체험하게 되었는데, Y의 경영자로부터 신체 접촉을 당하고 성행위를 강요당할 뻔했다. 그 후, X는 정신 질환을 앓게 되었다. X는 Y에게 이러한 괴롭힘 행위에 대한 손해배상을 청구할 수 없을까?

사례 1에서는 음식배달 배달원들이 노동조합을 결성하여 플랫폼 사업자(인터넷을 통해 서비스를 제공하는 사업자)에게 단체교섭을 요구할 수 있는지가, 사례 2, 사례 4 및 사례 5에서는 발주자(発注者, 도급인)에 의한 일방적인 계약 종료를 부당하다고 다툴 수 있는지가, 사례 3에서는 사실상 강제되고 있던 판매원의 업무에 대해 최저임금이 지급되고 있는지가, 그리고 사례 3과 사례 6에서는 발주자의 괴롭힘으로 인해 자살이나 정신 질환 등 심각한 피해를 입은 종사자가 발주자에게 책임을 물을 수 있는지가 문제 되고 있다.

이러한 사례에서 X의 주장이 인정되기 위해서는 기본적으로 X의 근로자성이 인정되어야 한다. 다만, 사례 2에서는 근로자성이 문제가 되는 것은 지부장이고, 또한 Y가 FA의 사용자라고 할 수 있는지에 대한 사용자성도 문제 된다. 또한, 사례 3과 사례 6에서 괴롭힘에 대한 책임을 추급할 수 있는 자가 반드시 노동자로 한정되지는 않지만, 이 점에 대해서는 나중에 설명하고자 한다.

오늘날 새로운 일하는 방식으로 주목받고 있는 프리랜서는 계약상으로는 X들과 같이 업무위탁계약에 따라 발주자로부터 의뢰받은 일을 수행하고 있다. 그러나, 그 일하는 방식은 노동자와 거의 다르지 않은 경우가 적지 않다.

근로자성이란 어떻게 판단되는가? 계약의 명칭이 노동계약(고용계약)이 아니라고 해서 곧바로 근로자성이 부정되는 것인가? 근로자성이 인정되지 않는 프리랜서를 보호하는 법률은 없는가? 본서에서는 이러한 문제를 검토해 나가기로 한다.

근로자성은 서구에서 19세기 말부터 20세기 초에 걸쳐 노동법이 생성되던 당시부터의 어려운 문제였지만, 디지털화로 인해 사례 1과 같은 플랫폼 노동이 생겨나면서 10여 년 전부터 다시 논의가 재점화되었다. 일본에서도 2023년 5월에 "프리랜서 신법"(특정 수탁사업자에 관한 거래의 적정화 등에 관한 법률(特定受託事業者に係る取引

の適正化等に関する法律))이 제정되어, 프리랜서에게 일정한 보호가 인정되고 있다. 그러나, 유럽의 동향에서 보면, 일본의 대응은 충분하다고는 말하기 어렵다. 본서에서는 주로 EU와 독일의 최근 노동법의 전개와 비교함으로써 앞으로의 일본의 노동법의 기본방향에 대해 생각해 보고자 한다.

차 례

제2장 노동법이란 무엇인가?
—성립배경과 견해

제3장 근로자성과 사용자성
— '노동자' 와 '사용자' 란 누구인가?

제4장 어떠한 법 제도가 필요한가 —EU와 독일의 동향으로부터

제5장 '근로자성' 확장하기

제6장 앞으로의 고용사회

제1장

새로운 일하는 방식의 무엇이 문제인가?

—프리랜서·긱 워커의 현실

프리랜서·긱 워커란?

프리랜서란, 기업에 고용되지 않고 자영업으로 일하는 사람이다. 2021년 3월 26일 내각관방(内閣官房), 공정거래위원회(公正取引委員会, 이하 "공정위"라고 한다), 중소기업청(中小企業庁) 및 후생노동성(厚生労働省)은 연명으로 프리랜서의 보호에 관한 가이드라인을 공표했다("프리랜서로서 안심하고 일할 수 있는 환경을 정비하기 위한 가이드라인(フリーランスとして安心して働ける環境を整備するためのガイドライン)", 이하 "프리랜서 가이드라인"). 이 가이드라인에서는 프리랜서란 '실제 점포가 없고, 고용인도 없는 자영업자나 1인 사업자로서, 자신의 경험이나 지식, 기술을 활용하여 수입을 얻는 자'로 정의하고 있다. 이 정의는 2023년 4월 28일에 제정된 '프리랜서 신법'(후술)의 적용 대상자인 '특정 수탁업무 종사자'의 정의에서도 답습되고 있다.

이렇게 정의되는 프리랜서의 수는 내각관방(内閣官房)에 의하면 2020년에 462만 명(본업 24만 명, 부업 248만 명)인 것으로 추산되고 있다("프리랜서 실태조사 결과(フリーランス実態調査結果)"). 또한, 5년에 한 번 실시되는 취업구조기본조사(총무성)에서는 2022년 조사에서 처음으로 이러한 정의에 따른 프리랜서의 수도 조사되었다. 이

에 따르면, 본업으로 프리랜서로서 일하는 사람은 209만 명으로, 전체에 차지하는 비율은 3.1%, 부업으로 프리랜서로서 일하는 사람은 48만 명이다. 본업이 프리랜서인 사람이 차지하는 비율이 높은 산업은 '학술 연구, 전문·기술 서비스업'이 13.5%, '건설업'과 '부동산업, 물품 임대업'이 각각 10.7%이다.

프리랜서 중에는, 최근에는 '긱 워커'라고 불리는 사람도 생겨나고 있다. '긱(gig)'이란, 재즈 등의 음악 세션에서 유래한 용어라고 알려져 있으며, 일회성 작업을 의미하고 있다. '긱 워크(gig work)'는 디지털화로 생겨난 플랫폼 노동이라고 불리는 새로운 일하는 방식을 일컫는 말이기도 하다.

플랫폼 노동는 플랫폼이라고 불리는 위탁자(발주자)가 스마트폰 앱을 통해 일을 제공하고, 종사자는 일하고 싶을 때 그 앱을 켜서 일의 주문을 받는 일하는 방식이다. '들어가며'의 '사례 1'에서 다룬 우버이츠의 배달원이 이에 해당한다. 일하고 싶을 때 일한다는 점에서 전형적인 고용 노동과는 다른 자유로운 일하는 방식으로 이해되고 있다. 이 책에서는 개인 사업주 일반을 지칭하는 경우에는 '프리랜서'라는 용어를 사용하고, 플랫폼을 통한 취업을 지칭하는 경우에는 '긱 워크' 또는 '플랫폼 노동'라는 용어를 사용하기로 한다.

긱 워크 또는 플랫폼 노동는 일반적으로 두 가지 종류의 취업 형태로 구별되고 있다. 첫 번째 형태가 온라인만으로 완결되는 취업이며, '클라우드 워크'라고도 불린다. 클라우드 워커는 간단한 조사를 하거나, 사진에 태그를 붙이는 마이크로 태스크(micro task)라고 불리는 사소한 작업을 수행한다. 두 번째 형태가 앱으로 일을 알선받지만, 실제 노동은 오프라인에서 이루어지는 것이다. 배차 서비스의 운전수나 음식 배달원이 이에 해당한다.

무엇이 문제인가?

프리랜서나 긱 워커와 발주자 사이의 계약은 노동계약(고용계약이라고도 한다)이 아니라, 업무위탁계약 등의 이름으로 되어 있다. 제대로 된 서면 계약서가 없는 경우도 많다. 그러나, 일하는 방식의 실태가 고용계약으로 일하는 자('노동자')와 다르지 않은 경우가 적지 않다. 예를 들어, 아무도 고용하지 않고 사실상 1인의 발주자(도급인)를 위해 매일 아침부터 저녁까지 일하고 있는 경우이다. 그 실태가 노동자와 다르지 않음에도 불구하고, 계약상 자영업자로 취급되기 때문에 노동자를 보호하기 위한 규제가 적용되지 않는 것은 부당한 것이 아닌지 문제가 된다.

이것이 허용된다면, 발주자 측에서 보면 노동법에 따른 보호라는 비용이 들지 않는 자영업자를 활용하려는 유인(incentive)이 작용하게 된다. 노동법에 따른 비용이란, 예컨대 최저임금의 지급이나 시간 외 노동의 규제, 나아가 산재 보상이나 해고로부터의 보호이다. 게다가 노동자라면 통상 사회보험(건강보험 및 후생연금)에 가입하기 때문에 사회보험료도 지급하지 않으면 안 된다. 노동자를 고용하면 사용자는 이러한 비용을 부담하지 않으면 안 되지만, 자영업자와 거래한다면 이러한 비용을 부담할 필요가 없다. 이 때문에 이러한 규제를 면하기 위하여, 실태는 노동자이면서 자영업자로 활용하려는 움직임이 항상 문제가 되는 것이다.

프리랜서는 증가하고 있는가?

최근에 새삼스럽게 근로자성의 문제가 주목을 받고 있다고 할 수 있는데, 과연 프리랜서나 긱 워커는 증가하고 있는 것일까? 이 점에 관한 통계는 일본에서는 안타깝게도 찾아볼 수 없다. 다만, 결론적으로는 유럽 및 미국의 상황을 보더라도 플랫폼 노동의 등장으로 고용이 자영으로 치환되어 프리랜서가 극적으로 증가하고 있다고까지는 말할 수 없다. 그러나, 디지털화에 따라 일하는 방식의 유연성이 커지고 있는 것은 사실이다.

초창기 노동법의 규제가 공장법(工場法)이었던 것처럼, 공장에서 일하는 블루칼라 노동자가 전형적인 노동자였다. 한편, 오늘날 선진국에서는 산업의 중심이 제2차 산업에서 제3차 산업으로 이행하면서, 블루칼라 노동자는 점점 줄어들고 있다. 프리랜서라고 하는 자유로운 일하는 방식이 친숙해지는 사회로 변화하고 있는 것은 틀림없다.

프리랜서의 취업 실태

프리랜서 취업의 실태는 어떻게 되어 있을까? 내각관방(内閣官房)의 자료에서 이 점에 관한 데이터를 소개하고자 한다(내각관방 '새로운 자본주의 실현 본부(新しい資本主義実現本部)' 사무국 자료, 2020년 4월).

먼저, 프리랜서는 다양한 업종에서 취업하고 있다. 주요 업종으로는 영업, 건설·현장작업, 운수·운송·배송·배달, 강사·인스트럭터, 디자인 제작·콘텐츠 제작, 조사, 연구, 컨설팅, 데이터 입력·문서 입력 등을 들 수 있다. 거래형태로서는, 거래상대방과 단발(単発) 1회 한정의 안건으로 거래하는 프리랜서는 23.2%에 불과하며, 많은 프리랜서가 거래상대방과 여러 차례 또는 장기·정기적인 거래를 하고 있다.

프리랜서 대부분이 거래상대방과 장기적인 관계에 있으며, 가장 구속성이 높다고 할 수 있는 전속계약을 체결하고 있는 경우도 12.3%에 이르고 있다. 이러한 사정을 반영하여, 특정 의뢰자에게 50% 이상의 매출이 집중되는 프리랜서가 50%를 넘고 있으며, 특정 의뢰자에게 90% 이상의 매출을 의존하고 있는 프리랜서도 27.5%에 이른다.

• 주된 생계자가 본업으로 행하는 프리랜서 연수입은 연수입 200만 엔 이상 300만 엔 미만이 19%로 가장 많다(고용자로서의 연수입과 비슷한 경향).

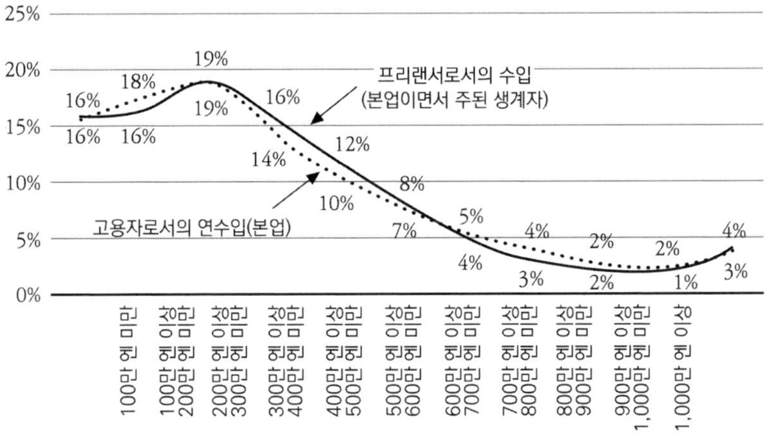

(주) "당신의 프리랜서로서의 가장 최근 1년간 수입을 가르쳐주세요"(단일응답)라는 설문에 대한 응답을 집계. 그러나 "대답하고 싶지 않음"이라고 응답한 자를 제외하고 집계(n=2,129). 주된 생계자는 세대에서 가장 연수입이 높은 자. 이 설문에서의 "연수입"이란, "사업으로서의 수입(매출액)이 아니라, 수입(매출액)에서 필요한 경비 등을 제외한 소득 금액으로 사회보험료 및 세금을 공제하기 전의 금액"을 말한다.
(출처) 고용자로서의 수입, 총무성, "2017년도 취업구조기본조사"를 바탕으로 작성

[그림 1-1] 프리랜서의 수입

프리랜서의 거래상대방의 사업의 규모는 자본금 1,000만 엔 초과가 59.2%이지만, 자본금 1,000만 엔 이하인 사업자도 약 40%이다. 개인 사업주의 거래에 하청대금 지급 지연 등 방지법("하청법(下請法)", 후술)이 적용되기 위해서는, 발주자가 자본금 1,000만 엔 이상일 것이 필요하므로, 이 숫자는 중요하다. 약 40%의 프리랜서의 거래에 하청법이 적용되지 않는 점이 '프리랜서 신법'이 제정된 이유가 되기도 했다.

프리랜서가 경험한 분쟁의 내용(상위 10개 항목)은, 보수 지급의 지연이 29.5%, 일방적인 업무 내용 변경이 29.5%, 부당하게 낮은 보수액의 결정이 26.4%, 일방적인 계속 거래의 중단이 25.7%, 보수

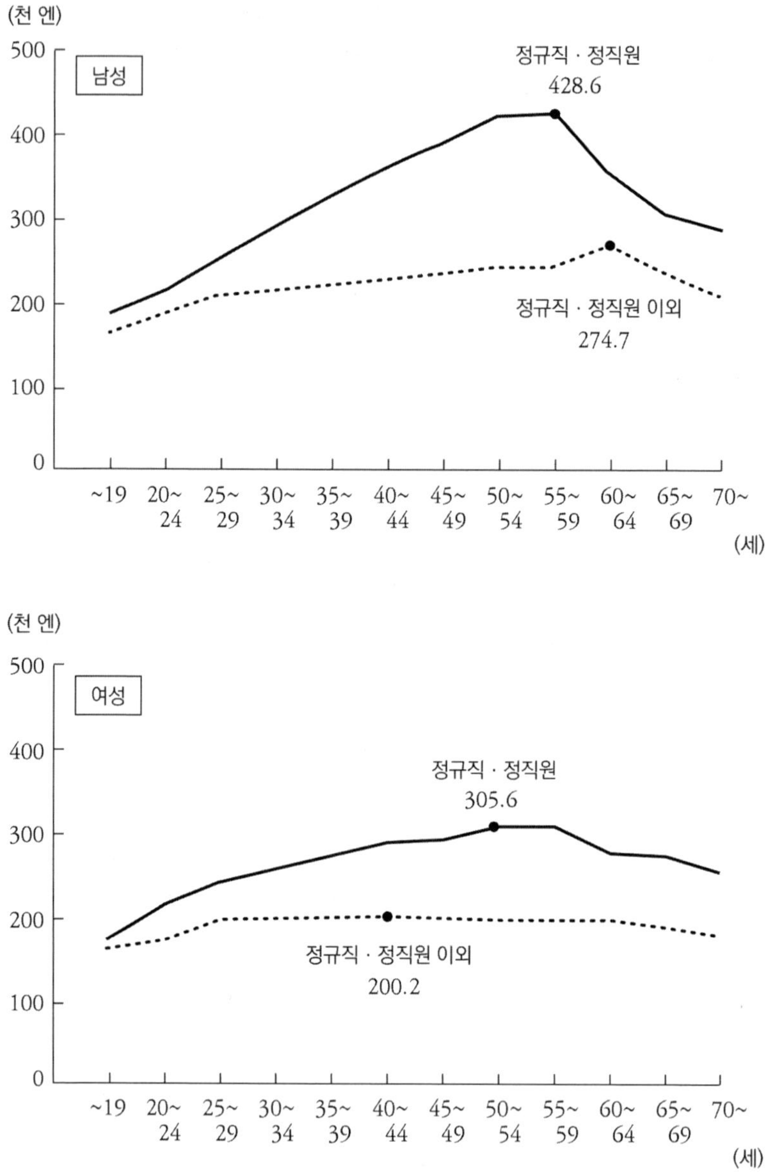

[그림 1-2] 고용형태, 성별, 연령계층별 임금(2021년)

의 미지급·과소 지급이 23.4%, 납기나 기술적으로 무리한 주문이 22.4%, 작업 개시 전의 일방적인 작업 취소가 20.9%, 일방적인 보수액의 인하가 20.2%, 부당한 수정·재납품의 요구가 18.9%, 납기의 급격한 앞당김이 13.6%로 나타났다.

앞에서 언급한 프리랜서 실태조사 결과에 따르면, 주된 생계자가 본업으로 행하는 프리랜서의 연수입은 연수입 200만 엔 이상 300만 엔 미만이 19%로 가장 많았다([그림 1-1]). 프리랜서 실태조사 결과에서는 고용노동자와 비슷한 경향으로 평가되고 있지만, 정규직(일본에서는 '정사원(正社員)'이라는 표현을 쓴다)과 비정규직의 임금이 구별되어 있지 않다는 점에 유의할 필요가 있다. 본업으로서 하는 프리랜서의 연소득은 정규직의 임금과 비교되어야 할 것이다. 2021년의 임금구조 기본통계조사(賃金構造基本統計調查)에 따르면, 정규직의 연수입은 323만 4,000엔이며, 정규직 이외의 연수입은 216만 7,000엔이다([그림 1-2]). 프리랜서의 수입은 일반적으로 정규직보다 낮은 실정이다.

자영업자에게 적용되는 노동법상의 규정

일부 자영업자에게는 노동법상의 일부 규제가 적용되고 있다. 먼저 자영업자를 보호하는 노동법으로 가내노동법(家內労働法)이 있다.

노동기준법(이하 "노기법")은 동거(同居)의 친족만을 고용하는 사업에는 적용되지 않으므로(116조 2항)[1] 노기법은 가내 노동자(家內労働者)에게는 적용되지 않았지만, 가내 노동자의 열악한 노동조건은 오래전부터 문제가 되어 왔다. 1960년대 후반에 샌들을 제작하는 가내 노동자의 벤젠 중독에 의한 건강피해가 문제가 된 것이 계

1) 일본 노동기준법 제116조(적용 제외) ② 이 법률은, 동거의 친족만을 사용하는 사업 및 가사사용인(家事使用人)에 관해서는 적용하지 않는다.

기가 되어, 1970년에 가내노동법이 제정되었다.

가내노동법은 계약조건을 명확히 하기 위하여 공임(工賃)의 단가·지급방법이나 기타 위탁조건 등을 기재한 가내노동수첩(家内労働手帳)의 교부를 의무화하는 동시에(동법 3조), 안전위생에 관한 필요한 조치를 강구할 의무를 위탁자(委託者)에게 부과하고 있다(동법 17조). 또한, 최저공임의 결정 제도를 규정하고 있다(동법 13조). 최저공임은 각 도도부현(都道府県)의 노동국(労働局)에 설치된 위원회에서 결정되며, 예를 들어 도쿄도(東京都)에서는 전기기계기구 제조업, 가죽 구두(革靴) 제조업 및 여성 기성복 제조업에서 최저공임이 정해져 있다.

가내노동법은 가내노동자를 '물품의 제조 또는 가공 등에 종사하는 자'로 정의하고 있으므로(동법 2조 2항), 제조업 이외에는 적용되지 않는다. 이 때문에, 정보통신기술을 이용한 데이터 입력 등의 텔레워크를 대상으로 하여 후생노동성의 가이드라인으로 계약조건을 명확히 하는 것 등이 요청되고 있다('자영형 텔레워크의 적정한 실시를 위한 가이드라인(自営型テレワークの適正な実施のためのガイドライン)'). 또한, 가이드라인에서는 ① 작업 시간이 장시간에 이르러 건강을 저해하는 일이 없도록 통상의 노동자의 1일의 소정 노동시간의 상한인 8시간을 작업 시간 상한의 기준으로 할 것, ② 예를 들어, 6개월을 초과하는 계속적 주문을 중단하는 경우에는 사전 예고를 할 것, 나아가 ③ 능력개발에 관한 지원 등을 요청하고 있다.

그 밖에, 성희롱 및 괴롭힘에 관한 후생노동성 지침[2]에는 사업

---

2) 사업주가 직장에서의 우월적 관계를 배경으로 한 언동으로 인한 문제에 관하여 고용관리상 강구해야 할 조치 등에 관한 지침(事業主が職場における優越的な関係を背景とした言動に起因する問題に関して雇用管理上講ずべき措置等についての指針)(令和2年厚生労働省告示第5号); 사업주가 직장에서의 성적인 언동으로 기인한 문제에 관하여 고용관리상 강구해야 할 조치에 관한 지침 등의 일부를 개정하는 고시(事業主が職場における性的な言動に起因する問題に関して雇用管理上講ずべき措置についての指針等の一部を改正

주는 '개인사업주'에 대해서도 성희롱 및 괴롭힘 피해를 보지 않도록 '필요한 주의를 기울이도록 배려할' 것이 규정되어 있다.

산재보험의 특별가입 제도

산재보험(일본에서는 '노재보험(労災保険)'이라는 표현을 쓴다)은 업무로 기인한 재해 및 질병을 입은 노동자 또는 그 유족에게 요양에 관한 비용과 휴업 중 소득보상 등 다양한 급부를 하고 있다. 장해(障害)가 남을 경우에는 장해연금이 지급된다. 두터운 산재보험 급부를 요구하며, 계약상으로는 자영업자로 취급되던 자가 근로자성을 주장하는 사례는 근로자성에 관한 분쟁의 전형적인 사례로 꼽히고 있다.

산재보험의 급부가 인정되기 위해서는, 노기법상 노동자이어야 하지만, 건설업의 1인 사업자(一人親方) 등 자영업자 일부에 대해서는, 산재보험에 가입할 수 있는 특별가입제도가 있다(노재보험법 35조). 이는 1965년에 마련된 제도이다. 특별가입제도는 직업별로 보험 사무를 수행하기 위한 특별가입단체(特別加入団体)가 설립되어 있어야 한다. 또한, 보험료는 모두 자기 부담이며, 출퇴근재해(通勤災害)의 보상은 없다.

최근 특별가입이 인정되는 자영업자의 범위가 확대되고 있으며, 2021년 4월부터 예능 종사자, 애니메이션 제작자 및 접골사(柔道整復師)가, 같은 해 9월부터 택배대행업과 IT엔지니어가 특별가입제도의 대상으로 추가되었다. 우버이츠의 배달원도 특별가입할 수 있게 되었다. 그리고, 2023년 11월 정부는 특별가입을 모든 프리랜서에게 인정한다는 방침을 밝혔다.

する告示)(令和2年厚生労働省告示第6号).

하청대금 지급 지연 등 방지법(하청법)

일본에서는 취약한 자영업자를 보호하기 위해 하청대금 지급 지연 등 방지법(下請代金支払遅延等防止法, 이하 "하청법")[3]이 활용되고 있다.

하청법은 독점금지법(独占禁止法, 이하 "독금법")상의 우월적 지위의 남용 규제(독금법 2조 9항 5호)는 대기업의 하청기업에 대한 부당한 대금 감액 등의 취급에 대해 충분한 성과를 거두지 못했기 때문에, 1956년에 독금법의 특별법으로 제정되었다. 독금법으로는 불충분하다고 생각된 이유로는, 하청거래에서는 발주(発注)의 대부분이 구두로, 또는 거래의 조건을 명확하게 정하지 않고 이루어지는 경우가 많아서, 독금법의 적용의 전제인 거래 조건이 불명확하다는 점, 또한 위반 행위의 신고를 기다리지 않고 적극적으로 시정을 도모할 필요가 있다는 점을 들 수 있다.

독금법은 자유 시장에서의 공정경쟁의 실현을 도모함을 목적으로 하는 법률로서, 강한 사업자가 자신의 지위를 남용하는 것을 금지하고 있다. 이것이 우월적 지위의 남용 규제이지만, 유럽에서는 시장에서의 지배적 지위가 문제 되는 것에 비하여, 일본의 우월적

3) 일본 민법은 제632조 "청부(請負)는 당사자의 일방이 어떤 일을 완성할 것을 약속하고, 상대방이 그 일의 결과에 대하여 그 보수를 지급할 것을 약속함으로써 그 효력이 생긴다."라고 규정하고, 제633조 이하에서 청부인(請負人)과 주문자(注文者)의 법률관계를 규정하고 있다. 이는 우리나라 민법 제664조에서 "도급은 당사자 일방이 어느 일을 완성할 것을 약정하고 상대방이 그 일의 결과에 대하여 보수를 지급할 것을 약정함으로써 그 효력이 생긴다."라고 규정하는 것에 조응한다. 한편, 일본법에서의 청부인(請負人)은 수급인에, 주문자(注文者)는 도급인에 각 해당한다. 따라서, 하청(下請, したうけ)은 하수급으로 번역하는 것이 정확한 번역일 것이다. 일본의 하청법에 대응하는 우리나라의 법률로 하도급거래 공정화에 관한 법률(약칭 "하도급법")이 있지만, 청부를 도급으로 그대로 번역하는 경우, 우리 법의 수급인을 의미하는 청부와 도급이 혼동될 우려가 있어 일본의 원문 그대로 하청법으로 번역하였다.

지위의 남용 규제는 시장에서의 우위성이 아니라 거래의 상대방에 대한 상대적 우위성이 문제가 된다. 그러므로, 일본의 규제는 경쟁 정책일 뿐만 아니라 사회 정책적 의의도 갖는 것이다. 이러한 우월적 지위의 남용 규제의 특별법인 하청법은, 나아가 '원사업자(親事業者)의 하청사업자(下請事業者)에 대한 거래를 공정하게 함과 동시에, 하청사업자의 이익을 보호하고 (…)'라고 그 목적을 규정하고 있어(1조), 공정성의 확보와 중소기업의 보호가 더 직접적인 법의 목적이 되고 있다.

하청법의 내용

하청법에서 원사업자(親事業者)와 하청사업자(下請事業者)는 자본금의 액수에 따라 구분된다(하청법 2조 7항 및 8항). 하청사업자가 개인사업자일 경우에는 자본금 1,000만 엔을 초과하는 법인 사업자가 원사업자가 되며, 그 거래에는 하청법이 적용되게 된다.

하청법은 먼저 거래 조건을 명확히 하기 위해 급부의 내용, 하청대금의 금액, 지급기일 및 지급방법 등의 사항을 기재한 서면을 하청사업자에게 교부할 의무를 원사업자(親事業者)에게 부과하고 있다(동법 제3조). 이러한 의무 위반에는 벌칙이 부과된다(동법 10조).

다음으로, 하청법 4조는 원사업자에 대하여 총 11개의 금지행위를 규정하고 있다.

이러한 금지행위는 ① 수령거부(4조 1항 1호), ② 대금의 지급 지연(동항 제2호), ③ 대금의 감액(동항 3호), ④ 반품(동항 4호), ⑤ 대금 후려치기(買いたたき)(동항 5호), ⑥ 구매·이용의 강제(동항 제6호), ⑦ 보복 조치(동항 7호), ⑧ 유상으로 지급한 원재료 대가의 조기 결제(동조 2항 1호), ⑨ 할인(割引)이 곤란한 어음(手形)의 교부(동항 2호), ⑩ 부당한 경제적 이익의 제공 요청(동항 3호), ⑪ 불필요한 급부 내용의 변경 또는 부당한 재작업(やり直し)(동항 4호)이다.

이 중에서 ② 대금의 지급 지연이란 원사업자가 하청사업자로부터 급부를 수령한 날로부터 60일 이내로 정한 지급기일까지 하청대금을 지급하지 않는 것을 금지하는 것이다. 1956년의 제정 당시에는, 원사업자에게는 지급기일을 정할 의무는 부과되지 않았지만, 1962년의 개정법에 따라 지급기일을 정할 의무가 법으로 규정됨과 동시에, 위반 행위도 지급기일의 경과 후에도 여전히 지급하지 않는 것으로 개정되었다(2조의2). 원사업자가 지급을 지연한 경우에는 연 14.6%의 지연이자를 지급하지 않으면 안 된다(4조의2). 연 14.6%라는 이율은 임금지급확보법(賃金支払確保法, 이하 "임확법")을 참고한 것이다.

③ 대금의 감액은 하청사업자의 책임으로 돌릴 이유가 없음에도 불구하고, 정해진 하청대금의 금액을 인하하는 것이며, ⑤ 대금 후려치기(買いたたき)란 현저하게 낮은 하청대금을 정하는 것 자체를 의미한다.

이러한 부당한 행위에 대해 공정거래위원회(公正取引委員会)는 급부의 수령, 하청대금의 지급 또는 그 밖에 필요한 조치를 할 것을 권고한다. 권고가 이루어지고, 원사업자가 해당 권고에 따라 필요한 조치를 강구한 경우에는 그 원인이 된 위반 행위에 대해 독금법상의 조치는 취할 수 없도록 되어 있다(동법 8조).

하청법은 '권고'라는 행정지도를 통해 하청기업에 대한 원사업자의 부당한 취급을 바로잡으려는 점에 특징이 있다. 이는 특히 하청대금의 지급 지연에 대해서는 준사법절차(準司法手続)보다는 원사업자의 성의와 노력을 촉구하는 편이 상황 개선에 효과적이라고 생각되었기 때문이다.

하청법은 여러 차례 개정되면서 규제가 강화되고 있다. 하청법의 대상은 제조업을 중심으로 하는 하청거래였지만, 2003년에는 정보 성과물(情報成果物)의 작성과 관련한 하청거래 및 용역(役務)과 관련된 하청거래 등이 대상에 추가되었다. 이에 따라 프로그램, 영상·음성, 디자인, 설계도 및 컨설팅 보고서 등의 작성위탁이 정보 성과물의 작성위탁으로서 하청법의 대상에 포함되게 되었다.

대상이 되는 하청거래

하청법은 원사업자가 '업(業)으로서 하는' 제조, 정보 성과물의 작성 또는 용역 제공의 전부 또는 일부의 위탁을 대상으로 하고 있다. 그러므로, 위탁자 자신이 이용하는 용역 제공의 위탁은, 역무제공위탁(役務提供委託)에 해당하지 않는다.

예를 들어, 소프트웨어를 판매하는 사업자가 해당 소프트웨어의 고객 지원 서비스를 다른 사업자에게 위탁하는 경우는 역무제공위탁에 해당한다. 한편, 문화센터를 운영하는 사업자가 개최하는 교양강좌의 강의를 개인사업자인 강사에게 위탁하는 것이나, 이벤트 회사가 자사에서 주최하는 콘서트에서의 가창을 개인사업자인 가수에게 위탁하는 것은 역무제공위탁에 해당하지 않는다고 해석되고 있다(鎌田明 편, 「하청법의 실무(下請法の実務)(제4판)」, 公正取引協会, 2017년).

또한, CM 제작에 있어서 제작에 필요한 업무 위탁의 전부가 대상이 되는 것이 아니라, CM을 구성하는 정보 성과물의 작성위탁만이 대상이 되므로 조명, 헤어메이크업 등의 용역을 제공하게 하는 것은 대상이 되지 않는다. 미술에 대해서도, 무대장치 대도구(大道具) 등의 세트는 정보 성과물이 아니라 물품이므로, 위탁사업자가 세트를 자사에서 업(業)으로 작성하지 않으면 제조위탁은 되지 않는다.

이처럼 하청법의 대상이 되는 하청거래는, 업(業)으로서 실시하고 있지 않은, 스스로 사용하는 물품의 제조나 정보 성과물을 위탁의 경우에는 적용되지 않는다는 점에서 제한적이며, 이러한 구분이

반드시 쉬운 것은 아니다. 그러나 하청법의 대상이 되지 않는 역무 제공위탁에 대해서는 독금법상의 우월적 규제가 적용되는 것으로 공정거래위원회 지침에서 명확하게 규정하고 있다("용역의 위탁거래에서의 우월적 지위 남용에 관한 독점금지법상의 지침(役務の委託取引における優越的地位の濫用に関する独占禁止法上の指針)").

프리랜서 가이드라인

2021년 3월 26일 내각관방, 공정거래위원회, 중소기업청 및 후생노동성의 연명으로 '프리랜서로서 안심하고 일할 수 있는 환경을 정비하기 위한 가이드라인(フリーランスとして安心して働ける環境を整備するためのガイドライン)'(이하 "프리랜서 가이드라인")이 공표되었다. 이러한 가이드라인은 문제가 되는 12개의 행위 유형을 열거하고, 이러한 행위 유형이 우월적 지위의 남용에 해당할 수 있음을 제시하고 있다.

12개의 행위 유형은 ① 보수의 지급 지연, ② 보수의 감액, ③ 현저히 낮은 보수의 일방적 결정, ④ 재작업(やり直し)의 요청, ⑤ 일방적인 발주 취소, ⑥ 용역의 성과물에 관한 권리의 일방적 취급, ⑦ 용역 성과물 수령의 거부, ⑧ 용역의 성과물 반품, ⑨ 불필요한 상품 또는 용역의 구입·이용 강제, ⑩ 부당한 경제상 이익의 제공 요청, ⑪ 합리적으로 필요한 범위를 넘는 비밀유지 의무 등의 일방적 설정 및 ⑫ 그 밖에 거래 조건의 일방적 설정·변경·실시이다.

이들 중 ⑪을 제외한 ①부터 ⑩까지는 하청법에서 금지하는 행위이며, 이 가이드라인은 발주자(発注者)가 자본금 1,000만 엔 이하의 법인이나 개인으로 하청법이 적용되지 않는 때에도, 일정한 행위가 독금법상의 우월적 지위의 남용에 해당할 수 있음을 명확히 한 것이다.

⑪의 비밀유지 의무 등의 일방적인 설정에 대해서는, 하청법에

서는 규제하지 않는 내용이다. 구체적으로는, 발주자가 프리랜서에게 영업비밀이나 그 밖에 비밀정보를 누설하지 않을 의무를 부과하는 것, 자신의 용역 등의 제공에 전념시키는 전속의무를 부과하는 것, 그리고 발주자가 프리랜서에 대해 육성투자(育成投資)를 한 경우에 계약 종료 후에 일정 기간의 경업피지의무를 부과하는 것이, 그 자체만으로는 곧바로 독금법상 문제가 되지는 않지만, 합리적인 범위를 넘는 때에는 우월적 지위의 남용으로서 문제가 된다는 것이다. 이는 당시 예능사무소(芸能事務所)가 소속한 예능인을 강하게 구속하는 것이 문제가 되어 독금법 위반이 된다는 점이 지적되고 있던 사항(2018년의 공정거래위원회 경쟁정책연구센터(公取委·競争政策研究センタ)의 "인재와 경쟁 정책에 관한 검토회 보고서(人材と競争政策に関する検討会 報告書)")이 프리랜서 가이드라인에 도입된 것이다.

⑫도 하청법이나 역무 제공 가이드라인(役務の委託取引における優越的地位の濫用に関する独占禁止法上の指針)에는 정해져 있지 않고, ①부터 ⑪까지의 어느 것에도 해당하지 않지만, 우월적 지위의 남용으로서 문제가 될 수 있는 행위가 발생할 경우를 대비한 조항이다.

계속적 계약의 해소에 관한 법리

상대방으로부터의 일방적인 계약 종료가 부당하다며 상대방에게 법적 책임을 추급할 수 있는 것은, 노동자의 경우에 한정된다. 계약법의 대원칙인 '계약의 자유'에 따르면, 원하지 않는 계약 관계를 파기하는 것은 당사자에게 가장 중요한 권리이기 때문이다. 그러나, 노동을 통해 생활의 양식을 얻고 있는 노동자에 대해서는, 고용을 유지한다고 하는 노동자의 이익이 사용자의 '계약의 자유'에 우선한다고 하는 견해가 확립되어 있다. 즉, '해고권 남용 법리'(노계법 16조)에 따라 '계약의 자유'의 커다란 예외가 인정되어, 객관적·합리적인 이유와 사회통념상의 상당성이 없으면 해고는 무효로 되는 것이다.

그러나, 제한적이지만, 사업자 간의 계약에 대해서도, 상대방으로부터의 일방적인 해지(일본에서는 '해약(解約)'이라는 표현을 사용한다)에 대해 상대방보다 약한 지위에 있는 사업자를 보호하는 이른바 계속적 계약의 해소에 관한 법리가 판례(裁判例)로 축적되고 있다. 여기에는 두 종류의 법리가 있으며, 먼저 계속적 계약 관계가 인정되는 경우 '부득이한 사유' 등의 정당한 사유가 없으면 계약 관계를 해소할 수 없다는 것이다. 다음으로, 계약 관계의 해소에 정당한 사유는 필요로 하지 않지만, 해소에는 상당 정도의 예고 기간을 두지 않으면 안 된다고 하여, 상당 정도의 예고 기간에 상당하는 손실의 보상(補償)이 인정된다고 하는 것이다.

판례로서는, 경륜장시설의 임대차계약 해소에 대하여 3년 정도의 예고 기간을 두었어야 했다고 하여, 이미 지급이 끝난 부분을 제외한 2년분의 임료 상당액의 손해배상(損害賠償)이 인정된 예(横浜地判 平22. 5. 14)나 18년간 존속한 수입 와인 판매대리점 계약에 대하여 해지 시 1년의 예고 기간에 상당하는 손실을 보상(補償)할 의무를 진다고 인정한 예(東京地判 平22. 7. 30)가 있다.

다만, 이처럼 사업자 간의 계약에서 일방적인 계약 해제(解除)의 부당성이 인정된 예는 적으며, 무엇보다 계속적 계약 관계의 성립 자체가 쉽게 인정되고 있지는 않다. 예컨대, 'A 디자인 사무소'라는 상호로 활동하고 있던 디자이너가 여성복 제조판매업자로부터 원칙적으로 연 4회 발행되는 통신판매 카탈로그의 편집, 디자인, 레이아웃 등을 약 6년간 거의 매호 도급을 받아 왔던 사안에서, 정식 전속계약 등이 없었음을 이유로 계속적 계약 관계가 성립되어 있다고는 할 수 없다고 판단되었다(東京地判 平28. 2. 29).

판례를 개관해 보면, 계약 관계가 10년 이상 존속하고, 또한 전속판매계약이나 프랜차이즈 계약 등의 전속적이고 배타적인 계약 관계가 아니라면, 쉽사리 계속적 계약 관계라고 인정되지 않는다.

더구나, 계속적 계약 관계의 성립이 인정되어도, 해지가 부당하다고는 쉽게 인정되지 않는다. 예를 들어, 30년 이상 계약 관계가 존속하고 있던 경우에도 franchisee(가맹점)가 상표권을 둘러싼 소송을 franchiser(본부)에게 제기함에 따라 신뢰 관계가 파괴되었다고 하여, 프랜차이즈 계약 갱신거절의 합리성이 긍정되고 있다(홋카홋카정(ほっかほっか亭) 사건: 東京高判 平25. 6. 27). 마찬가지로 고급 호텔로부터 동 호텔의 마사지 시설의 운영을 39년간 수탁해 온 사업자가 동 위탁계약을 갱신 거절당한 사례에서도, 마사지의 품질에 대한 클레임에 충분히 대응하지 못한 점 등을 이유로 하는 갱신거절에는 합리적 이유가 있다고 판단되었다(東京地判 平24. 11. 5).

'프리랜서 신법'

2023년 2월 24일, 프리랜서를 보호하기 위한 '특정 수탁사업자에 관한 거래의 적정화 등에 관한 법률(特定受託事業者に係る取引の適正化等に関する法律)'(이하 "프리랜서 신법")안이 각의결정(閣議決定)되어 211회 통상국회(通常国会)에 상정되고, 같은 해 4월 28일 참의원(参議院)에서 가결 성립(成立)하여, 5월 12일에 공포되었다. 2024년 가을에 시행될 예정이다.[4)]

동법에 대해서는 제6장에서 상술하겠지만, 프리랜서의 계약조건을 보호하기 위해 하청법과 유사한 규정이 정해졌다. 하청법은 발주자가 자본금 1,000만 엔 이상이 아니면 적용되지 않는데, 프리랜서의 상대방이 되는 발주자의 약 40%가 자본금 1,000만 엔 이하이기 때문에, 동법에 의해 노동자에 가깝게 일하는 프리랜서의 보

4) 동법의 시행은 2024년 11월 1일로 예정되어 있다.

호가 확대되게 된다.

또한, 동법에서는 괴롭힘(harassment)의 상담체제의 정비나 육아 및 돌봄 중인 프리랜서에 대한 발주자의 배려의무 등도 규정되어 있다. 괴롭힘으로부터의 보호에 대해서는, 후생노동성의 지침 내용이 법률로 격상된 것이라고 할 수 있다.

동법의 감독에는, 거래 조건의 보호에 대해서는 공정거래위원회가, 노동법상 보호에 대해서는 노동국(労働局)이 관여하게 되었다. 경제법과 노동법이 결합한 독특한 법률이다. 동법은 프리랜서를 보호하기 위한 새로운 입법으로서, 어느 정도 평가를 할 수 있다. 그러나, 근로자성을 넓게 인정하여 노동법을 통한 보호의 가능성을 확대한다고 하는 방향성을 보여주는 최근 유럽 및 미국의 상황(제5장)과 비교하면, 뭔가 아쉬운 내용이다.

중층적이지만, 단편적인 보호

본 장에서는 정부의 통계로부터 알 수 있는 프리랜서의 취업 실태를 소개한 다음, 프리랜서의 보호를 위해 적용되는 법규제와 판례법리에 대해 개관하였다. 노동자가 아닌 프리랜서에게는 원칙적으로 노동법이 적용되지 않기 때문에 그 보호의 내용은 노동자와 비교하면 현저하게 떨어지는 것이 된다.

먼저, 자영업자와 거래의 상대방과의 계약 내용을 보호하는 규제로 노동법상으로는 가내노동법(家内労働法)이나 산재보험의 특별가입제도가 있다. 또한, 후술하겠지만, 노동조합법(노조법)상의 근로자성은 노기법상의 근로자성보다는 넓게 해석되고 있으므로, 노기법상의 노동자라고 할 수 없는 자영업자가 노동조합을 결성하여, 노조법상의 권리를 행사하는 것이 가능하다. 다음으로, 계속적 계약 해소의 법리에 따라 사업자라 하더라도 상대방으로부터의 부당한 계약 관계의 해소에서 보호되는 때도 있다.

그리고, 사업자 간의 거래 내용을 적정한 것으로 하도록 규정하고 있는 우월적 지위의 남용 규제나 하청법과 같은 경제법의 규제가 약자 보호를 위한 사회 정책적 기능을 하고 있다. 하청법이 적용되지 않는 프리랜서의 계약 내용을 보호하기 위해 '프리랜서 가이드라인'을 거쳐 2023년 5월에는 '프리랜서 신법'이 제정되었다.

이처럼 상대방보다 약한 지위에 있는 자영업자에 대해 노동법, 민법 및 경제법을 통한 보호가 중층적으로 미칠 수 있다. 그러나, 계속적 계약 관계의 해소가 부당하다고 인정되는 경우는 많다고는 할 수 없으며, 하청법도 모든 프리랜서의 거래를 대상으로 하는 것은 아니라는 점에 비추어 보면, 이러한 규제는 단편적이었다.

이러한 상황은 '프리랜서 신법'에 의해 달라진 것일까? 확실히, 모든 프리랜서에게 부당한 계약조건으로부터의 보호가 인정되게 되어, 일률적인 보호가 미치게 되었으므로 단편적이라고는 말할 수 없게 되었을지도 모른다. 그러나, 노동자에게 인정되는 노동법상의 보호와 비교하면 프리랜서 신법의 내용은 너무나 제한적이다. 따라서, 다음 장에서는 현재의 노동법 규제 내용을 개관함으로써, 프리랜서에게 인정되는 보호와의 비교를 해 보고자 한다.

제2장

노동법이란 무엇인가?

—성립배경과 견해

역사로부터 보는 노동법

노동법은 20세기에 들어와서 발전한 새로운 법 분야이다. 18세기 말의 프랑스 혁명에 따라 신분제 사회가 해체되고, 계약자유의 원칙과 소유권의 절대성이라고 하는 근대법(近代法)을 지지하는 대원칙이 확립됐다. 이를 통해 자유로운 거래가 가능해지고, 자본주의가 발전하게 되었다. 시민(市民) 사이의 자유로운 거래를 지지하는 법률은 민법이며, 프랑스 민법전(*Code Napoléon*)은 그 후 많은 국가의 민법의 모델이 되었다.

계약자유의 원칙은 계약 당사자 간의 합의에 계약의 법적 구속력의 기초가 되는 것이다. 당사자는 계약에서 정한 내용을 이행하도록 의무화된다. 당사자가 대등하다면, 합의에 근거해서 당사자의 권리 및 의무가 도출되는 것은 문제가 없다. 그러나, 실제로는 한쪽이 다른 쪽보다 지위가 강하고, 강한 당사자가 자신이 원하는 조건을 일방적으로 상대방에게 강압하고, 상대방은 마지못해 계약서에 서명하는 경우가 적지 않다. 이처럼 일방에게만 유리한 계약을, 합의한 이상 지켜야 한다고 끝까지 관철하는 것은, 반드시 사회적으로 정당하다고 할 수는 없을 것이다.

자본주의의 발전에 따라, 계약자유의 원칙으로는 약자를 보호할 수 없다는 것이 명확해지면서, 계약자유의 원칙을 수정하는 입법이 이루어지게 되었다. 전형적인 법률로 임차인을 보호하는 차지차가법(借地借家法), 그리고 노동법상의 법률을 들 수 있다.

공법적 규제와 사법적 규제

법률을 통해 사인(私人)의 행위에 개입하는 경우, 공법적으로 하는 방법과 사법적으로 하는 방법이 있다. 공법이란, 국가가 사인에 대해 직접 의무를 부과하는 법률이다. 이에 반해, 사법이란 민법이 기본법이며, 사인 간의 계약 내용을 규제하는 법률이다.

노동법의 초기 법률은 공법이었다. 예를 들어, 영국의 공장법과 프로이센의 아동 노동에 관한 법률, 그 후의 독일의 영업법은 공장에서 일하는 아동과 여성을 보호하기 위하여, 아동의 최장 노동시간 규제 등 공장주(工場主)에게 다양한 의무를 부과했다. 일본의 공장법(工場法)도 마찬가지다. 공법은 법 위반에 대하여 행정벌이나 형벌과 같은 국가에 의한 제재를 부과함으로써 이행을 담보한다.

이에 반해 사법에 따른 노동계약의 규제는 비교적 새로운 것이다. 독일에서는 공법인 영업법에도 노동계약에 관한 규제로서 해지 고지 기간이나 경업피지의무에 관한 규제가 있었지만, 이러한 규제는 1900년에 시행된 독일 민법전(Bürgerliches Gesetzbuch, "BGB")에서 고용계약(Dienstvertrag)의 장(章)에 편입되지 않았다. 민법전의 제1초안에 대해 당시의 대학자인 오토 폰 기르케(Otto von Gierke, 1841~1921)는 "사법에도 사회적인 기름이 필요하다(Privatrecht muß einen Tropfen sozialistischen Öles durchsickern!)"고 비판했다.

일본 민법에서의 고용(雇用)의 규정도 계약 당사자 간의 대등성을 전제로 하고 있으며, 민법 627조 1항은 기간의 정함이 없는 계약에서는 2주간의 예고 기간을 두면 언제든지 해지할 수 있다고 규정하고 있다. 사용자 측으로부터의 해지를 해고(解雇)라고 하고, 노동자 측으로부터의 해지를 사직(辞職)이라고 하는데, 이러한 '해고의 자유'는 현재는 대폭 제약되어 해고권 남용 법리(노동계약법 16조)가 확립되어 있으므로, 민법 627조 1항의 의의는 상당히 축소되어 있다. 이처럼 계약 당사자의 대등성을 기초로 하는 민법의 규제로부터 노동자의 보호를 목적으로 하는 노동법의 규제로, 노동법의 발전에 따라 노동계약 규제의 중점은 옮겨가게 되었다.

오히려, 민법 627조 1항의 규정은 오늘날 사직의 자유를 보장한 규정으로서 중요하다. 채용내정을 한 기업이 학생의 내정 사퇴(内定辞退)를 인정하지 않는 것이 '오와하라(オワハラ)'[1]로 문제가 되고 있지만, 노동자(내정 중인 학생도 노동자임)에게는 사직의 자유가 있으므로, 2주간의 예고 기간에 따라 언제든지 해지할 수 있다.

▌공법과 사법의 중간에 위치한 노동법

현대의 노동법은 공법적 규제와 사법적 규제의 양측에서 성립되어 있다. 이는 노동법의 중요한 특징이다. '사회법'으로 불리는 이유이기도 하다.

이러한 특징을 가장 잘 보여주는 조문이 '이 법률에서 정하는 기준에 미달하는 노동조건을 정하는 노동계약은, 그 부분에 대해서는 무효로 한다. 무효가 된 부분은 이 법률에서 정하는 기준에 따른다.'라고 정한 노기법 13조이다. 노기법 위반에는 노동기준감독서(労働基準監督署, "노기서")에 의한 감독(97조 이하) 외에 벌칙이 부과된다(117조 이하). 그러므로, 노기법은 공법이지만 동시에 노기법 13조에 따라 노기법에 반하는 노동계약의 규정은 무효가 되고, 무효가 된 부분은 노기법의 기준에 의해 보충되게 된다.

1) 역자 주: '就活終われハラスメント'의 줄임말로, 구직자가 회사로부터 내정 통보를 받은 후 회사가 더 이상의 구직활동을 하지 못하도록 압력을 가하는 행위를 일컫는 속어이다.

예를 들어, 1일 8시간의 법정 노동시간(노기법 32조)을 위반하여 1일 10시간의 소정 노동시간을 정하는 노동계약의 규정은 무효가 되고, 소정 노동시간은 8시간으로 수정되게 된다. 이 같은 효력은 노기법의 '강행적·직률적 효력'으로 불린다. '강행적(強行的)'이란 설사 노동자가 합의하였더라도 노기법이 정하는 최저기준을 밑돌아서는 안 된다는 의미이고, '직률적(直律的)'이란 노기법 위반의 합의가 무효로 된 결과 공백으로 된 계약 부분을 노기법의 최저기준이 보충한다는 의미이다. 이는 노기법이 사법상(私法上)의 효력을 갖는다는 것을 의미하며, 노기법은 사법으로서 노동계약의 내용에 개입하고 있다.

이러한 사법적 효력에 따라 노동자는 노기법에 기초한 권리를 재판을 통해 실현할 수 있는 것이다.

고용·도급·위임의 구분

민법에서 역무를 제공하는 계약은 고용계약(노동계약) 외에 도급(일본에서는 '청부(請負)'라고 한다)계약과 위임계약이 있다. 민법에서는 '고용'이라는 용어가 사용되고, 노동법의 규제에서는 '노동계약'이라는 용어가 사용되고 있다. 여기서 고용·청부·위임의 계약 유형에 대해 간단히 설명해 두고자 한다.

독일 민법전의 제정에 있어서 중요한 역할을 한 학자가 베른하르트 빈트샤이트(Bernhard Windscheid, 1817~1892)이다. 빈트샤이트는 민법전의 기초를 담당한 법전위원회의 위원장을 맡았으며, 저서 "Lehrbuch des Pandektenrechts(판덱텐 교과서)"는 민법전이 없던 당시의 독일에서 마치 제정법처럼 통용되었다고 전해진다.

빈트샤이트는 로마니스텐(Romanisten)이라고 불리는 로마법의 권위였다. 이에 반해, 전술한 기르케는 독일 고유의 법학을 탐구하는 게르마니스텐(Germanisten)의 대표적 학자였다. 로마니스텐과 게르마니스텐은 독일 근대법학의 아버지인 프리드리히 칼 폰 사비니(Friedrich Carl von Savigny, 1779~1861)가 한편으로는 로마법에 근기하여 당시 독일에 타당한 사법을 구축하려고 하면서도, 다른 한편으로 프랑스 민법전을 모델로 독일에도 법전을 만들자고 하는 안톤 프리드리히 유스투스 티보(Anton Friedrich Justus Thibaut, 1772~1840)의 주장을 시기상조라고 비판하고, 법은 민족의 핵심에서 나오는 것이라고 주장하며 독일 고유의 법을 탐구한 데서 유래한다. 전자를 승계한 학자가 로마니스텐으로 불렸고, 후자를 승계한 학자가 게르마니스텐으로 불렸다. 그러나, 로마의 법문을 실마리로 법 해석을 한 로마니스텐에 반해, 독일 고유의 법소재(法素材)는 로마법만큼 풍부했던 것은 아니었으므로 게르마니스텐은 그다지 유력한 학파가 되지는 않았다.

로마 시대에는 노동은 노예가 행하는 것이었고, 노예는 물(物)과 동일시되어 다른 재화와 마찬가지로 거래되었다. 그 때문에 로마법에는 노동법이라고 하는 발상은 존재할 수 없었다. 이것은 독일 민법전의 제정 과정에도 영향을 미쳤다고 할 수 있다. 빈트샤이트의 교과서에서도 고용에 관한 기술은 거의 없고, 임대차계약의 장(章)의 주(注)에 역무의 임대차를 언급하는 데 그쳤다.

한편, 로마 시대에는 의사나 법률가 등의 고급의 역무는 자유인이 무상으로 제공하는 것으로 여겨지고 있었다. 이것이 현재의 위임계약으로 이어지게 되었다.

그리고, 도급계약은 일의 완성을 채무로 하는 역무 제공계약이다. 즉, 도급계약에서는 일을 완성하지 않으면 보수를 청구할 수 없다.

로마법에서 유래한 고용·위임·청부의 구별은 일본의 민법에도 이어져 오고 있다. 또한, 위임은 법률행위를 대상으로 하는 것이므로, 법률행위 이외의 역무에 대해서는 '준위임(準委任)'이라고 한다.

의사와 환자 간의 계약이 준위임계약의 전형이다.

노동계약의 독일 민법전에서의 위치

1900년 시행된 독일 민법전에는 노동계약(Arbeitsvertrag)이라는 말이 사용되지 않았고, 고용계약(Dienstvertrag)과 도급계약이 구별되게 되었다. 독일법에서 말하는 고용계약에는 위임계약과 노동계약의 양쪽이 포함된다(일본법과는 '고용계약'과 '노동계약'의 관계가 다르다는 점에 유의할 필요가 있다).

노동법의 체계서를 집필했던 사회민주당 의원 아르투어 슈타트하겐(Arthur Stadthagen, 1857~1917)은 민법전 제정 의회에서 영업법에서 사용되던 노동계약이라고 하는 용어를 민법전에서도 사용해야 한다고 주장했다. 그러나, 이 주장은 고용계약에는 의사나 변호사 등 고급의 역무도 포함되기 때문에 노동계약이라고 하는 용어는 적절하지 않다는 이유로 거부되었다.

독일에서는 1980년 민법전 개정을 통해 비로소 민법전에 노동계약이라는 용어가 도입되게 되었다. 노동계약은 고용계약의 장에서 고용계약의 하위 유형으로 자리매김하게 되었다. 노동계약이 아닌 고용계약은 '자유로운 고용계약'으로 불리는데, 이는 일본에서 말하는 (준)위임계약에 상당하다.

이에 반해 일본에서는 고용·위임·청부는 각각 다른 계약 유형으로 민법에 규정해져 있다. 일본 민법에서 말하는 고용은 노기법에서의 노동계약과 같은 의미로 해석되고 있다.

노동의 종속성

고용과 그 밖의 역무 제공계약((준)위임 및 도급계약)을 구별하는 기준이 '종속성(従属性)'의 유무이다. 노동의 '종속성'은 노동법을 지지하는 이념이기도 하다. 즉, 민법은 자유롭고 대등한 당사자 간의 계약 관계를 규율하는 법률이지만, 노동법은 한쪽이 다른 쪽에 종속된 역무 제공계약을 규율하고 있다.

종속성(독일어로는 Abhängigkeit, 영어로는 subordination이라고 한다)이라는 이념을 제창한 것은 독일의 휴고 진쯔하이머(Hugo Sinzheimer, 1875~1945)이다. 진쯔하이머는 바이마르 시대에 활약한 변호사이며, 사회민주당의 의원으로 노동법의 확립에 큰 공헌을 했다.

진쯔하이머는 종속 노동 외에, 단체협약의 규범적 효력(노동조합이 체결한 단체협약에서 정하는 노동조건이 조합원의 노동계약을 직접 규율한다는 효력)을 제창했고, 이러한 생각은 1918년 독일 단체협약령(Tarifvertragsordnung von 1918)으로 입법이 결실을 보았다. 규범적 효력은 일본에도 도입되었다(노동조합법 16조). 바로, 진쯔하이머는 노동법이 독자적인 법 분야로서 확립하기 위한 기본적인 이념을 제창하고, 그것을 실현한 학자이다.

진쯔하이머의 종속 노동의 이념은 이후 각국에 널리 퍼졌고, 일본에서도 노동법을 지지하는 근본적인 이념으로 확립됐다. 진쯔하이머의 제자로, 노동법원의 판사였던 인물로 오토 칸 프로인트(Otto Kahn Freund, 1910~1979)가 있다. 칸 프로인트는 유대인이었기 때문에 1930년대 영국으로 망명했다. 망명지인 영국에서 종속 노동의 이념을 전파한 것이 종속 노동이 각국에서 보편적인 노동법의 이념으로 받아들여지게 된 계기가 되었다고 한다.

인적 종속성과 경제적 종속성

노동의 종속성을 둘러싸고, 어떠한 점에서 노동자는 사용자에게 종속되어 있는가에 관한 논의가 활발하게 진행되어왔다. 그리고, 노동의 종속성이란 크게 분류하면 인적 종속성과 경제적 종속성으로 나눌 수 있다는 이해가 일반적이었다.

인적 종속성이란, 사용자의 지휘명령에 따라 노동을 제공하지 않으면 안 된다는 점에서 노동자의 종속성을 인정하는 사고방식이다(프랑스에서는 법적 종속성이라고 한다). 노동계약에는 통상 제공해야 할 노동의 내용이 상세하게 정해져 있지 않으며, 구체적으로 무엇을 해야 하는가는 사용자의 지시에 따라 결정된다.

이에 반해, 경제적 종속성이란 노동자가 사용자가 지급하는 임금을 통해 생계를 유지하고 있음을 의미한다. 일반적으로는, 본업으로서 특정한 사용자를 위해 일하고 있다면, 인적 종속성도 경제적 종속성도 인정될 수 있을 것이다.

공장 노동자뿐 아니라, 가사사용인(家事使用人)도 사용자의 구체적 지시를 받으며 일하는 노동자의 원형(原型)이었다. 예를 들어, 독일에서는 민법 제617조(BGB § 617 Pflicht zur Krankenfürsorge)에 가정에서 계속해서 일하는 노동자가 병에 걸린 때에는 필요한 치료를 해야 한다는 규정이 있으며, 현재도 유지되고 있다. 이는 가사사용인을 위한 규정이었다. 또한, 영국에서는 고용계약의 법리는 18세기 중반 이후 주종법(主従法, Master and Servant Act)의 제정 및 개정과 함께 형성되어 왔는데, 주종법의 주요 적용 대상자는 가사사용인과 직인(職人)이었다.

가사사용인에 비하면, 근대적인 대공업에서 일하는 노동자의 일하는 방식은 크게 다르다. 근대적 기업에서는, 그때그때 이루어지는 주인의 다양한 지시에 따른다기보다 개개인의 업무는 더욱 정형화 및 매뉴얼화되며, 노동자들은 집단적인 규칙에 따라 일하고 있다. 이러한 일하는 방식을 지칭하는 용어로서 조직적(組織的) 종속성이라는 용어도 사용되게 되었지만, 기본적으로 조직적 종속성은 인적 종속성과 같은 의미라고 이해할 수 있을 것이다.

지휘명령 구속성의 의미를 구체적인 지시에 복종하며 일하는 것으로 좁게 해석한다면, 조직적 종속성은 인적 종속성과는 다르다. 한편, 지휘명령 구속성의 의미를 더 추상적으로 파악하고, 정형화된 업무에 대해서 미리 지휘명령이 이루어졌다고 이해한다면, 조직적 종속성도 인적 종속성에 포함되게 되기 때문이다. 이러한 경우에도 사용자의 지휘명령권이 상실된 것은 아니라고 여겨지며, 독일에서는 '미리 이루어진 지휘명령'이라고 불리고 있다. 이러한 상황을 지칭하는 용어로서 '편입(編入)'이라는 용어가 사용되기도 한다.

인적 종속성과 경제적 종속성은 종속성의 본질론으로서 논의되고 있을 뿐만 아니라, 노동법상 규제가 적용되는 노동자가 누구인가 하는 노동자의 정의에서도 문제가 된다(제3장). 현재 거의 전 세계적으로 인적 종속성이 노동자의 정의로 여겨지고 있다. 경제적 종속성을 기준으로 하면 대상이 너무 넓어지기 때문이다.

종속 노동은 구시대적인가?

1994년에 저명한 노동법학자인 스게노 카즈오(菅野和夫)와 스와 야스오(諏訪康雄)는 '노동의 종속성'에 근거하여 약자인 노동자를 보호하기 위한 법이라는 그동안의 통념을 쇄신하고, 현대의 노동법은 현대의 노동법은 '개인으로서의 노동자'를 지지하기 위한 지원 시스템으로 보아야 한다는 새로운 견해를 제시했다.

스게노와 스와는, 먼저 청년 노동자를 중심으로 구조적인 노동력 부족으로 변화함에 따라, 노동력이 과잉 공급되던 시대에서의 '시장거래에서 약자로서의 노동자'상(像)이 반드시 현실에 맞지 않게 되었다는 것을 지적한다. 또한, 고학력화의 진전으로 지적 또는 전문성과 창의성을 발휘하는 노동자의 비중이 높아지면서 '절대적 약자'라는 유형이 감소했다고 하는 인식도 보인다. 나아가, '개인으로서의 노동자'와 노동조합의 집단주의가 서로 맞지 않게 된 것도 지적하고 있다. 이러한 인식에 기초하여, 전직을 지원하기 위한 직업소개 규제나 능력개발의 시책을 강화하는 동시에, '개인으로서의 노동자'를 지원하기 위한 노동계약의 룰이나 간이·신속한 분쟁 처리 제도의 정비를 주장했다.

이후 2004년의 노동심판(労働審判) 제도의 출범이나 2007년의 노동계약법(労働契約法) 제정, 노동자파견법(労働者派遣法)의 개정 등이 차례로 실현되었고, 지금 돌이켜보면 거듭 스게노 교수와 스와 교수의 선견지명으로부터 배울 것이 많다.

분명 선진국에서는 제2차 산업이 아니라 제3차 산업이 주요 산업이 되었고, 기업의 경쟁력의 원천은 정형적인 작업을 사용자의 지시대로 성실하게 수행하는 노동자가 아니라, 창조성과 자발성을 발휘하는 노동자로 옮겨갔다. 노기법에서는 특히 노동시간 규제가 이러한 자발적인 노동자의 일하는 방식에 어긋난다고 생각되게 되었고, 1980년대 후반 이후 노동시간 규제의 유연화가 진행되어, 재량노동제가 도입되었다.

스게노 교수와 스와 교수의 견해는, 대졸 화이트칼라의 일하는 방식과 의식에 부합하여, 약자 보호를 강조하는 노동법의 이미지를 쇄신하는 것이었다. 그러나, 이는 '개인으로서의 노동자'를 강조함으로써 '노동법의 세계'의 확장을 보여주는 것이었지만, 종속 노동의 이념을 부정하는 것은 아니었다. 최저임금법 등 최저 노동조건을 보장하기 위한 규제는 종속 노동의 보호라고 하는 견해에 의하지 않으면 정당화가 곤란하기 때문이다.

스게노 교수와 스와 교수도 최저 노동기준 준수라고 하는 전통적인 노동법 규제를 부정하는 것이 아니라, 이는 노동법의 역할로서 자명한 일이라고 생각하고, 당시 부족했던 노동계약 룰의 정비 등 새로운 과제를 제시하는 것이었다. 또한, 거기에서는 노동조합 이탈이 진행되고 있는 것을 지적하면서도, 노동조합의 역할의 중요성을 주장하고 있다. 정보제공, 상담조언, 고충 처리, 분쟁 처리, 교섭 지원이라는 점에서 적절한 서비스가 노동조합에 의해 제공될 수 있도록, 조합 임원의 전문능력을 높일 필요성이 지적되었던 점은 현재도 중요할 것이다.

대등성 결여의 보상

종속 노동은 오늘날에도 전 세계의 노동법 교과서 첫머리에서 노동법의 기본이념으로 언급되는 개념이다. 최근 독일의 문헌에서는 '대등성 결여의 보상'이라는 표현도 자주 쓰인다. 대등성을 결여한 계약 관계는 소비자계약 등도 포함하는 점에서, 반드시 노동계약에 특유한 이념이라고는 할 수 없지만, 노동법에 있어서는 종속노동과 거의 같은 의미라고 할 수 있을 것이다.

애초에 사용자와 대등한 노동자는 존재하는 것일까? 스게노 교수와 스와 교수는 자신의 능력과 기술을 활용하여 사용자와 대등한 지위에서 활기차게 일하는 노동자상을 묘사했지만, 자신의 노동력을 제공함으로써 수입을 얻는 노동자는 노동력을 구매해 주는 사용자가 없으면 생활해 나갈 수 없다. 창업할 능력이나 기술이 있다고 해도 실제로 성공할 수 있을지는 미지수다. 프리랜서로서 고소득을 얻고 있는 자가 얼마 되지 않는 것을 고려하면, 안정된 노동관계에 있다는 것은 무엇과도 바꿀 수 없는 고마움이며, 그러한 안정을 보장하고 있는 것은 사용자이다. 노동자인 이상, 사용자와 대등하다고 할 수 없으며, 노동의 종속성은 여전히 인정된다고 해야 할 것이다.

노동법 연구자인 니시타니 사토시(西谷敏) 교수는, 노동자가 자율적인 결정을 내리는 것을 가능하게 하도록, 노동법상의 규제가 필요하다고 주장했다. 다소 거칠게 요약한 것이지만, 니시타니 교수의 견해는 노동법상의 규제를 대등성 결여의 보상으로 이해하는 독일의 견해를 바꾸어 표현한 것이라고 할 수 있다.

노동법 전개 과정

다음으로, 일본의 노동법 입법의 전개 과정을 살펴보면서, 동시에 현재의 노동법의 내용이 어떻게 되어 있는지를 설명하고자 한다.

노동법이 본격적으로 전개되는 것은 제2차대전 이후부터이므로, 전쟁 전의 입법에 대하여는 여기서 간단히 언급하기로 한다.

노동법은 공업화와 함께 생성·발전한 법 분야이다. 일본에서는 19세기 후반부터 공업화가 시작되었다. 1903(明治36)년에 농상무성(農商務省)이 발행한 "직공사정(職工事情)"은 당시 약 7만여 명이 고용되어 있던 섬유업을 중심으로 노동시간, 임금 및 전차금(前借金)의 관행 등 노동자의 실정을 방대한 자료를 통해 밝혀냈다.

1911년에 제정된 공장법(工場法)은 최초의 일반적인 노동보호법으로, 15세 이하의 연소 노동자와 여자에 대하여 심야 노동(深夜業)의 금지, 1일 12시간의 최장 노동시간 및 업무상 재해·질병의 부조가 규정되었다. 공장법의 적용 범위는 상시 15인 이상의 직공을 고용하는 공장으로 한정되어 있었는데, 1938년의 상점법(商店法)에 따라 50인 이상의 사용인을 고용하는 상점에도 최장 노동시간의 규제가 미치게 되었다.

공장법은 그 후, 1926년의 시행령에서, 14일간의 해고예고의무나 취업규칙의 제정·신고의무 등이 규정되어, 전후의 노동기본법 제정의 기초가 되었다.

전쟁 전에는 1900년의 치안경찰법(治安警察法)에 따라 노동조합 활동은 금지되어 있었지만, 제1차대전 이후 설립된 국제노동기구(ILO)에 노동자 대표를 파견하기 위해 정부 주도로 노동조합법의 제정이 시도되었다. 전쟁 전에는 입법화가 실현되지 않았지만, 전쟁 전의 논의를 살려 종전 직후인 1945년 12월에 구 노동조합법이 제정되었다. 구 노조법은 노동조합의 활동을 이유로 하는 불이익 취급을 형벌로 금지하고 있었지만, 노동조합의 신고제 및 행정관청의 감독 권한을 규정하고 있는 점에서 현행법과 크게 달랐다.

전후의 노동입법

1946년 5월에 공포된 일본국헌법(日本国憲法)에서 노동3권(단결권·단체교섭권·단체행동권)이 헌법상의 권리로서 규정되었다(헌법 28조).[2] 헌법 27조 1항은 국민의 근로(勤労)의 권리·의무를,[3] 동조 2항은 임금, 취업시간, 휴식 및 그 밖의 근로조건(勤労条件)을 법정(法定)한다는 취지를 규정하였다.[4] 헌법 27조 1항은 완전고용의 달성을 목표로 하는 국가의 고용정책 책무를, 동조 2항은 국가의 최저 노동조건을 보호할 의무를 규정하여 노동입법의 헌법상 근거가 되었다.

1946년에는 노동관계조정법(労働関係調整法)이, 1947년에는 노동기준법(労働基準法)이 제정되었다. 노기법 제정과 동시에 노재보험법(労災保険法)이 제정되었다. 1947년에는 노동성(労働省)이 출범하였다. 노기법은 임금이나 노동시간 등 중요한 노동조건의 최저기준을 정하는 법률로, 법 위반에는 벌칙이 부과되는 동시에, 법 위반의 규정을 무효로 하고, 무효로 된 노동계약의 부분은 노기법에서 정하는 기준으로 치환되게 된다(노기법 13조).[5] 이와 같은 강행적·직

---

2) 일본 헌법 제28조 근로자의 단결할 권리 및 단체교섭 그 밖의 단체행동을 할 권리는, 이를 보장한다(勤労者の団結する権利及び団体交渉その他の団体行動をする権利は, これを保障する).

3) 일본 헌법 제27조 모든 국민은 근로의 권리를 가지며, 의무를 진다(すべて国民は, 勤労の権利を有し, 義務を負ふ).

4) 일본 헌법 제27조 ② 임금, 취업시간, 휴식 그 밖에 근로조건에 관한 기준은, 법률로 정한다(賃金, 就業時間, 休息その他の勤労条件に関する基準は, 法律でこれを定める).

5) 일본 노동기준법 제13조(이 법률 위반의 계약) 이 법률에서 정하는 기준에 미달하는 노동조건을 정하는 노동계약은 그 부분에 대해서는 무효로 한다. 이 경우에는 무효로 된 부분은 이 법률에서 정하는 기준에 의한다(この法律で定める基準に達しない労働条件を定める労働契約は, その部分については無

률적 효력은 법 위반의 법률행위(法律行為)는 무효가 된다는 민법의 원칙(민법 90조)을 한층 더 진전시킨 것이었다(末弘厳太郎, "労働基準法解説(一)", 「法律時報」20巻3号, 1948, 112頁).

노기법 제정 시에는, 동거의 친족만을 고용하는 사업에는 적용이 제외되었기 때문에(노기법 116조) 가내 노동자(家内労働者)에게 노기법이 적용되지 않는 것이 문제가 되었다. 당시의 논의 상황은 반드시 명확하지는 않지만, 가정은 '사업'이라고 할 수 없으며, 노동기준감독서(이하 "노기서"라고 한다)가 감독하는 장소가 아니라는 이유로 적용 제외된 것으로 이해할 수 있다. 당시 가내 노동자가 열악한 조건에서 일하고 있다는 것은 널리 인식되고 있었으며, 적어도 가내 노동자는 '자영업자'이고, '노동자'가 아니므로 노기법이 적용되지 않는다고는 생각되지는 않았었다.

가내공업에 노기법을 적용해야 하는 것이 아닌가 하는 논의는, 그 후에도 후생노동성 내에서 논의가 계속되었다. 그리고, 전술한 바와 같이 샌들을 제작하는 가내 노동자의 벤젠 중독사건(1958년)이 계기가 되어 1970년에 가내노동법(家内労働法)이 제정되었다. 이때 가내 노동자는 도급계약으로 일하는 자영업자이며, 고용계약으로 일하는 노동자가 아니라는 방식으로 정리되었다.

그러나, "'가내 노동자'의 정의는 (…) 주로 노동의 대상(対償)을 얻기 위하여, (…) 물품의 제조 또는 가공 등에 종사하는 자"라는 정의이다(가내노동법 2조 2항). '노동의 대상'이란 노기법 11조의 '임금'의 정의에서도 사용되고 있는 문언으로, 가내 노동자가 한없이 노동자에 가까운 존재라는 사실을 보여주는 것이라고 해설되고 있다(寺園成章, 「家内労働法の解説」, 労務行政研究所, 1981, 167頁).

GHQ[6]의 영향 아래, 1949년 개정된 노동조합법에서는 노동조

効とする。この場合において, 無効となつた部分は, この法律で定める基準による).

6) General Headquarters의 약어로, 일본어 명칭은 "聯合國軍最高司令官總司令

합의 자유설립주의가 채택되고, 단체교섭의 거부나 조합 활동을 이유로 하는 불이익 취급을 금지하는 부당노동행위 제도가 마련되었다. 마찬가지로, GHQ에 의해 노동시장의 민주화가 시도되었고, 1947년에 직업소개의 국가 독점을 정하는 직업안정법(職業安定法)이 제정되었다. 대량의 실업자에 대한 긴급 실업 대책의 실시와 함께 실업급여를 지급하기 위해 1947년에 실업보험법·실업수당법(失業保険法·失業手当法)이 제정되었다.

한편, 노기법에 심의회(審議会) 방식에 따른 결정절차만이 규정되어 있던 최저임금제도는 경제부흥을 기다렸다가 1959년에 최저임금법(最低賃金法)이 제정되어 비로소 실시되게 되었다.

고도 경제 성장과 노동법의 발전

노동법이 크게 발전하는 것은 고도경제성장기(1954~1970년)를 거쳐, 1973년의 오일쇼크 위기 이후의 저성장기에 접어들면서부터이다.

1960년대 고도경제성장기에 일본노동조합총평의회(日本労働組合総評議会, "総評")의 주도로 임금인상 시스템으로서 춘투(春闘)가 확립되었다. 입법으로는, 노기법으로부터 노동안전위생법(労働安全衛生法, 1972년)이 분리되었고, 임금지급확보법(賃金支払確保法, 1976년)이 제정되었다. 또한, 최고재판소에 의해 취업규칙 법리나 해고권남용 법리로 대표되는 중요한 판례법리가 형성되었다. 최고재판소의 노동계약 법리는 학교 졸업 시 일괄채용(学卒一括採用)부터 정년까지 기업이 고용을 보장하는 장기고용제도를 전제로 하는 것이라고 할 수 있지만, 현재까지 기본적으로 유지되고 있다.

部(연합국군최고사령관총사령부)"이다. 1945년 10월 2일부터 샌프란시스코 강화조약이 발효된 1952년 4월 28일까지 6년 반 동안 일본에 있었던 연합군의 최고 사령부이다.

고도경제성장기에 노동시장의 근대화를 도모하기 위한 국가의 고용정책의 기본법으로서 1966년에 고용대책법(雇用対策法)이 제정되었다.

1973년의 제1차 오일쇼크 이후에는 고용의 촉진과 실업의 예방을 위한 정책이 추진되었다. 즉, 1974년에 고용보험법(雇用保険法)이 제정되어 불황기에 고용유지 노력을 하는 기업에 조성(助成)하는 고용조정급부금(이후에 고용조정조성금(雇用調整助成金)으로 변경됨)이 도입되어 실업자에 대한 금전 급부를 하는 소극적 고용정책과 함께 고용유지·고용 창출을 위한 적극적 고용정책이 전개되게 되었다. 1979년에는 직업능력개발촉진법(職業能力開発促進法)이 제정되었다.

경제의 서비스화와 남녀 고용 평등의 진전

1980년대 이후에는 경제의 서비스화에 따라 여성의 사회 진출이 진행되었다. 그러나, 당시에는 여성은 임신·출산을 계기로 퇴직하고, 육아가 일단락된 다음에 파트타임 노동자로 노동시장에 복귀하는 일하는 방식이 일반적이었다. 슈퍼마켓 등 서비스 경제화에 따라 파트타임 노동의 수요가 높아진 것도 그 배경이다.

이처럼 여성은 가정 책임과 양립하며, 일하는 것은 어디까지나 가계를 보조하기 위함이라는 생각이 강했다. 여성 자신도 스스로는 소득세나 사회보험의 보험료 부담을 지지 않으려고 노동시간과 수입이 일정 한도를 넘지 않도록 취업을 조정하고 있었다(연 소득 기준은 오랫동안 103만 엔이었다. 현재 순차적으로 적용 범위가 확대되고 있다).

이 같은 상황에서 남녀평등의 이념이 진전된 것은 오로지 외압에 따른 것이었다. 즉, UN의 여성차별철폐협약을 비준하기 위해 1985년에 남녀고용기회균등법(男女雇用機会均等法, "균등법")이 제정되었다. 그 후 여성의 일과 가정의 양립을 지원하기 위하여 1991년

에 육아휴업법(育児休業法)이 제정되었고(1993년부터는 육아개호휴업법(育児介護休業法, "육아개호휴업법")으로 됨), 1993년에는 단시간 노동자의 고용관리의 개선 등에 관한 법률(短時間労働者の雇用管理の改善等に関する法律, "파트노동법")이 제정되어 파트타임노동자의 노동조건 정비가 시도되었다.

육아개호휴업법은 이후 몇 차례 개정을 거쳐, 자녀의 간호휴가와 근무시간 단축 조치의 도입과 남성의 육아휴가 취득의 촉진 등 일 생활 균형(Work–Life Balance)을 추진하는 시책이 강화되고 있다.

1997년에는 균등법이 개정되어, 노력 의무 규정이었던 모집·채용 및 배치·승진에서의 차별금지가 강행규정으로 개정되었고, 이에 수반하여 노기법의 시간 외 노동에 관한 여성 보호 규정이 철폐되었다.

균등법은 이후 2006년 개정을 통해 간접차별의 금지가 도입되고, 임신·출산을 이유로 하는 불이익 취급의 금지 규정이 강화되었다. 간접차별이란, 외견상 객관적인 기준이 다른 쪽에 불리한 결과를 초래하는 경우 차별로 보는 법리다. 미국에서 유래한 법리이지만, EU에서는 파트타임노동자와 풀타임 노동자의 노동조건 격차가 파트타임노동자에는 여성이 많다는 이유로 간접 성차별에 해당한다고 인정하고 있었다. 2006년 균등법은 이러한 EU법의 해석이 일본에서는 이루어지지 않게 하려고, 간접차별로 될 수 있는 기준을 한정하고, 신장·체중이나 이사를 수반하는 전근에 응하는 것을 모집·채용이나 승진의 요건으로 하는 것만을 금지하였다(균등법 7조, 동시행규칙 2조).

또한, 2007년의 파트노동법 개정을 통해 균등·균형(均等·均衡) 처우의 규제가 도입되었다.

한편, 1980년대에는 일본의 제조업이 구미 제국을 위협할 정도의 것이 되었다. 국제적인 압력으로 장시간 노동의 시정이 요구되었고, 1988년의 노기법 개정을 통해 법정 노동시간이 주 48시간에서 주 40시간으로 단축되었다. 동시에, 화이트칼라에 걸맞은 노동시간 제도로 유연한 노동시간 제도(플렉스 타임제, 재량노동제)가 도입되었다.

나아가, 이 무렵부터 중장년(中高年) 노동자의 고용 확보가 중요한 정책 과제가 되었다. 1986년의 고연령자고용안정법(高年齢者雇用安定法, "고령자고용안정법")에서는 60세 정년제의 노력 의무가 규정되었고, 1990년에는 65세까지의 계속 고용의 노력 의무가 도입되었다. 그 후 1994년의 고령자고용안정법 개정에 따라 후생연금(厚生年金)의 지급개시 연령이 60세에서 65세까지 단계적으로 인상됨에 따라, 60세 정년제가 의무화되었다.

그 후, 고령자고용안정법은 2004년 개정을 통해 65세까지의 고용확보의무가 도입되었다. 65세까지의 고용확보조치는 노사협정(労使協定)을 통해 계속고용자를 선정할 수 있었지만, 고용확보조치의 보급을 기다렸다가 2012년 개정을 통해 희망자 전원의 고용을 65세까지 확보하는 의무가 규정되었다.

전술한 바와 같이 균등법과 육아개호휴업법은 차례로 규제가 강화되어왔지만, 그 내용은 유럽 국가들과 비하면 아직 불충분하다. 이러한 규제를 강화할 여지는 아직 남아있다고 할 수 있지만, 남녀 고용 평등을 추진하기 위한 새로운 입법으로서 2015년에 여성활약추진법(に女性活躍推進法)이 제정되었다. 동법에 따라 노동자 100명 이상을 고용하는 기업은 채용이나 관리직에서 차지하는 여성의 비율 등의 목표를 정하는 행동계획(行動計画)을 작성할 의무를 진다.

국가는 여성의 활약 추진에 있어서 우량한 사업주를 인정할 수 있다('에루보시(えるぼし)' 인정). 이 법은 강행적인 규범을 설정하고 그 위반에 대해 벌칙을 부과하거나 노동자에게 법원에서의 권리 실현을 가능하게 하는 하드로(hard law)가 아니라, 우량한 사업주의

[그림 2-1] '에루보시'와 '쿠루민'

인정이라는 수단으로 정책 목적을 실현하는 소프트로(soft law)이다. 이러한 정책 수단은 새로운 정책 실현 수단으로서 근년 주목받으며, 많이 사용되고 있다. 예를 들어 '에루보시' 외에는 육아 휴업의 취득률 등에 따라 부여되는 '쿠루민(くるみん)'이 유명하다.

2022년에는 여성활약추진법에 남녀 임금 격차의 공시(開示) 의무가 도입되어, 기업이 남녀 임금 격차의 시정에 자주적으로 노력하는 것이 기대되고 있다. 남녀 임금격차의 공시의무는 유가증권보고서에도 기재가 의무화되었다(1999년에 이러한 의무의 공시의무가 삭제되었다가, 2022년에 부활하였다).

글로벌화와 규제완화

직업안정법(職業安定法, "직안법")은 노동시장을 규제하는 중요한 법률로, 동법 44조는 노동자 공급을 금지하고 있었다. 노동자 공급이란 '노동자를 타인의 지휘명령을 받아 노동에 종사하게 하는 것'을 말한다(동법 4조 8항). 그러나, 이른바 사내하도급(構内下請)이라고 불리는 도급에서는, 수급인의 노동자가 도급인의 사업장에서 수급인의 노동자와 함께 일하고 있으므로, 도급인의 지휘명령을 받는 것이 아닌지가 끊임없이 문제가 되었다. 이 점에 대해서는, 적법한 도급과 노동자 공급의 구별을 위한 4요건을 명확히 하고 있으며(동법 시행규칙 4조), 수급인 단순히 노동력만을 제공하는 것이어서는 안 되며, 또한 사용자로서 법령에 따른 책임을 준수하고 있지 않으면 안 된다고 규정되어 있었다.

1985년 제정된 노동자파견법(労働者派遣法)은 종전에 노동자 공급으로 금지되었던 '타인의 지휘명령을 받아 노동에 종사하게 하는' 일하는 방식을 전문업무에 한정하여 합법화하는 것이었다. 이 무렵 일본에서는 아직 규제 완화의 논의가 본격화되었다고는 할 수 없지만, 노동자파견법의 제정은 노동시장의 자유화를 상징하는 중요한 법률이다.

그 후 현재에 이르기까지, 파견노동자가 노동자 전체에서 차지하는 비율은 적음에도 불구하고(일본인재파견협회(日本人材派遣協会)에 따르면 2021년에 약 2.5%), 노동자파견법은 노동법의 규제 완화가 문제가 될 때 가장 논쟁의 대상이 되는 법률이 되었다. 이는 독일도 마찬가지다. 역시, 무기(無期) 풀타임의 직접고용(고용계약을 체결한 사용자의 사업장에서 일하는 것)이 고용 관계의 모델이며, 노동자 파견과 같은 간접고용은 바람직하지 않다는 견해는 견고하다고 할 수 있다.

1999년에는 민영(民営) 직업소개를 허용하는 ILO 제181호 협약이 비준됨에 따라, 직안법 및 노동자파견법이 개정되어 직업소개와 파견 가능 업무가 원칙적으로 자유화되었다(negative list화).

버블 경제가 붕괴한 1990년대 후반부터 일본 경제는 글로벌화가 진행되는 가운데 현재까지 계속되는 저성장 시대를 맞이했다.

경제를 활성화하기 위하여 규제 완화가 이루어졌고, 2003년의 노동자파견법 개정에 따라 자유화 업무에서의 파견 가능 기간의 상한이 3년으로 확대되었다. 후술하는 바와 같이, 2010년대 이후에는 증가한 비정규 노동자의 고용안정을 목표로 하는 시책이 추진되는 한편, 노동시장의 규제 완화도 경제 성장 전략의 중요한 내용으로 되었으며, 2014년경부터 불황기에 기업에 고용유지를 요구하는 고용조정조성금(雇用調整助成金)을 축소하고, 이직을 피할 수 없게 된 노동자의 재취업을 지원하는 노동이동지원조성금(労働移動支援助成金)이 확충되었다.

▌분쟁 해결 제도의 정비

경제의 저성장기를 맞아 증가 경향에 있는 개별 노동분쟁에 대응하기 위하여, 2001년에 개별노동관계분쟁해결촉진법(個別労働関係紛争解決促進法)이 제정되었고, 행정에 의한 새로운 노동분쟁 처리제도가 도입되었다. 또한, 2000년에는 상법(현 회사법)에서의 회사분할제도의 도입에 따라 회사분할 시 고용 및 노동조건의 보호를 도모하기 위하여 노동계약승계법(労働契約承継法, "승계법")이 제정되었다. 승계법은 2007년의 노동계약법(労働契約法, "노계법")"에 앞서 민법 고용규정 이래 처음으로 민사적 규칙만을 정한 노동입법이다.

2004년에는 사법제도 개혁의 일환으로 노동심판법(労働審判法)이 제정되었다. 또한, 노조법 개정에 따라 부당노동행위 구제기관인 노동위원회의 절차의 실효성을 높이기 위한 개혁이 이루어졌다. 분쟁 해결 제도의 정비와 함께, 2007년에는 노동계약법이 제정되어 중요한 판례법리가 명문화되게 되었다.

개별 노동관계 분쟁 해결 제도가 도입된 이후 한동안 가장 많은 상담내용은 해고나 퇴직을 둘러싼 문제였지만, 2010년대 들어 따돌림(いじめ)·괴롭힘(嫌がらせ)이 가장 많은 상담 사항이 되었다. 직장 내 괴롭힘(パワハラ)의 억제에 대한 사회적 의식이 높아지면서, 2019년의 노동시책종합추진법(労働施策総合推進法, 구 고용대책법)에서 직장 내 괴롭힘(パワハラ) 방지 의무가 도입됐다. 최근 들어 새

로운 노동법의 규제로서 직장 내 괴롭힘 방지 의무는 가장 친숙한 규제일지도 모른다. 직장 내 괴롭힘은 정신건강 문제를 수반하는 경우가 많은데, 직장에서의 정신건강에 관해서도 관심이 높아지면서, 노동안전위생법(労働安全衛生法, 이하 "노안위법"이라고 한다)에 근거하여 2015년 이후 종업원 50명 이상의 사업장에서 매년 종업원의 스트레스 체크를 의무화하고 있다.

정규·정규직의 격차 시정과 '일하는 방식 개혁'

비정규 고용은 일관되게 계속 증가하여 현재는 노동자의 약 40%를 차지하기에 이르렀다. 2008년 가을의 리먼 쇼크 직후에는 파견노동자를 기간 도중에 해고하는 '파견 중단(派遣切り)'이 큰 문제가 되었다. 2011년에는 '제2의 안전망'으로 불리는 구직자 지원 제도가 법제화되었다. 정규 고용과 비정규 고용의 격차 시정을 위하여, 2012년에는 노계법 개정을 통해 통산(通算) 고용 기간이 상한인 5년을 초과하는 경우 무기전환청약권(無期転換申込権)[7]이 유기계약 노동자에게 부여되게 되었고, 또한 유기고용을 이유로 하는 불합리한 노동조건의 격차를 금지하는 규정이 도입되었다. 또한, 같은 해 파견법 개정에 따라 일용(日雇) 파견의 원칙적 금지, 그룹파견[8]의 제한, 일정한 위법파견에서의 노동계약의 청약 간주 의무가 도입되었다.

파견법은 2015년 개정에 따라 전문업무와 자유화 업무의 구별이 폐지되고, 동일한 파견노동자에 대해서 사용사업주(派遣先)의 동일한 조직단위에서의 파견 가능 기간의 상한이 일률적으로 3년으

7) "申込"은 상대의 승낙을 얻어 계약을 성립시키려고 하는 의사표시를 의미한다. 따라서, '申込権'은 청약권으로 번역하였다.

8) 인건비의 절약 등을 목적으로, 대기업이 인재파견회사를 자회사로 설립하고, 그러한 자회사가 모회사 및 다른 그룹사에 노동자 파견을 하는 것을 말한다.

로 규정됨과 동시에, 모든 파견이 허가제(許可制)로 되었다.

정규 고용과 비정규 고용의 격차 시정을 한 층 더하는 규제가 2018년의 '일하는 방식 개혁(働き方改革)'에서도 시도되었고, 파트타임 노동법이 파트타임·유기고용노동법(パートタイム·有期雇用労働法, "파트·유기법")으로 개정되었고, 파견법에서도 파견노동자와 사용사업주 소속 노동자 간의 균등·균형(均等·均衡) 대우에 관한 규제가 도입되었다.

또한, 새로운 고용 평등 법리로서 2016년에 채택된 UN 장애인권리협약의 비준에 따라 2013년에 개정 장애인고용촉진법(正障害者雇用促進法)에 따라 장애 차별의 금지가 도입되었다.

나아가, 신규 졸업자 일괄채용의 관행 하의 일본에서는 청년(若年) 실업의 문제는 거의 존재하지 않았지만, 거품경제 붕괴 후의 저성장 시대에 청년의 실업률이 증가했다. 특히 2000년 전후의 대졸자는 '취업 빙하기 세대'라고 불리며, 비자발적인 비정규 고용이 증가하였다. 또한, 2010년대에 들어서자 정규직이 된 청년도 장시간 노동이나 직장 내 괴롭힘 등으로 이직을 피할 수 없게 되는 '블랙기업'의 문제가 인식되게 되었다. 이에 청년의 고용 대책에 종합적으로 대응하기 위하여 2015년에 청소년고용촉진법(青少年雇用促進法)이 제정되었다. 동법에서는 구직자의 요구에 따라 모집·채용 및 고용관리의 상황에 대한 정보를 제공해야 하는 사업주의 의무가 규정되어 있다.

정규 고용과 비정규 고용의 격차가 문제가 되는 한편, 정규직의 과중한 노동의 방지도 중요한 과제가 되었다. 2008년의 노기법 개정에 따라, 월 60시간을 초과하는 시간 외 노동에 대하여 할증임금의 할증률이 인상되었고, 2018년의 '일하는 방식 개혁'에 따라 시간 외 노동의 상한을 1개월 100시간 미만(연 720시간)으로 하는 규제 및 연차휴가 5일에 관한 사용자의 부여의무가 노기법에 도입되었다. 동시에 고도의 전문적 업무에 종사하는 화이트칼라의 생산성을 높이기 위하여, 노동시간 규제의 적용제외를 허용하는 '고도 프로페셔널 제도'가 도입되었다.

또한, 한편으로는 중소기업에서의 인력 부족, 다른 한편으로는 대기업에서의 중장년 노동자의 과잉에 대응하기 위해, 나아가 장기고용 관행의 변화에 따라, 겸업·부업의 촉진이 정부 주도로 진행되어 노동시간과 노동·사회보험의 통산(通算) 방식에 대해 논의가 진행되었다. 2020년의 노재보험법의 개정을 통해 복수 취업처(就業先)의 임금에 근거한 급부기초일액(給付基礎日額)의 산정 및 급부의 대상 범위가 확충되게 되었다.

중장년 노동자의 취업기회를 확보하기 위해 2020년 고령자고용안정법 개정에 따라 70세까지의 취업 확보의 노력 의무가 도입되었다. 이러한 '취업'에는 프리랜서나 자원봉사자(volunteer)로의 취업도 포함된다는 점이 새롭다. 프리랜서가 고용정책 대상으로 처음 등장한 것이다.

멤버십형 고용을 뒷받침해 온 노동법

노동법은 2000년 전후에 규제 완화의 움직임도 있었지만, 제2차 대전 이후부터 일관되게 규제가 확충되어 노동자에게 인정되는 보호가 강화되어왔다. 입법뿐만 아니라 법원을 통하여 형성되어 온 노동계약 법리도 중요하다. 이를 통해 멤버십형 고용으로 불리는 일본의 고용 관행(대졸 일괄채용으로 들어간 기업에서 광범위한 인사이동을 통해 경력을 쌓고, 기본적으로 연공적인 임금제도에서 정년까지 고용된다고 하는 장기고용제도)을 뒷받침하는 노동계약 법리가 확립되었다. 다만, 멤버십형 고용은 남성 외벌이를 염두에 둔 제도로, 여성은 결혼·출산으로 일단 퇴직하고, 육아가 일단락된 후에 가계보조적인 소득을 얻기 위해 파트타임으로 일하는 방식이 일반적이었다. 이것이 변화한 것은 1985년 고용기회균등법의 제정 이후이며, 점차 남녀평등의 의식이 높아지고 일 생활 균형도 중시되게 되었다. 현재는 멈추지 않는 저출산에 대응하기 위하여 새로운 육아개호휴업법의 확충이 차례로 이루어지고 있다.

그러나, 대다수 노동자에게는 자신의 노동조건이나 고용환경이 해마다 좋아지고 있다는 실감은 없을 것이다. 일본 경제의 침체로 임금은 오르지 않고 비정규 고용이 일관되게 증가하고 있기 때문이다. 장시간 노동으로 인한 과로사나 과로 자살도 1980년대 이후 큰 문제가 되었고, 직장 내 괴롭힘이 현재로서는 가장 많은 노동자의 상담내용으로 되고 있어, 정신건강 문제가 일상적인 노동문제로 되고 있다.

2018년의 일하는 방식 개혁은 직접적으로는 인구감소사회에서 경제 규모를 유지하기 위해 여성이나 고령자를 통한 노동력 참가를 촉진하는 것을 목적으로 하는 것이었다. 그 때문에 장시간 노동과 정규·비정규의 격차를 시정하기 위한 중요한 법 개정이 이루어졌고, 노동법의 규제 강화가 실현되었다고 할 수 있다.

그 일환으로, 고령자를 위한 적정한 고용기회를 제공하기 위하여 프리랜서의 보호가 일본에서는 다소 갑작스럽게 논의되게 되었다. 이전까지는, 가내노동법이나 산재보험의 특별가입제도를 제외하면 프리랜서가 노동법 규제의 대상이 된 적은 없었다. 프리랜서가 증가하고 있다는 데이터도 현재에 이르기까지 존재하지 않으며, 비정규 고용의 증가와 그 낮은 노동조건은 문제가 되더라도, 프리랜서의 일하는 방식이 사회 문제로 되고 있었다고는 할 수 없을 것이다.

프리랜서의 보호가 갑자기 논의되게 되었다고 말했지만, 한편으로 근로자성은 오래전부터 존재하는 문제이며, 판례도 이미 상당히 축적되어 있다. 다음 장에서는 근로자성의 문제에 대해 논의해 보고자 한다.

제3장

근로자성과 사용자성

— '노동자'와 '사용자'란 누구인가?

'근로자성'이란 무엇인가?

프리랜서의 노동법상 보호를 고려하는 데 있어 가장 중요한 논점이 프리랜서는 노동법상 규제가 적용되는 '노동자'인가 하는 문제이다. 프리랜서는 계약상으로는 노동계약이 아니라 업무위탁(도급)계약 등의 다른 계약에 근거하여 취업하고 있다. 본인의 의식도 '자신은 고용되어 일하는 노동자가 아니다'라고 하는 것일 것이다.

본인이 '노동자가 아니다'라고 자각하고 있음에도, 근로자성을 인정하는 것이 필요한 것일까? 계약 자유의 원칙에 근거하는 한, 이것은 지나치다고 생각될 것이다. 그러나, 노동법상의 법률 대부분은 강행법규로 이루어져 있다.

강행법규란 당사자의 의사와 관계없이, 규범이 적용되기 위한 요건을 충족하면 적용된다. 강행법규와 대비되는 개념이 임의법규이고, 임의법규라면 당사자는 이와 다른 내용을 자유롭게 합의할 수 있다. 임의법규의 의의는 당사자의 합의 내용이 명확하지 않을 때 참조된다고 하는 것이다. 민법 규정의 대부분은 임의법규이다.

노동법 규제가 강행법규인 것은 약자의 보호를 위해 계약에 개입할 필요가 있기 때문이다. 그러므로, 노동법 규제의 적용에서는 당사자의 의사가 중시되는 것이 아니라, 객관적인 취업의 실태에서 노동자라고 인정되면 적용이 인정되는 것이다.

노동기준법(노동계약법)상의 근로자성

노기법은 '노동자'를 '사용(使用)되는 자로서, 임금을 지급받는 자'라고 규정하고 있다(동법 제9조).[1] 임금에 대해서는, '노동의 대상(対償)으로서 사용자가 노동자에게 지급하는 모든 것을 말한다'라고 규정되어 있으며(동법 제11조),[2] 이러한 정의는 넓게 해석되고 있으므로, 노기법상 노동자의 정의는 '사용된다'라는 문언이 결정적인 근거(決め手)라고 생각되어 왔다. 그리고, 그 구체적인 판단요소(判断要素)는, ① 업무 승낙 여부(業務諾否)의 자유 유무, ② 업무의 내용·업무의 수행방법에서의 지휘·감독(구체적인 지휘·감독)의 유무, ③ 시간적·장소적 구속성, ④ 노무제공의 대체성(代替性), ⑤ 보수의 노무대상성(労務対償性), ⑥ 사업자성(기계·기구의 부담, 소득액)의 유무, ⑦ 전속성(専属性), ⑧ 세법·노동보험법상의 취급 등으로 정리되어 있다(1985년의 노동성 노동기준법연구회(労働基準法研究会) 보고 "노동기준법의 '노동자'의 판단기준에 대하여").

강행법규인 노기법(노계법)상의 근로자성은 당사자 간의 계약명칭이 아니라, 취업의 실태로부터 객관적으로 판단되어야 하는데, 이러한 판단요소의 종합적 판단을 통하여 근로자성의 유무가 판단

1) 일본 노동기준법 제9조(정의) 이 법률에서 "노동자"란, 직업의 종류를 불문하고, 사업 또는 사무소(이하 "사업"이라 한다)에 사용되는 자로서, 임금을 지급받는 자를 말한다(この法律で「労働者」とは, 職業の種類を問わず, 事業又は事務所(以下「事業」という。) に使用される者で, 賃金を支払われる者をいう).

2) 일본 노동기준법 제11조(정의) 이 법률에서 임금이란, 임금, 급료, 수당, 상여(賞与) 그 밖에 명칭의 여하를 불문하고, 노동의 대상(対償)으로서, 사용자가 노동자에게 지급하는 모든 것을 말한다(この法律で賃金とは, 賃金, 給料, 手当, 賞与その他名称の如何を問わず, 労働の対償として使用者が労働者に支払うすべてのものをいう).

되게 된다. 또한, 위 ①~④는 사용 종속성(使用従属性)이라고 불리고 있지만, 사용 종속성은 인적 종속성(人的従属性)으로 불러도 좋을 것이다. 이에 대하여 ⑥ 및 ⑦은 경제적 종속성(経済的従属性)에 속하는 판단요소이다.

노기법 9조의 노동자의 정의는 널리 개별적 노동법(노동자와 사용자와의 사이의 노동관계를 규율하는 법률)에 속하는 법률에서의 노동자의 정의이기도 하다. 최저임금법(最低賃金法, "최임법")과 같이 명문으로 노기법상의 노동자와 같은 의미라고 규정하는 법률도 있지만, 그러한 규정이 없는 노재보험법에서도 노재보험법의 적용을 받는 노동자는 노기법 9조의 노동자라고 하는 해석이 확립되어 있다 2007년에 제정된 노계법의 경우에도, 입법과정에서 노기법상의 노동자와 같은 의미임이 확인되고 있다.

법원에서의 근로자성의 판단 방법

근로자성이 다투어지는 직업은 다양하지만, 전형적으로 트럭 지입(持込)[3] 운전사를 들 수 있다. 트럭 지입 운전사는 스스로 트럭을 소유하고, 운송업자로 등록을 하고 있지만, 실제로는 거래상대방은 한 곳밖에 없는 경우가 적지 않다. 애초에는 운송회사에 고용되어 있다가 자영화(自営化)하여 계속 그 회사를 위해 일하는 경우도 있다.

이러한 트럭 운전사의 근로자성이 1980년대부터 자주 다투어져 하급심에서는 그 판단이 엇갈렸다. 최고재판소는 제조업체(メーカー)에 전속되어 있던 트럭 지입 운전사가 하역 중에 부상을 당하여 산재보험의 급부 적용을 요구하며 근로자성을 주장한 사안에서,

3) 지입(持ち込み)이란 사전적으로는 '가지고 들어오다'는 의미이며, 주로 운송회사에 개인 소유의 차량을 등록하고, 운송회사로부터 일감을 받아서 일하고, 그에 대한 보수를 받는 관행을 말한다.

운송 담당자(運送係)에 의한 배송지(配送先)나 납품 시각의 지시에 대하여, '운송이라는 업무의 성질상 당연히 필요로 하는 지시'에 불과하고, 또한 운송 담당자의 지시에 따라 시업·종업 시각은 저절로 정해지게 되었지만, 다른 종업원과 비교하면 훨씬 시간적 구속이 느슨했다고 하면서, 근로자성을 부정했다(横浜南労基署長[旭紙業] 事件: 最判平成8. 11. 28).

이처럼, 근로자성이 다투어지는 사안에서는, 종사자가 역무의 내용 및 수행방법에 관하여 계약상의 규정에서 발생하는 다양한 의무(구속)에 따르고 있거나, 또는 계약상으로 취업시간이나 보고 의무가 정해져 있지 않다고 하더라도, 실태로는 취업의 시간이나 장소를 스스로 자유롭게 결정할 수 없으며, 업무의 내용이나 진행 방법에서도 계약 상대방의 지시·감독에 따를 필요가 있는 경우가 적지 않다. 이러한 구속을 '사실상의 구속'이라고 부를 수 있는데, 최고재판소는 '사실상의 구속'을 근로자성을 뒷받침하는 지휘명령 구속성을 보여주는 사정으로는 인정하지 않는 경향이 있다.

그리고, '사실상의 구속'을 중시하지 않는 것의 당연한 결과로서, 최고재판소는 사업자성(事業者性)을 보여주는 사정(기계·기구의 부담, 소득액)을 과도하게 중시하고 있다고 할 수 있다. 최고재판소는, 트럭을 소유하고 경비를 부담하고 있었으므로 사업자라고 인정하고(위 横浜南労基署長[旭紙業] 事件), 히토리 오야카타(一人親方)[4]의 보수가 종업원보다는 고액이었다는 점이나 자기 소유의 도구를 가지고 들어왔다는 점을 중시하여 히토리 오야카타의 노재보험법상의 근로자성을 부정하고 있다(藤沢労基署長[大工負傷] 事件: 最判平成19. 6. 28).

4) 히토리 오야카타(一人親方)란 건설업 등에서 노동자를 고용하지 않고, 자신과 가족 등만으로 사업을 하는 사업주를 말한다.

노조법상 근로자성

다음으로, 노조법상의 근로자성에 대해 살펴본다. 노조법상 근로자성이 인정되면 노동조합을 결성하고, 사용자에게 단체교섭을 요구하여 노동조건의 향상을 도모할 수 있다. 사용자는 정당한 이유 없이 단체교섭을 거부할 수 없다(노조법 7조 2호).[5] 오늘날에는 노조법상 근로자성은 노기법상의 근로자성과는 다른 개념으로 생각되고 있다.

노조법 3조는 '노동자'에 대하여 '임금, 급료 그 밖에 이에 준하는 수입(収入)으로 생활하는 자'라고 규정하고 있다.[6] 노기법 9조와 달리 '사용된다'라는 문언이 들어가 있지 않은데, 노조법 제정 당시의 논의에서는 노기법은 현재 고용되어 있는 자를 대상으로 하는데 대하여, 노조법은 실업자도 대상으로 하고 있기 때문이라고 설명하고 있다.

노동자와 자영업자의 구별이 문제가 되는 경우, 오래된 판례에서는 노기법과 노조법의 노동자 개념은 같은 의미로 해석되어왔다고 해도 좋지만(예를 들어, NHK広島中央放送局事件: 広島地判 昭41. 8. 8), 가내 노동자의 노동조합이 노조법상의 노동조합으로 인정되고, 그 후 프로야구선수나 프로축구선수의 선수회가 노조법상의 노동조합으로 인정되게 됨에 따라, 오늘날에는 노조법상의 노동자 개념은 노기법상의 노동자 개념보다 넓은 것으로 해석되고 있다.

---

5) 일본 노동조합법 제7조(부당노동행위) 사용자는, 다음 각호에 열거하는 행위를 하여서는 아니 된다.
   2. 사용자가 고용하는 노동자의 대표자와 단체교섭을 하는 것을 정당한 이유 없이 거부하는 것(使用者が雇用する労働者の代表者と団体交渉をすることを正当な理由がなくて拒むこと).

6) 일본 노동조합법 제3조(노동자) 이 법률에서 '노동자'란, 직업의 종류를 불문하고 임금, 급료, 그 밖에 이에 준하는 수입으로 생활하는 자를 말한다(この法律で「労働者」とは, 職業の種類を問わず, 賃金, 給料その他これに準ずる収入によつて生活する者をいう).

그러나, 10여 년 전 도쿄고등법원이 잇달아 노조법상의 근로자성을 좁게 해석하는 판결을 내놓으면서 매우 문제가 되었다. 그 후, 이러한 고등법원 판결은 최고재판소에서 파기되어, 개인사업주로 취급되던 제조업체의 제품 수리를 하고 있던 엔지니어와 극단 합창단원의 노조법상 근로자성이 인정되었다(新国立劇場運営財団事件: 最判平成23. 4. 12; INAXメンテナンス事件: 最判平成23. 4. 12; ビクターサービスエンジニアリング事件: 最判平成24. 2. 21).

이러한 최고재판소의 판결에 기초하여, 2011년에는 후생성에 의해 노조법상 근로자성의 판단요소는 ① 사업조직으로의 편입(組入れ), ② 계약 내용의 일방적·정형적 결정, ③ 보수의 노무 대가성, ④ 업무의 의뢰에 응해야 하는 관계, ⑤ 넓은 의미에서의 지휘·감독하에서의 노무 제공, ⑤ 일정한 시간적·장소적 구속 및 ⑥ 현저한 사업자성(기계·기구의 부담 관계, 보조 인력의 이용)으로 정리되었다(후생노동성 노사관계법연구회(労使関係法研究会) 보고, "노동조합법상의 근로자성의 판단기준에 관하여"). ⑥의 현저한 사업자성은 이것이 인정되면 근로자성이 부정된다고 하는 의미로, 소극적인 판단요소이다.

이러한 판단기준에 따라 현재 노조법상의 근로자성은 노기법상의 근로자성보다 더 넓게 해석되고 있다. 예를 들어, 노기법상의 근로자성은 부정되었지만, 노조법상의 근로자성이 긍정된 취로자로서 자전거로 서류를 배달하는 '소쿠하이'[7]의 바이시클 메신저(東京高判 平成26. 5. 2; 東京高判 平成28. 2. 24)나 NHK의 수신료를 징수하기 위해 각 가정을 방문하는 '지역 스태프'(大阪高判 平成27. 9. 11; 東京高判 平成30. 1. 25)를 들 수 있다.

그러나, ① 사업조직으로의 편입 및 ② 계약 내용의 일방적·정형적 결정은 노기법상의 근로자성의 판단요소로는 열거되어 있지

7) 주식회사 소쿠하이(株式会社ソクハイ)는 도쿄도 시나가와구(品川区)에 본사를 둔 오토바이 택배를 중심으로 한 육상운송업 기업이다.

는 않았지만, 통상적으로 노기법상의 노동자라면 인정되는 사정이 라고 할 수 있으므로, 노조법상 근로자성의 실질적인 판단요소는 ④~⑥의 업무의 의뢰에 응해야 하는 관계, 넓은 의미에서의 지휘·감독하에서의 노무 제공, 일정한 시간적·장소적 구속 및 현저한 사업자성(기계·기구의 부담 관계, 보조 인력의 이용)이라고 할 수 있다. 이러한 것들은 노기법상의 근로자성의 판단요소이기도 하므로, 판단요소 자체가 노기법과 노조법에서 어떻게 다른지가 충분히 해명되어 있지 않다. 노기법상의 근로자성과의 차이는, 근로자성의 판단 방법에 있다고 할 수 있으며, 노조법상의 근로자성에서는 ④~⑤의 지휘명령 구속성을 보여주는 판단요소를 충족하는지 여부라는 판단 방법이 노기법과 달리 느슨하게 이루어지고 있다. 다시 말하면, '사실상의 구속'으로부터 이러한 요소의 충족이 인정되고 있다.

편의점 점주(店主)의 노조법상 근로자성

노조법상의 근로자성은 널리 인정되고 있다고 했지만, 어디까지 폭넓게 인정되는 것일까? 현재 이러한 한계선에 있다고 생각되는 것이 본부(本部)와 프랜차이즈 계약을 체결하고, 편의점을 운영하는 편의점 점주이다. 중앙노동위원회(中央労働委員会, "중노위")는 2019년 2월 6일 세븐일레븐과 패밀리마트의 편의점 점주의 노조법상 근로자성을 부정했다.

중노위는, 앞에서 언급한 노조법상 근로자성의 6가지의 판단기준에 대해 2011년~2012년의 최고재판소의 3개의 판결 및 위 노사관계연구회의 보고서에서는 이들 각 요소가 병렬적으로 검토되고 있는 것에 반하여, '사업조직으로의 편입'에서 사업자성을 중심으로 검토한 다음, 편의점 점주는 독립된 사업자이기 때문에, 본부의 사업 수행에 불가결한 노동력으로서 그 사업조직에 편입된 것은 아니라고 판단했다. 위 최고재판소 판결에서는, '사업조직으로의 편입'이란 근로자성이 다투어지고 있는 종사자가 제공하는 역무(役務)가 위탁자의 사업 수행에서 질적으로도 양적으로도 중요한 부분을 차지하고 있어, 해당 사업에서의 불가결한 노동력이라고 할 수 있는 것을 의미하고 있었지만, 중노위는 '노동력'이란 노동자가 제공하는 역무이므로, 사업자(事業者)가 제공하는 역무는 이에 해당하지 않는다는 논법으로, 편의점의 핵심을 차지하는 편의점 점주는 사업조직에 편입되어 있지 않다고 판단하였다.

구체적으로, 중노위는 편의점 점주가 개업 및 점포 운영에 필요한 비용을 모두 부담하고 있다는 점과 평균 20~30명의 종업원을 고용하고 있다는 점을 사업자성의 근거로 중시하고 있다.

편의점 점주는 확실히 많은 아르바이트생을 고용하고 있으므로, 이 점을 중시하면 노동자라기보다는 사업자에 가깝다. 그러나, 편의점 점주의 근로자성을 긍정한 도쿄도 노동위원회(東京都労委)는 24시간 영업이 의무화되어 있었기 때문에 노동자를 고용할 수밖에 없었다고 하여, 이러한 사실을 중시하지 않았다(平成27. 3. 17. 자 명령).[8] '들어가며'의 **사례 4**에서 다룬 호텔의 지배인도 아르바이트생을 고용하고 있지만, 그 경비는 발주자가 부담하고 있으므로, 사업자성은 극히 부족하다. 형식이 아니라, 실태(実態)가 고려되어야 할 것이다.

이러한 명령의 취소를 요구하는 소송이 제기되었지만, 세븐일레븐 재팬 사건에서 최고재판소는 중노위의 명령을 유지하였다(最決 令和5. 7. 12).

우버이츠 배달원의 노조법상 근로자성

일본에서 처음으로 플랫폼 노동에서의 근로자성이 다투어진 사

---

8) ファミリーマート事件: 東京都労委決平27.3.17 別冊中労時 1488号 1頁.

건이 우버이츠의 배달원이 노조법상의 근로자성을 주장한 우버이츠 재팬(Uber Eats Japan) 사건이다.

도쿄도 노동위원회(東京都労委)는 2022년 10월 4일의 지령(指令)에서 우버이츠의 배달원(배달 파트너)의 노조법상의 근로자성을 인정하고, 우버이츠 재팬(이하 "우버이츠")에 단체교섭에 응하라고 명령했다.[9)]

배달원은 우버이츠가 마련한 정형적인 내용의 '기술 서비스 계약'을 체결하고 있었으며, 이 계약에는 우버이츠와 배달 파트너 간에는 고용 관계는 설정되지 않는다고 규정되어 있었다. 또한, 등록한 본인 이외에 자에게 계정(account)을 사용하게 하는 것은 금지되어 있었다.

배달원의 일하는 방식은 '들어가며'의 **사례 1**에서 소개한 바와 같다.

도쿄도 노동위원회는 노조법상의 근로자성의 6가지의 판단기준에 따라 배달원의 근로자성을 판단했다. 도쿄도 노동위원회는 우선 배달 파트너에 의한 배달이 전체 주문의 99%를 차지하고, 일정 수준의 질의 배달 파트너를 다수 확보할 필요가 있으며, 사실상의 전속적 종사자를 확보하고 있다는 점 등에서 사업조직으로의 편입을 인정했다. 계약서는 우버이츠가 마련한 정형적인 내용이라는 점에서, 계약 내용의 일방적·정형적 결정도 인정되었고, 거리·업무량에 대응하여 지급되며, 인센티브(incentive)도 있는 배송료의 노무제공의 대가성도 긍정되었다. 이에 반하여, 업무의 의뢰에 응해야 하는 관계에 대해서는, 어느 시간대·장소에서 배달 업무를 수행할지는 자유이며, 배달 요청(request)의 거부에 따라 구체적인 불이익을 받는 취지의 규정은 없었으므로, 업무의 의뢰에 응해야 하는 관계에 있었다고까지는 할 수 없다고 판단되었다.

9) 東京都労委 令和2年(不)第24号事件.

또한, 배달 파트너 가이드의 기재사항은 업무지시이며, 평가제도나 계정 정지조치 하에서 이에 따를 수밖에 없었기 때문에 넓은 의미의 지휘·감독하에서의 노무 제공에 해당한다는 것이 인정되었다. 그리고, 배달원의 재량의 여지는 극히 적고, 커뮤니티 가이드라인에 따라 음식점이나 주문자와의 불필요한 접촉이 금지되어 있어서 독자적으로 고유한 고객을 획득할 수도 없고, 자신의 아이디어로 이득을 취할 기회는 거의 없었던 점, 배달이 미완으로 끝났을 때나 사고가 발생한 경우에는 우버이츠가 음식점이나 주문자에게 보상하고 있으며, 배송에 관한 손익은 우버이츠가 부담하고 있다는 점, 배달원은 타인 노동력을 이용할 수 없다는 점에서, 오토바이나 자전거 등을 자신이 보유하고 있었지만 현저한 사업자성이 부정되었다. 그리고, 이상을 종합적으로 판단하여 노조법상의 근로자성이 인정되었다.

명령에서는 '업무의 의뢰에 응해야 하는 관계'의 판단기준이 부정되고 있는 점은 주목된다. 배달원이 원할 때 일할 수 있다는 장점을 중시하고 있다는 점을 반영한 판단이라고 할 수 있다. 배달원들은 노기법상 근로자성은 주장하지 않았는데, 이는 노기법상의 노동자가 되면 이러한 자유를 인정되지 않는다고 생각하였기 때문이라고 한다. 그러나, 배달원들이 요구하는 보장의 주요 내용은 사고의 보상이다. 이러한 요구를 실현하기 위해서는 노재보험법상의 근로자성이 인정되는 것이 바람직하다. 원할 때 일한다는 장점을 잃어버려야만 산재보험의 적용이 인정될 수 있는 것일까? 노기법상의 근로자성의 의의가 문제가 되고 있다(이 문제에 대해서는 제6장에서 다시 한번 검토하고자 한다).

고용계약 법리의 적용 대상자

개별적 노동법에 속하는 법률이 적용되는 노동자는 노기법 9조의 노동자와 같은 의미라고 말했지만, 일부 고용계약 법리의 적용 대상자는 노기법상의 근로자성보다 폭넓게 인정되고 있다. 예를 들어, 발주자와 종사자 사이에 '실질적인 사용종속관계'가 있으면 발주자는 안전배려의무를 진다(高橋塗装工業所事件: 京高判平成18. 5. 17 등). 마찬가지로, 언제든지 고용계약을 해지할 수 있다고 규정하고 있는 민법 제628조도 '고용계약과 유사한 계약'에 적용이 인정되어, 종사자 측으로부터의 해지를 인정한 판례가 있다(아이돌과 예능 프로덕션 간의 계약에 동조의 적용이 인정된 판례로 東京地判平成28. 1. 18).

또한, 바이시클 메신저와 발주자와의 사이에 '실질적인 지휘명령 관계가 있었다'는 점에서, 발주자의 사용자 책임(민법 715조 1항)이 긍정되어, 바이시클 메신저가 일으킨 교통사고 피해자에 대한 발주자의 배상책임이 인정되고 있다(東京地判平成25. 8. 6).

최근에는 프리랜서인 라이터가 발주자로부터 당한 성희롱에 대하여 발주자의 손해배상책임이 인정되어 큰 주목받았다(アムール事件: 東京地判令和4. 5. 15). '들어가며'에서 다룬 **사례 6**이다. 법원은 발주자의 '안전배려의무' 위반을 긍정하였다(성희롱을 방지할 의무로 사용자가 '직장환경배려의무(職場環境配慮義務)'를 부담한다는 것이 판례 법리에서 확립되어 있지만, 이 사건에서는 성희롱을 당한 결과 원고가 정신 질환에 이환(罹患)되었기 때문에 '안전배려의무' 위반이 인정된 것으로 이해할 수 있다).

이러한 계약 법리는 안전배려의무와 같이 현재는 노동계약법에 규정되어 있는 것도 있지만, 판례법리 또는 민법의 규정에 근거한 것이라는 점이 특징적이다. 즉, 노기법과 같이 노동기준감독서가 형사벌로 감독한다고 하는 성질의 규범이 아니다. 이 때문에 법원으로서는 적용 대상자를 폭넓게 파악하기 쉬운 것일 수도 있다. 그러나, 이러한 차이를 정당화하기는 어려우며, 노기법·노계법상의 근로자성도 이러한 계약 법리의 적용 대상자와 마찬가지로 폭넓게 인정해도 좋을 것으로 생각된다.

▌'사용자성'이란 무엇인가?

근로자성이란 양자 간 계약의 성질이 노동계약인가 여부의 문제로, 노동계약으로 평가되면 그 계약의 당사자는 노동자와 사용자라는 것이 된다. 즉, 근로자성이 밝혀지면 사용자성도 밝혀지지만, 노동법에서는 특히 '사용자성'의 문제로서 논의되는 문제도 있다. 이는 노동계약의 상대방인 사용자 이외의 제3자를 사용자라고 할 수 없는지가 다투어지는 경우이다([그림 3-1]).

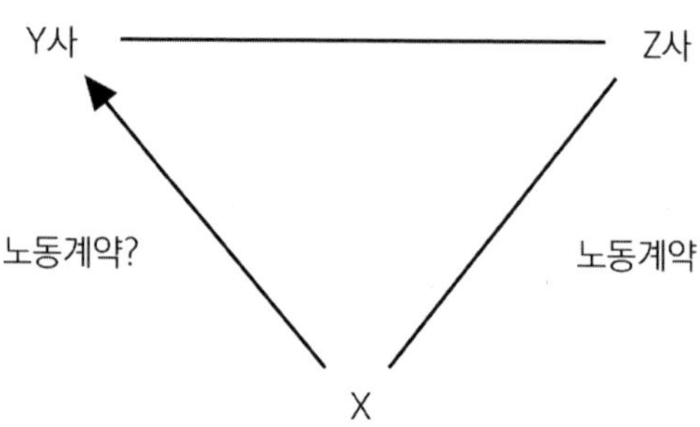

[그림 3-1] 3자 간의 노동관계

이 경우, X-Z 사이의 계약은 노동계약이며, X가 노동자라는 것은 다투어지지 않는 경우가 통례이다.

그런데, 어째서 X는 계약상의 사용자인 Z사 이외에 Y사에 대하여 사용자로서의 책임을 추급하는 것일까? 이는 Y사와 Z사가 원청·하청 관계에 있거나 모자회사와 같이 밀접한 관계에 있고, Y사 쪽이 더 강력하여 Z사에 대해 어떠한 지배력을 미치고 있다는 사정을 배경으로, Z사가 도산하거나 임금이 지급되지 않는 경우, X가 Y사에 대해 해고의 책임을 추급하거나, 임금의 지급을 요구하는 것이 필요하기 때문이다. 이러한 경우에 X의 주장이 인정되기 위한 법리로, 법인격 부인의 법리와 묵시의 노동계약의 법리가 있다.

묵시적 노동계약

노동계약이란 노동자가 사용자의 지휘명령에 따라 역무를 제공하고, 사용자가 노동자에게 임금을 지급하는 것을 내용으로 하고 있다(노계법 6조). 계약은 합의를 통해 성립되지만, 합의는 묵시적인 것일 수도 있다. 그래서, 자회사 또는 하청회사의 노동자가 모회사 또는 원청회사에 대해, 모회사 또는 원청회사의 지휘명령에 따른 역무를 모회사 또는 원청회사에 제공하고, 임금이 모회사 또는 원청회사로부터 지급되고 있다는 것을 이유로 묵시적 노동계약이 모회사 또는 원청회사와의 사이에 성립되어 있다고 주장하는 경우가 있다.

묵시적 노동계약이 성립하였다고 할 수 있으려면, 모회사 또는 원청회사가 자회사 또는 하청회사의 노동자에 대하여 구체적인 지휘명령을 미치고 있는 것만으로는 부족하고, 채용에 관여하고 있었는지, 근무시간의 관리나 배치를 하고 있는지, 나아가 자회사 또는 하청회사가 단순히 임금의 지급을 대행하고 있었을 뿐이라고 할 수 있는지 여부가 검토된다.

묵시적 노동계약의 성립 여부는 오래전부터 자주 다투어져 왔지만, 인정되는 경우는 드물었으나, 2008년 4월 25일 오사카고등법원이 파나소닉(パナソニック)의 공장에서 파나소닉 종업원의 지휘명령을 받고 있던 하청기업의 종업원과 파나소닉과의 사이에 묵시적 노동계약이 성립되어 있었다고 판단하여, 유사한 분쟁이 각지의 법원에서 한꺼번에 이어지게 되었다(200건이 넘었다고 한다). 그러나, 최고재판소는 이러한 고등법원의 판단을 파기하고, 묵시적 노동계약의 성립을 부정하였다(最判平成21. 12. 18). 최고재판소는 파나소

닉은 하청기업의 종업원 채용에 관여하지 않았고, 그 종업원이 하청회사로부터 받았던 임금액을 파나소닉이 사실상 결정했다고 할 수 있는 사정은 없으며, 반대로 하청기업이 그 종업원의 배치를 포함한 구체적인 취업형태를 일정한 한도에서 결정하고 있었다고 하여 파나소닉과 그 종업원과의 사이에 묵시적 노동계약의 성립을 부정했다. 이 판결 이후 판례에서 묵시적 노동계약의 성립이 인정되는 것은 거의 없어졌다.

법인격 부인의 법리

Z사의 법인격이 형해화(形骸化)하여 있거나, 또는 남용되고 있는 경우에는 그 법인격이 부인된다('법인격 부인의 법리').

법인격의 형해화는, 자회사 또는 하청회사가 기업으로서의 독립성이 결여되고, 업무집행 및 인적·자본적인 관계에서 모회사 또는 원청회사의 한 부문(部門)에 불과하다고 할 수 있는 경우에 인정된다(黒川建設事件: 東京地判平成13. 7. 25).

법인격의 남용은 자회사 또는 하청회사를 실질적으로 지배하는 모회사 또는 원청회사가 위법 또는 부당한 목적으로 자회사 또는 하청회사의 법인격을 이용하고 있는 경우에 인정된다(지배·목적의 요건). 지배의 요건은 인적·자본적인 관계에서 판단되지만, 법인격의 형해화가 인정되는 경우보다는 느슨하게 인정된다. 위법한 목적에는, 예를 들면, 자회사 또는 하청회사 노동조합의 궤멸을 목적으로, 자회사 또는 하청회사를 해산하는 경우에 인정된다(이른바 '위장해산(偽装解散)'인 것이 인정된 판례로서 第一交通産業[佐野第一交通]事件: 大阪高判平成19. 10. 26).

위법파견의 경우 노동계약의 청약 간주의무

법인격 부인의 법리나 묵시적 노동계약의 법리는 확립된 계약 법리로 되어 있지만, 그 적용이 다투어지는 경우 노동자 측이 승소할 전망은 실제로는 거의 존재하지 않는다. 경영자에게는 법인격의 이용이 매우 쉬운 것에 대하여, 이러한 현상은 노동자 보호라고 하는 관점에서는 균형을 잃었다고 할 수 있다.

이러한 가운데, 노동자 파견의 경우에는 노동자파견법 위반으로 되는 일정한 경우에 사용사업주(派遣先)가 파견노동자에 대하여 노동계약의 청약을 하고 있다고 간주하는 제도가 2012년 개정을 통해 도입되어, 2015년 10월부터 시행되고 있다(노동자파견법 40조의6). 이 경우 파견노동자가 사용사업주에 대하여 승낙의 의사표시를 함으로써 사용사업주와 파견노동자와의 사이에 노동계약이 성립하는 것으로 된다.

노동계약의 청약 간주의무가 발생하는 위법파견은 다음의 경우이다.

① 파견금지 업무로의 파견
② 무허가 파견
③ 기간 제한 위반의 파견
④ 위장도급(偽装請負)으로 사용사업주에게 노동법상의 규제 적용을 면하려는 의도가 인정되는 경우

이 중에서, ①의 파견금지 업무에의 파견이란 노동자 파견의 이용을 금지하고 있는 건설업(建設業) 및 항만업(港湾業)에의 파견이며, ②의 무허가 파견이란 노동자를 파견하는 파견사업주(派遣元)가 노동자 파견사업의 허가를 받고 있지 않은 것을 의미한다. 2015년 개정 이전에는 노동자 파견사업에는 허가제(許可制)와 신고제(届出制)가 있었지만, 현재는 모두 허가제로 되어 있다.

③의 기간 제한 위반 파견이란, 노동자 파견은 상용(常用)의 대체를 방지한다는 관점에서 그 무제한의 이용이 제약되고 있는데, 2015년 개정에 따라 개인 단위 및 사업소 단위로 3년간의 기간 제한이 부과되었다. 개인 단위의 기간 제한이란, 파견노동자는 원칙적으로 사용사업주의 동일한 조직단위에서의 취업이 3년까지로 제한된다고 하는 것이다. '조직단위(組織単位)'란 파견노동자에게 지휘명령을 행하는 자가 권한을 가지는 범위를 의미하며, 구체적으로는 '과(課)'를 상정하고 있다. 그리고, 사업소 단위의 기간 제한이란, 사용사업주의 사업소(事業所)에서, 파견노동자를 받아들인 날로부터 3년마다 과반수 조합 또는 과반수 대표자와의 의견 청취를 실시해야 한다는 것이다(사업소 단위로의 기간 제한).

그리고, ④의 위장도급은 앞에서 언급한 파나소닉 사건 같은 경우이다. 위장청부인가, 적법한 노동자 파견인가의 구별의 기준은 후생노동성의 통달(通達, 昭和60年告示37号)에 규정되고 있으며, 법원도 이러한 기준에 따라 판단을 하고 있다. 사용사업주가 파견노동자에 대하여 지휘명령을 하고 있으면 위장청부로 판단하게 되겠지만, 이러한 판단은 미묘하다. 그 때문에, 노동계약의 청약 간주는, 나아가 노동자파견법 등의 규제를 면할 의도를 요건으로 정하고 있다.

현재 파견법 40조의6을 둘러싸고, 일정한 사법(司法) 판단이 축적되고 있다(노동계약의 청약 간주가 인정된 판례로서 東リ事件: 大阪高判令和3. 2. 4(최고재판소에서 확정)).

아마존의 택배 기사

최근에는 3자 간의 계약 관계에서 앞에서 언급한 [그림 3-1]의 XZ 간의 계약이 업무위탁계약으로 되어 있는 경우도 문제가 되고 있다. 이 경우, XZ 간의 계약이 노동계약인가 하는 문제, 즉 X의 근로자성과 Y가 X의 사용자라고 할 수 있는가 하는 사용자성의 양자가 모두가 문제 된다.

예를 들어, 아마존의 화물을 배달하는 기사가 아마존 하청인 운송회사와 업무 위탁계약을 맺고 있는 경우가 이에 해당한다. 이러한 개인 사업주인 운전기사가 노동조합을 결성하여 아마존과 운송회사에 대하여 장시간 노동 등의 개선을 요구하고 있음이 보도되고 있다(아사히신문 2022년 9월 6일). 기사들은 아마존과 직접 계약을 체결하지 않았지만, 아마존의 스마트폰 앱에서 배달지(配達先)와 노동시간을 관리받고 있다고 한다.

이 경우, 먼저 운전기사와 하청 운송회사 간의 업무 위탁계약이 실제로는 노동계약인 것으로 평가되지 않으면 안 된다. 기사가 노기법 9조의 '노동자'라고 할 수 있느냐는 문제다. 트럭 운전기사의 노기법상 근로자성에 대해서는, 앞에서 살펴본 바와 같이 최고재판소는 근로자성을 부정하는 판결을 내렸고, 현재 최고재판소의 판단 경향으로는 근로자성을 긍정하는 것이 곤란하다고 할 수 있다.

그러나, 최근에는 개인 사업주로 여겨졌던 아마존 택배 기사가 하청 운송회사로부터 지휘명령을 받아 왔다는 점에서 노동기준감독서에 의해 노기법상의 근로자성이 인정되어, 노기법에서 규정된 노사협정(36협정)을 맺지 않고 시간 외 노동을 하게 한 것에 대하여 시정권고가 이루어졌다는 사례가 보도되고 있다(요미우리신문 2022년 5월 29일). 하청 운송회사인 마루와(丸和) 운수기관은 아마존 재팬의 배송을 수탁하는 협력회사 중 가장 큰 업체로, 운전기사와 일당(日當) 고정요금으로 업무 위탁계약을 체결하고 있었지만, 경로를 지정하거나 예정 외의 배달을 갑자기 지시하고 있었고, 제복의 착용도 요구하고 있었다. 배달 상황은 스마트폰의 위치정보로 파악되고 있었다고 한다.

트럭을 소유하고, 경비를 부담하고 있는 운전기사의 노기법상의 근로자성이 인정된 점은 매우 주목된다.

노조법상의 사용자성

아마존 택배기사의 근로자성이 인정된다면, 운전기사가 가입한 노동조합이 아마존에 단체교섭을 요구하기 위해서는, 다음으로 아마존이 운전기사의 사용자인 것이 인정될 필요가 있다. 이 경우의 사용자성은 앞에서 언급한 계약상의 사용자성과는 다른 기준에 의해 판단된다.

최고재판소는 방송국 국장(director)의 지휘명령을 받아 일하는 하청 프로덕션의 노동자가 가입한 노동조합이 방송사에 단체교섭을 요구한 사안에서, "노조법 제7조에서 말하는 (…) 사용자란, 동조가 단결권의 침해에 해당하는 일정한 행위를 부당노동행위로서 배제, 시정하여 정상적인 노사관계를 회복하는 것을 목적으로 하고 있다는 점에 비추어 보면, 고용주(雇用主) 이외의 사업주(事業主)라도 (…) 그 노동자의 기본적인 노동조건 등에 관하여, 고용주와 부분적이라고는 해도 동일시(同視)할 수 있는 정도로 현실적이고 구체적으로 지배, 결정할 수 있는 지위에 있는 경우에는, 그 한도에서 위 사업주는 동조의 '사용자'에 해당하는 것으로 해석함이 상당하다."라고 밝히고, 방송국은 "근무시간의 할당, 노무 제공의 양태, 작업환경 등을 결정하고 있었으므로 (…) 그 한도에서 노동조합법 7조에서 말하는 '사용자'에 해당한다"라고 판단하였다(朝日放送事件: 最判平成7. 2. 28).

이러한 최고재판소 판결에 따르면, 아마존은 스마트폰의 앱으로 아마존의 하청 운송회사와 업무 위탁계약을 맺는 택배기사의 배달처와 노동시간을 관리하고 있었으므로, 이 한도에서 노조법상의 사용자성이 긍정될 가능성은 충분히 있다고 할 수 있다.

Bellco 사건

근로자성과 사용자성의 쌍방이 문제가 된 3자 관계의 사안으로서, 최근의 Bellco(ベルコ) 사건도 중요하다. '들어가며'의에서 다룬 **사례 2**의 사안이다. 이 사건에서는 홋카이도(北海道)와 도호쿠(東北)에서 장례(葬儀)를 수탁하는 Bellco사가 자사에서는 거의 노동자를 고용하지 않고, FA(funeral advisor)라 불리는 장례를 준비하는 종업원은 Bellco와 업무위탁계약을 체결한 지사장이나 지부장이라 불리는 자와 노동계약을 체결하고 있었다(약 7,000명 중 Bellco에 직접 고용되어 있던 종업원은 약 35명).

이 사건에서는 FA와 지부장과의 사이에는 노동계약이 체결되어 있었으므로, FA의 근로자성은 다투어지지 않았고, 자명했지만, 지부장으로부터 해고된 FA가 사용자는 계약상 사용자인 지부장이 아니라, Bellco가 아닌가를 다투며 소를 제기하였다. Bellco와 같은 기업 조직을 만들면, 기업은 스스로 직접 노동자를 고용하지 않고, 대규모 사업을 전개할 수 있게 되어 버린다. 그렇기 때문에, 렌고(連合, RENGO)[10]도 이 사건 소송을 지원했다.

Bellco와 FA와의 사이에 노동계약 관계가 존재하는 것으로 인정되기 위해서는, 지부장의 노기법상의 근로자성이나, Bellco의 노동계약상의 사용자성이 인정될 필요가 있다. 그러나 현재 판례에서는 이 중 어느 것도 간단히 인정되지 않는다. 1심에서는 FA는 패소했다(札幌地判平成30. 9. 28).

다른 한편으로, FA들은 노동조합을 결성하여 Bellco에게 단체교섭을 요구했다. 홋카이도 노동위원회(北海道労委)는 2019년 4월 26일, Bellco의 노조법상의 사용자성을 인정하고, Bellco에 대하여 단체교섭에 응하도록 명령했다. 이 사건에서 단체교섭 사항으로서 문

10) 일본노동조합연합회(日本労働組合総連合会)를 의미한다. 렌고는 1989년에 결성된 일본의 내셔널 센터이다.

제가 되었던 사항은, 해고된 FA의 복직 등이다. 고용 문제에 대하여, 계약상의 사용자가 아닌 Bellco의 노조법상 사용자성을 인정한 홋카이도 노동위원회의 명령은 획기적인 판단이었다. 홋카이도 노동위원회의 명령의 취소가 다투어진 중노위에서는 화해가 성립하여, FA의 복직이 인정되었다. 또한, 1심에서 패소했던 소송도 고등법원에서 화해가 성립하였다.

또한, 별건의 Bellco 사건에서는 Bellco는 FA에 대하여 노동자파견법 40조의6에 근거하여 노동계약의 청약을 한 것으로 간주되었다(札幌地判令和4. 2. 25). 그러나, Bellco와 FA와의 사이에는 고용관계는 존재하지 않는다는 취지의 '확인서'에 FA가 서명·날인하고 있었으므로, 이러한 청약에 대한 FA들의 '승낙'의 의사표시는 인정되지 않았고, FA와 Bellco와의 사이에 노동계약의 성립은 인정되지 않았다.

결론적으로는, 노동계약 관계는 부정되었지만, Bellco의 비즈니스 모델을 노동자 파견으로 구성하고, Bellco가 FA에 대하여 직접 지시하였다는 사실로부터 무허가 파견에 근거한 노동계약 청약 간주가 도출되었다. 노동자파견법 40조의6이, 형식적으로는 3자 관계이지만, 계약상 사용자의 실체가 부족한 법률관계를 시정할 수 있는 새로운 규제로서의 가능성을 갖는 것이 명확해졌다.

최근에는 헤어컷 전문점 QB HOUSE를 운영하는 QB Net사가 Bellco와 유사한 조직형태를 취하고 있으며, 동사와 업무위탁계약을 체결하고 점포를 운영하는 지역 매니저(area manager)에게 고용된 이용사들이 QB Net사의 사용자성을 주장하며 시간 외 노동의 할증임금 지급을 요구하는 소를 제기한 것이 보도되고 있다(아사히신문 2023년 2월 15일). Bellco 사건과 마찬가지로, 구인·모집이 QB HOUSE 명의로 이루어지고 있으며, 또한 QB Net사가 고객 대응의 지도를 하고 있었다고 한다. 노동법상 규제의 적용을 회피하기 위하여 법인격을 조작하는 기업이 끊이지 않는 것을 알 수 있다.

'노동법의 열쇠'인 노동자 개념

본 장에서는 프리랜서에게 노동법상 보호를 미치게 하기 위해서는, 프리랜서의 근로자성이 인정되지 않으면 안 된다는 점을 명확히 했다. 노기법을 비롯한 개별적 노동관계(개개의 노동자와 사용자와의 사이의 법률관계)를 규율하는 다수의 법률이 적용되기 위해서는, 노기법상의 근로자성이 인정되어야 한다. 하급심 판례에는 근로자성을 넓게 해석하는 것도 있지만, 최고재판소는 지금까지 트럭운전사와 히토리 오야카타(一人親方)의 근로자성을 부정하고 있으며, 노기법상 근로자성을 쉽게 인정하지는 않는다. 다른 한편, 노조법상의 근로자성은 널리 인정되고 있다고 할 수 있다. 그러나, 편의점 점주의 노조법상 근로자성은 인정되지 않았다. 최근에는 도쿄도 노동위원회에서 우버이츠 배달원의 노조법상 근로자성이 인정되어, 일본 최초의 플랫폼 노동자에 관한 판단으로 주목되고 있다.

그러나, 노기법과 노조법상 근로자성의 판단기준은, 모두 지휘명령 구속성을 중심으로 하는 것이어서, 같은 판단기준을 사용하면서 어째서 노기법에서는 근로자성이 좁게 판단되고, 노조법에서는 넓게 판단되고 있는지, 그 이유를 명확히 하기 어려운 상황이다.

다음 장에서는 이 문제에 대한 최근의 유럽 및 미국의 논의 동향을 살펴보고자 한다.

제4장

어떠한 법 제도가 필요한가

—EU와 독일의 동향으로부터

▌유럽의 동향으로 본 향후의 노동법

본 장에서는 유럽의 동향을 참고하여 향후 노동법의 방향(あり方)을 검토하고자 한다. 왜 유럽을 참고로 하는가 하면, 지금까지 일본의 고용을 둘러싼 상황은 유럽의 상황을 약 20년 뒤쫓는 상황이었다고 할 수 있기 때문이다. 그리고, 미국이 아니라 유럽을 참고로 하는 것은, 노동자 보호의 이념을 존중하고 적극적인 규제를 규정하는 유럽의 규제가 일본에서도 필요하다고 생각하기 때문이다.

필자가 2004년에 당시의 유기(有期) 노동계약의 규제나 노동자 파견법 개정 등을 독일에서 소개했을 때, 독일인 연구자로부터 '일본의 지금 상황은 유럽의 20년 전과 같다'라는 코멘트를 받았다. 확실히, 독일에서는 오일쇼크 후에 경제발전이 멈추고, Helmut Kohl 정권하에 1985년 고용촉진법(Beschäftigungsförderungsgesetz 1985)으로 노동법의 규제 완화가 처음으로 이루어지면서, 유기 노동계약이나 노동자 파견의 법규제가 완화되었다. 2000년대 초반의 일본이 당시의 독일과 비슷한 상황에 빠졌다는 평가는 정확한 것이었다.

경제 상황에 따라 노동법의 규제 내용도 달라진다. 노동법은 경제 시스템을 구성하는 법률이기도 하다. 그러나 노동법 규제의 강약에 따라 경제 전체에 어느 정도의 영향이 미칠 수 있는가에 대해서는, 필자는 판단할 능력은 갖고 있지 않다. 여기에는 종종 노동법 규제가 기업의 비용이 되어, 경제 전체에 영향을 미친다고 하는 논의가 이루어져 왔음을 지적하는 데 그친다. 특히, 최저임금이나 해고 규제가 고용에 미치는 영향이 종종 문제가 되는데, 미국에서 최저임금 인상이 고용에 영향을 미치지 않는다는 실증연구를 한 David Card(1951~)가 2021년의 노벨 경제학상을 받은 일은 기억에 새롭다.

독일의 노동법은 EU로부터도 큰 영향을 받고 있다. EU 노동법 발전의 역사는, EU의 경제통합 진화의 역사이기도 하다. 잘 알려진 바와 같이, EU는 당초 사회정책에 관해서는 권한을 갖지 않는 것으로 여겨졌지만, 서서히 규제 대상을 넓혀 현재는 적극적인 입법이 이루어지고 있다. 일본은 EU와 같은 경제통합과는 무관하다. 그렇지만, 글로벌화 시대에 경제통합을 추진하고, 현재는 적극적인 근로자 보호의 시책을 내놓고 있는 EU와 독일로부터 배울 점이 적지 않을 것이다.

사회적 시장경제와 독일의 노동법

독일의 자본주의는 흔히 사회적 시장경제라고 한다. 사회적 시장경제라는 용어는 제2차 대전 전후에 다양한 경제학자나 정치가에 의해 사용되었지만, 사회적 시장경제를 법학적으로 검토한 문헌으로서 Hans Carl Nipperdey(1895~1968)의 「*Soziale Marktwirtschaft und Grundgesetz*(사회적 시장경제와 기본법)」이라는 저서가 있다. 니퍼다이는 바이마르 시대부터 활약한 법학자로, 1954년에 창설된 연방노동법원(Bundesarbeitsgericht)의 초대 법원장(Präsident)로 취임하면서, 전후 본격적으로 발전하게 된 노동법을 이론적으로나 실무적으로나 말 그대로 주도한 인물이다.

니퍼다이에 따르면, 경제시스템에는 첫째, 자유주의에 기초한

순수한 시장경제, 둘째, 공산주의에 기초한 계획경제가 양극단에 존재한다. 셋째는, 그 중간 형태로 기본적으로는 자유주의이며, 기업의 자유에 맡기고 있지만, 법률에 근거하여 국가의 개입이 이루어지는 경제시스템이 있다.

니퍼다이는 사회적 시장경제는 이러한 세 가지 경제시스템의 어느 것과도 다르다고 말한다. 제3의 경제시스템에서는, 입법자는 경제시스템에 대해서는 중립적이며, 그때그때 타당하다고 생각되는 경제정책을 실현하기 위해 헌법상 법률의 유보에 근거하여 법률을 통해 시장에 개입하는 것이다. 그러나, 독일에서는 헌법상에 사회적 시장경제가 규정되어 있으며, 입법자는 이것에 구속되어 있다. 즉, 사회의 균형을 실현하기 위한 국가의 개입은 헌법상의 의무인 것이다. 니퍼다이는 이러한 견해를 독일의 헌법인 기본법(Grundgesetz)의 사회국가의 원칙에서 기초하고 있다. 사회국가의 원칙이란 '독일연방공화국은 민주적이고 사회적인 연방국가이다'라고 하는 규정에 의한다(독일기본법 20조 1항).[1)]

사회적 시장경제는 독일뿐만 아니라, 리스본 조약[2)]에 의해 EU에 있어서도 목표임이 조약상에 명기되게 되었다. 즉, EU 조약(Treaty on European Union)에서는, "EU는 역내 시장(internal market)을 구축한다. EU는 (……) 고도의 경쟁력을 가진 사회적 시장경제(social market economy), 완전고용 및 사회적 진보에 기초한 지속적인 유럽의 발전(……)을 목표로 한다"라고 규정되어 있다(3조 3항). 또한, EU 기능조약[3)]에서는 "EU의 정책 및 활동(activities)의 결정 및 실행에 있어, EU는 높은 고용수준의 조성, 적절한 사회적 보호의 보장, 사회적 배제에 대한 대응 및 높은 수준의 교육(education) 및 직업

1) Grundgesetz Art. 20 (1).
2) Treaty of Lisbon amending the Treaty on European Union and the Treaty establishing the European Community(2007).
3) Treaty on the Functioning of the European Union (TFEU).

훈련(training) 및 건강의 보호와 관련된 필요성을 고려한다"라고 규정되어 있다(9조).

그리고, 리스본 조약과 함께 발효된 EU 기본권 헌장(Charter of Fundamental Rights of the European Union)에서는 '연대'의 장(Title IV: Solidarity)에 많은 사회권이 규정되어 있다.

이처럼, 유럽에서는 국가가 시장경제에서 기업의 경쟁만을 촉진하는 것이 아니라, 동시에 노동자를 보호하기 위한 시책을 취할 의무를 지는 것이 헌법상의 가치를 갖는다.

1980년대 이후의 규제 완화의 움직임

전후 고도경제성장기에는 노동조합은 노동자를 위한 많은 권리를 획득했고, 그 성과는 입법으로 결실을 보아서, 독일의 노동법은 높은 보호 수준을 실현했다. 그러나, 1980~81년의 불황 이후 실업자가 200만 명을 넘어서면서 노동시장의 규제 완화가 정책 과제로 되었다. 규제완화론자은 독일의 엄격한 해고 규제가 기업의 채용을 억제하고 있다는 점과 산별협약에 기반한 임금제도가 임금의 하방경직성을 초래하고 있다고 주장했다.

1982년에 정권을 잡은 Helmut Kohl 총리(1930~2017)는 곧바로 노동시장의 규제 완화에 착수했다. 연방 노동사회부 장관이었던 Norbert Blüm(1935~2020)은 연방의회에서 노동시장에 대한 국가의 개입에서 결별하겠다고 선언했다. 규제 완화의 상징이 1987년에 소집된 규제완화위원회(Deregulierungskommission)이며, 동 위원회는 1991년에 단체협약의 구속력을 완화하는 취지의 제도개정, 해고제한법의 완화, 유기 노동계약 및 노동자파견의 확대를 제언하는 취지의 보고서를 발표했다.

1998년까지 이어진 Blüm의 노동법 정책에서는 특히 ① 1985년의 취업촉진법(Beschäftigungsförderungsgesetz 1985), ② 쟁의행위 중

임금보상(조업단축 수당) 청구권의 제한, ③ 관리직 대표위원회(관리직을 위한 기업 내 이익대표기관)의 도입, ④ 폐점법, 노동시간법의 규제 완화, ⑤ 직업소개의 국가 독점의 폐지, ⑥ 1996년 취업촉진법을 들 수 있다. 여기에서는 ①과 ⑥의 취업촉진법에 근거한 비정규직 법제의 완화에 대해 간단히 설명하고자 한다.

1985년 취업촉진법에서는, 객관적 사유를 요구하지 않는 유기 근로계약이 18개월을 상한으로 허용되게 되었고, 1972년 제정된 노동자파견법[4]이 완화되어, 파견 가능 기간이 3개월에서 6개월로 상향되었다. 객관적 사유를 요구하지 않는 유기 노동계약의 규제는 노동계약에서의 기간의 정함에는 객관적 사유를 필요로 한다는 판례법리의 예외를 인정하기 위하여 마련된 것이다. 제2차 대전 종전 후 얼마 지나지 않아 제정된 해고보호법(Kündigungsschutzgesetz)의 입법에 힘쓴 관료 출신 노동법학자 Wilhelm Herschel(1895~1986)은 판례법리를 잠탈하려고 입법을 하는 것은 법문화의 위기이자, 법치국가의 해체라고 개탄했다. 또한, 규제 완화가 진행되는 한편으로, 1985년 취업촉진법에서는 풀타임 노동자와 파트타임 노동자의 균등대우 원칙이 규정되었고, 같은 해에는 연방육아수당법(Bundeserziehungsgeldgesetz)이 제정되는 등 남녀평등이 진행되었다.

1996년의 취업촉진법에서는 해고보호법의 적용대상 사업장에 고용되는 노동자 수가 5명에서 10명으로 상향되었고, 객관적 사유가 요구되지 않는 유기 노동계약의 기간이 2년으로 상향되었다. 또한, 독일에는 질병 시 유급으로 6주간 쉴 수 있는 임금계속지급법(Entgeltfortzahlungsgesetz)이라는 법률이 있는데, 동법에 따라 질병 시 보상되는 임금액이 100%에서 80%로 하향 조정되었다.

4) Gesetz zur Regelung der Arbeitnehmerüberlassung (Arbeitnehmerüberlassungsgesetz – AÜG).

칼럼 **독일의 유기 노동계약 규제**

독일의 유기 노동계약 규제는 현재 2000년의 파트타임노동·유기노동계약법(이하 "파트타임·유기법")[5]에서 규정되어 있다. 이 법은 EU의 파트타임 노동지침(97/81/EC)[6]과 유기 노동계약 지침(99/70/EC)[7]의 독일 국내 실시법인 동시에, 그때까지의 판례법리와 취업촉진법에서의 규제가 별개로 존재하고 있던 유기 노동계약에 관한 규제가 파트타임·유기법 14조로 정리되게 되었다.

독일의 유기 노동계약에는 객관적 사유(sachlicher Grund)가 필요한 유기 노동계약과 객관적 사유가 필요하지 않은 유기 노동계약의 두 종류가 있다. 객관적 사유가 필요한 유기 노동계약이란, 유기 노동계약의 체결을 정당화하는 객관적 사유가 인정되는 유기 노동계약을 말한다. 판례에 따라 '일시적 노동수요'나 '휴가 중인 노동자의 대체' 등이 객관적 사유로 인정되었고, 현재는 이러한 사유가 명문화되어 있다(파트·유기법 14조 1항).[8]

판례에서는 수차례 반복 갱신된 유기 노동계약의 갱신거절이 허용되는지가 문제가 되었고, 연방노동법원은 수차례 반복 갱신된 유기 노동계약의 갱신거절은 해고보호법의 잠탈이며, 객관적 사유가 존재하지 않는 기간의 정함은 무효가 된다고 판단하였다(BAG, 12.10.1960 – GS 1/59). 기간의 정함이 무효로 된 결과, 해당 노동계약에는 기간의 정함은 없었던 것이 된다. 객관적 사유가 존재하는가는 마지막에 체결된 유기계약으로 판단된다.

이러한 판례법리는 일본의 갱신거절(고용중지)[9] 법리(노계법 19조)와 매우 유사하지만, 일본에서는 사실행위인 '갱신거절'을 해고와 동일시하여 해고권 남용 법리가 유추 적용되는 것에 반하여, 독일에서는 '기간의 정함'의 효력을 문제

---

5) Gesetz über Teilzeitarbeit und befristete Arbeitsverträge (Teilzeit– und Befristungsgesetz – TzBfG).
6) Part–time Work Directive 97/81/EC.
7) Fixed–term Work Directive 99/70/EC.
8) TzBfG § 14 Zulässigkeit der Befristung.
9) "雇止め"는 직역하면 고용의 정지 또는 중지로 번역할 수 있겠으나, 이는 노동계약의 기간 만료 시에 사업주가 계약의 갱신 또는 연장을 거부하고 일방적으로 계약을 종료시키는 것을 의미한다는 점에서 '갱신거절'로 번역하였다.

로 삼는다는 점이 다르다. 또한, 일본에서는 해고권 남용 법리가 유추 적용되기 위한(즉, 노계법 19조[10] 주서(柱書)[11]가 적용되기 위한) 요건으로, ① 유기 노동계약이 반복 갱신된 결과 무기계약(無期契約)과 실질적으로 다르지 않은 상태가 되었다고 할 수 있는가(동조 1호) 또는 ② 고용의 계속(갱신)에 대한 합리적 기대가 있는가(동조 2호)를 심사하여, 어느 하나가 인정되지 않으면 안 되는데, 여기에서는 통산(通算) 고용 기간이 중요한 의미가 있다.

이에 반해 독일에서는 최후의 유기 노동계약에 객관적인 사유가 인정되면 되므로, 그때까지 몇 년 동안 고용되었는지는 중시되지 않았다. 그러나, 이러한 독일의 견해는 EU 사법재판소(Court of Justice of the European Union, "CJEU)"에 의해 유기 노동계약의 남용(濫用)적 이용으로 판단되기에 이른다(Kücük v Land Nordrhein-Westfalen [2012] C-586/10). 현재는

---

10) 일본 노동계약법 제19조(유기 노동계약의 갱신 등) 유기 노동계약으로서 다음 각 호의 어느 하나에 해당하는 자의 계약 기간이 만료하는 날까지의 기간에 노동자가 해당 유기 노동계약의 갱신의 청약(申込み)을 한 경우 또는 해당 계약 기간의 만료 후 지체없이 유기 노동계약 체결의 청약(申込み)을 한 경우로서, 사용자가 해당 청약을 거절하는 것이 객관적으로 합리적인 이유(客観的に合理的な理由)를 결하고, 사회통념상 상당하다고 인정되지 않은 때에는, 사용자는 종전의 유기 노동계약의 내용인 노동조건과 동일한 노동조건에서 해당 청약을 승낙한 것으로 본다.
   1. 해당 유기 노동계약이 과거에 반복하여 갱신된 적이 있는 것으로서, 그 계약 기간의 만료 시에 해당 유기 노동계약을 갱신하지 않음으로써 해당 유기 노동계약을 종료시키는 것이, 기간의 정함이 없는 노동계약을 체결한 노동자에게 해고의 의사표시를 함으로써 해당 기간의 정함이 없는 노동계약을 종료시키는 것과 사회통념상 동일시할 수 있다고 인정되는 것.
   2. 해당 노동자에서 해당 유기 노동계약의 계약 기간의 만료 시에 해당 유기 노동계약이 갱신될 것으로 기대하는 것에 대하여 합리적인 이유가 있는 것으로 인정되는 것.

11) 주서(柱書)란, 법률에서 조문 중에 '호(号)'가 기재되어 있는 경우에 이러한 '호'에 해당하는 부분을 제외한 기재를 '주서'라고 한다. 따라서, 노동계약법 제19조의 주서(柱書)란 "유기 노동계약으로서 … 승낙한 것으로 본다."라는 부분이다. 참고로, 조문 중에 "다만, …"이라고 기재되는 경우, "다만" 이하의 부분을 단서(但書)라고 하고, "다만" 이전의 부분을 본문(本文)이라고 한다. 한편, 조문 중에 두 문장이 있는 경우 앞 문장을 전단(前段), 뒷 문장을 후단(後段)이라고 한다.

예를 들어 '휴가 중인 노동자의 대체'라면, 구체적으로 누구의 대체인지를 명확하게 해야 한다.

객관적인 사유가 필요하지 않은 유기 노동계약은 판례법리를 완화하기 위하여 도입된 것으로, 현재는 파트·유기법 14조 2항에서 원칙적으로 2년까지(그 기간에 갱신은 3회까지) 가능하다.[12] 객관적인 사유가 필요하지 않은 유기 노동계약의 체결은 동일한 사용자와의 사이에서 1회에 한하는 것으로 되어 있다('선행고용의 금지'). 2011년에는 선행하는 고용이 3년 이상 소급하는 경우에는 이러한 선행고용 금지가 적용되지 않는다는 연방노동법원의 판결(Urteil)[13]이 나왔지만, 연방헌법재판소는 2018년에 이러한 판례법리를 위헌으로 결정(Beschluss)했다.[14]

통산 고용 기간이 5년에 이르는 경우 무기고용으로의 전환권을 인정한 노계법 18조[15]는 독일의 객관적 사유가 필요하지 않은 유기 노동계약의 규제에

12) TzBfG § 14 (2).

13) BAG, Urteil vom 06.04.2011, 7 AZR 716/09.

14) BVerfG, Beschluss vom 06.06.2018, 1 BvL 7/14, 1 BvL 7/14, 1 BvR 1375/14.

15) 일본 노동계약법 제18조(유기노동계약의 기간의 정함이 없는 노동계약으로의 전환) ① 동일한 사용자와 체결된 두 개 이상의 유기 노동계약(계약 기간의 시기(始期)가 도래하기 전의 것을 제외. 이하 본 조에서 동일하다)의 계약 기간을 통산한 기간(다음 항에서 "통산 계약 기간"이라고 한다)이 5년을 초과하는 노동자가, 해당 사용자에 대하여 현재 체결하고 있는 유기 노동계약의 계약 기간이 만료하는 날까지의 사이에, 해당 만료하는 날의 다음 날부터 노무가 제공되는 기간의 정함이 없는 노동계약 체결의 청약(申込み)을 한 때에는, 사용자는 해당 청약을 승낙한 것으로 본다. 이 경우, 해당 청약과 관련된 기간의 정함이 없는 노동계약의 내용인 노동조건은, 현재 체결하고 있는 유기 노동계약의 내용인 노동조건(계약 기간을 제외한다)과 동일한 노동조건(해당 노동조건(계약기간을 제외한다)에 관하여 별도의 정함이 있는 부분을 제외한다)으로 한다.
② 해당 사용자와의 사이에 체결된 하나의 유기 노동계약의 계약 기간이 만료한 날과 해당 사용자와의 사이에 체결된 그 다음번의 유기 노동계약의 계약 기간의 첫날(初日)과의 사이에 이러한 계약 기간의 어느 것에도 포함되지 아니하는 기간(이러한 계약 기간이 연속된다고 인정되는 것으로 후생노동성령(厚生労働省令)으로 정하는 기준에 해당하는 경우의 그러한 어느 것에도 포함되지 않는 기간은 제외한다. 이하 이 항에서 "공백 기간"이라고 한다)이 있고, 해당 공백(空白) 기간이 6개월(해당 공백 기간의 직전에 만료한

상당하는 것이라고 할 수 있지만, (독일의) '2년간'이 (일본에서는) '5년간'으로 되고, 또한 냉각 기간(cooling period)을 두면 다시 동일한 사용자와 유기 노동계약을 체결할 수 있다는 점에서 독일법보다 완화된 규제가 되고 있다.

연방통계청(Statistisches Bundesamt)에 따르면, 독일에서는 2022년에 25세 이상의 노동자 중 유기고용이 차지하는 비율은 7.8%로, 1991년보다 1.9% 상승했지만, EU 국가들의 평균은 10.7%이며, 독일은 중위(中位)에 위치한 것으로 평가되고 있다. 또한, 남녀의 비율은 거의 같다. 2012년 이후 유기고용의 비율은 줄어들기 시작하여, 2020년에는 6.9%까지 떨어졌지만, 그 후 다시 상승하기 시작했다. 이것이 코로나 사태의 영향인지는 불분명하다고 한다. 대학에서 유기고용이 많은 것이 소개되고 있지만(11.5%), 이는 대학에는 특별법이 적용되고 있어서 유기고용이 널리 인정되고 있기 때문이다.

또한, 경제사회과학연구소(Wirtschafts- und Sozialwissenschaftliches Institut, WSI)의 조사에 따르면, 객관적 사유가 필요하지 않은 유기 노동계약으로 일하는 노동자는 2001년부터 2018년까지 3배 증가하여, 180만 명(전체 노동자에서 차지하는 비율은 4.8%)이다.[16] 2021년에 현 연방 노동사회부 장관 Hubertus Heil(1972~)는 객관적 사유가 필요하지 않은 유기 노동계약의 비율을 노동자 75인 이상의 기업에서 최대 2.5%로 제한한다고 하는 새로운 법안을 공표했지만, 현재까지 입법은 실현되지 않았다.

'위장 자영업자' 문제

독일에서는 규제 완화의 움직임 속에서 '위장 자영업자' 문제가 지적되기 시작했다. 이는 노동법이나 사회보험법상의 사용자로서

하나의 유기 노동계약의 계약 기간(그러한 하나의 유기 노동계약을 포함한 두 개 이상의 유기 노동계약 계약 기간 사이에 공백 기간이 없는 때에는 해당 두 개 이상의 유기 노동계약의 계약 기간을 통산한 기간. 이하 이 항에서 같다)이 1년에 이르지 않는 경우, 그러한 하나의 유기 노동계약의 계약 기간에 2분의 1을 곱하여 얻은 기간을 기초로 하여 후생노동성령으로 정하는 기간) 이상인 때에는, 해당 공백 기간 전에 만료한 유기 노동계약의 계약 기간은 통산 계약 기간에 산입하지 아니한다.

16) Eric Seils, Helge Emmler, Marius Rogall: Befristete Beschäftigung. Eine Auswertung regionaler Daten für 2018 (pdf), WSI Policy Brief Nr. 36.

의 의무를 면하기 위해, 본래는 노동자 평가받아야 할 자를 자영업자로 위장(僞裝)하는 것이다. 이 무렵 독일에서 등장한 '위장 자영업자성'(Scheinselbständigkeit)이라는 용어는 현재는 일반화되어(영어로는 bogus self-employment), 널리 사용되고 있다.

노동자와 자영업자의 구별은, 19세기 말에 노동법이 생성되고 있을 때부터의 어려운 문제로서, 바이마르 시대에는 독립적인 대리상인지 외근의 판매원인지가 다투어지는 경우가 많았고, 전후에는 1970년대부터 TV 방송국에서 일하는 프리랜서 리포터나 카메라맨 등의 근로자성이 다투어지는 소송이 빈발했다. 1980년대 이후의 '위장 자영업자' 문제에서는 트럭 지입 운전사나 가맹점주(franchisee)가 문제가 되는 직업으로서 지적되었다.

독일의 법학자 Rolf Wank(1943~)는 저서 「노동자와 자영업자(*Arbeitnehmer und Selbständige*)」[17](1989)에서 노동자 개념의 재검토를 제안했다. Wank 교수의 견해의 골자는 다음과 같다.

법률학에서의 개념(Begriff)에는 모두 그 반대 개념(Gegenbegriff)이 있다. 법규범의 적용이란 '이것인가, 저것인가'의 양자택일적 판단이기 때문이다. 노동자의 반대 개념은 자영업자(사업자)이며, 자영업자라고 할 수 없는 자가 노동자이다. 즉, 직업 활동에는 노동법의 적용을 받는 노동자와 노동법이 적용되지 않는 자영업자의 두 가지 모델이 있다. 그리고, 자영업자란 '시장에서 스스로 거래를 하고, 사업자로서의 위험과 기회를 가진 자'로 정의되며, 노동자란 자영업자가 아닌 자이다(목적론적 개념 형성(Teleologische Begriffsbildung)). 이것은 정의(상위 개념)이며, 근로자성의 구체적인 판단요소는 '현실을 관찰하고, 정의되어야 할 대상의 특징으로서 존재하는 요소를 열거하는' 방법을 통해 얻을 수 있다(존재론적 개념 형성(Ontologische Begriffsbildung)). 즉, 지휘명령 구속성(인적 종속성)은 노동자의 전형

17) Wank, Rolf. 1988. Arbeitnehmer und Selbständige. München: C.H. Beck Verlag.

적인 상(공장 노동자)으로부터 도출된 것이다.

Wank는 인적 종속성이라는 기준을 부정한 것이 아니라, 시장에서 거래하는 자영업자라고 할 수 있는가라는 관점에서 인적 종속성의 유무를 적절하게 판단해야 한다고 주장했다. Wank의 견해에 따른 하급심 판결도 나왔다. 그러나, Wank의 견해는 경제적 종속성을 고려한 것으로, 독일의 노동법에서 실정법상의 개념으로 마련되어 있는 노동자와 자영업자와의 사이의 중간적 범주인 '노동자와 유사한 자(Arbeitnehmerähnliche Personen)'와 구별할 수 없다는 비판이 제기되어, 연방노동법원에서 받아들여지지는 않았다(참고로, 이 점에 대해 Wank는 '노동자와 유사한 자'는 자영업자의 하위 유형이라고 정리하고 있다).

연방노동법원은 1996년 9월 30일 판결에서 트럭 지입 운전사의 근로자성을 부정했다.[18] 이 무렵, 일본에서도 최고재판소에 의해 트럭 지입 운전사의 근로자성이 부정되었는데(본서 p.47), 이러한 두 판결은 규제 완화의 시대를 상징하는 판단이었다고 할 수 있다.

EU(EC)의 설립과 발전

유럽에서는 EU가 담당하는 역할이 중요하다. 각국의 노동법에도 중요한 영향을 미쳐 왔다. 그래서, 다음으로 EU 노동법의 발전에 대해 간단하게 살펴보고자 한다.

제2차 세계대전 이후 유럽의 영구적 평화를 실현하고, 유럽경제를 부흥시키기 위하여 1952년에 석탄과 철강을 공동관리하기 위해 프랑스, 서독, 이탈리아, 네덜란드, 벨기에, 룩셈부르크 6개국에서 유럽석탄철강공동체(European Coal and Steel Community, ECSC)가 설립되었다. 그리고, 이들 국가 간에 경제활동 전반을 상호 자유화

18) BAG, Urteil vom 30.09.1998, 5 AZR 563/97.

하는 공동시장을 실현하기 위해 1957년 로마조약(Treaty of Rome)에 의해 유럽경제공동체(European Economic Community, EEC)가 설립되었고, ECSC, EEC 및 유럽원자력공동체(EURopean ATOMic Energy Community, EURATOM)를 총칭하여 EC로 불리게 되었다. 1967년에는 이러한 3개의 공동체의 운영기관이 통합되게 되었다. 1973년에 영국, 아일랜드, 덴마크가 EC에 가입했고(영국은 2020년에 이탈), 1981년에 그리스가, 1986년에 스페인과 포르투갈이 EC에 가입했다. 1992년의 EU 설립조약(Treaty Establishing the European Community, "TEC". 마스트리흐트 조약(Maastricht Treaty)으로도 불린다)에 의해 EC는 EU로 불리게 되었다. EU는 현재는 2009년에 발효된 리스본 조약(Treaty of Lisbon)에 근거하여 운영되고 있다. 그 후, 1995년 스웨덴, 핀란드, 오스트리아가 EU에 가입했고, 2004년에는 에스토니아, 라트비아, 리투아니아, 폴란드, 체코 공화국, 슬로바키아, 헝가리, 슬로베니아, 몰타, 키프로스가, 2007년에는 루마니아, 불가리아가, 2013년에는 크로아티아가 가입했다. 현재 EU는 27개의 회원국을 보유하고 있다.

당초의 EC가 관세를 철폐하여, 시장 통합을 목표로 했던 것은 유명하다. 설립 시의 로마조약에서 남녀 동일노동 동일임금 원칙이 정해졌는데(현 EU 운영조약 157조), 이러한 규제도 당시 프랑스에는 동 원칙이 존재했지만, 타국에는 없었으므로 프랑스가 경쟁에서 불이익이 받지 않게 하려고 마련된 것은 유명하다. EC에는 사회정책에 관한 권한은 없으며, 사회정책은 각국에 맡겨지게 되었다.

역내 시장을 통합하기 위해, EU에서는 조약에 규정된 자유 이동의 원칙이 매우 중요하다. 자유 이동의 원칙에는 사물의 자유 이동 외에 노동자의 자유 이동, 개업(開業)의 자유, 서비스의 자유 등이 있는데, 유럽사법재판소(European Court of Justice, "ECJ", 현재는 CJEU)는 조약상의 규범은 직접 효과를 가진다고 판단했다(Case 26/62.

Van Gent en Loos).[19] 직접 효과란, 국내 법원에서 직접 EU 조약의 규정을 원용할 수 있다고 하는 효력이다. 통상 국제조약의 규정은 비준 후 국내법이 정해지지 않으면 법적 효력을 갖지 않는다고 해석되고 있는바, 혁명적인 판단이 이루어진 것이 된다. EU법이 직접 각국에서 효력을 갖는다고 하는 것은, EU가 국가와 같다는 뜻이기도 하다. 그러나, EU 내의 의사결정에서는 각국의 각료로 구성된 EU 이사회(Council of the European Union)가 중요한 역할을 하고 있으며, 각국은 EU에 주권을 양도한 것은 아니다. EC(EU)는 독특한 정체(政体)라고 일컬어지게 된다.

노동자의 자유 이동 원칙(TFEU Article 45)[20]에 근거하여 각국의 노동법·사회보장법상의 다양한 규제나 사용자의 조치 중에서, 역내 외국인의 고용에의 접근(access)이나 노동조건에 불리하게 작용하는 것은 차별(discrimination)이나 제약(limitation)으로서 위법으로 된다. 제약의 경우에는 공익적 사유에 의해 정당화될 여지가 있다. 구체적으로는 채용에 있어서, 국적 요건이나 특정한 언어능력을 요건으로 하는 것이 노동자의 자유 이동 원칙으로서 문제가 되고 있다.

노동자의 자유 이동 원칙 및 남녀 동일노동 동일임금 원칙이라는 두 개의 규범이 오늘날에도 EU 조약에 규정된, 노동법에 중요한 규범이다.

EU 노동법의 발전

애초에는 경제적 통합을 목표로 하고 있던 EU였지만, 서서히 사회정책에도 관여하게 된다. 이미 1973년에, 네덜란드에 본사를 둔 AKZO사가 약 5,000명의 정리해고를 할 때 해고 규제가 엄격한 네덜란드나 독일이 아니라, 규제가 느슨한 벨기에를 선택한 것이

19) ECLI:EU:C:1963:1.
20) TFEU Article 45 (ex Article 39 TEC).

계기가 되어, 노동법에 관한 최초의 지침인 대량해고 지침(Collective Redundancies Directive,[21] (75/129/EEC),[22] 현행 지침은 98/59/EC[23]))이 제정되기에 이르렀다. 이 지침은 기업 규모별로 대량해고의 기준을 정한 후, 대량해고를 하는 때에는 사전에 종업원의 의견 청취를 할 의무와 노동국에 대한 신고의무를 기업에 부과하는 것이다. 이처럼 기업이 비용을 낮추기 위해 각국의 사회적 보호 수준의 차이를 이용함으로써, 역내 시장 그 자체도 위험에 노출되는 것이 밝혀지자, 사회정책이 EC의 과제가 되었다.

노사대화를 존중하고, 사회적 정의 실현을 목표로 하는 'Social Europe'(후술)의 첫걸음이 된 것은 1989년의 '노동자의 사회적 기본권에 관한 공동체 헌장(Community Charter of Fundamental Social Rights of Workers)'이었고, 그 다음의 중요한 단계가 마스트리히트 조약과 함께 제정된 '사회정책 헌장(European Social Charter)'이었다. 공통의 사회정책에 반대하는 영국과 북아일랜드는 이 헌장을 비준하지 않았지만, 이 헌장은 1999년 암스테르담 조약(Amsterdam Treaty)에 도입되게 되었다. Social Europe을 뒷받침하는 조약상의 규정은 사회적 파트너(social partner)에 의한 노사대화의 메커니즘(TFEU Article 154, 155), EU의 사회적 정책에 관한 권한 규정(TFEU Article 153), 고용정책의 조화에 관한 규정(TFEU Article 154 이하)이다.

노동법에서 중요한 규범은, '지침'으로 정할 수 있다. 지침이란, 2차 법(secondary law)으로 불리는, 그 자체는 원칙적으로 직접적인 법적 구속력을 갖지 않는 규범이다(다만, 그 후의 판례에 의해 무조건

21) Directive를 일본에서는 "지령(指令)"으로 번역하는 반면, 한국에서는 이를 지침으로 번역하고 있다.

22) Council Directive 75/129/EEC of 17 February 1975 on the approximation of the laws of the Member States relating to collective redundancies.

23) Council Directive 98/59/EC of 20 July 1998 on the approximation of the laws of the Member States relating to collective redundancies.

의 명확한 규범일 경우 지침의 직접 효과가 인정되게 되었다). 각국은 지침의 공포로부터 일정 기간 (많은 경우 2년) 내에 지침을 국내법으로 수용할 의무를 진다.

1970년대에 이미 남녀 고용 평등 분야에서 남녀 동일노동 동일임금 원칙을 보완하기 위한 복수의 지침이 제정되고, 기업의 조직재편 시 고용 및 노동조건을 보장하기 위한 사업 이전 지침(77/187/EEC,[24] 현행 지침은 2001/23/EC[25]))이 제정되었다.

노동법에 관한 지침이 본격적으로 전개되기 시작한 것은 1990년대 중반 이후이다. EU 차원의 종업원 대표기관의(European Works Council) 설치에 관한 유럽사업장위원회 지침(94/45/EC)[26]이 제정되었고, EU 차원의 단체협약을 그대로 지침으로 한 것으로서 부모휴가(parental leave) 지침(96/34/EC),[27] 단시간 노동 지침(97/81/EC),[28] 기간제 노동계약 지침(99/70/EC)[29]이 있다.

---

24) Council Directive 77/187/EEC of 14 February 1977 on the approximation of the laws of the Member States relating to the safeguarding of employees' rights in the event of transfers of undertakings, businesses or parts of businesses.

25) Council Directive 2001/23/EC of 12 March 2001 on the approximation of the laws of the Member States relating to the safeguarding of employees' rights in the event of transfers of undertakings, businesses or parts of undertakings or businesses.

26) Council Directive 94/45/EC of 22 September 1994 on the establishment of a European Works Council or a procedure in Community-scale undertakings and Community-scale groups of undertakings for the purposes of informing and consulting employees.

27) Council Directive 96/34/EC of 3 June 1996 on the framework agreement on parental leave concluded by UNICE, CEEP and the ETUC.

28) Council Directive 97/81/EC of 15 December 1997 concerning the Framework Agreement on part-time work concluded by UNICE, CEEP and the ETUC - Annex : Framework agreement on part-time work.

29) Council Directive 1999/70/EC of 28 June 1999 concerning the framework agreement on fixed-term work concluded by ETUC, UNICE and CEEP.

Social Europe

오늘날의 EU는, 설립 초기의 시장 통합만을 목적으로 한 공동체로부터는 많이 멀어져 있다고 할 수 있다. EU의 회원국들은 사회적 정의(social justice)의 실현이라는 동일한 가치를 공유하고 있으며, 이를 'Social Europe'이라고 부르기도 한다.

'Social Europe'의 핵심은 TFEU Article 151[30]에 명시된 높은 고용수준의 확보, 적절한 사회적 보호의 실현, 생활·노동 조건의 개선, 노사대화의 촉진, 사회적 배제에 대한 대응이다. 특히 노사대화를 바탕으로 사회정책에서 각국의 전통적인 노사자치가 존중되는 것이 유럽의 특징이다.

독일의 노동법학자 Eva Kocher(1965~)의 정리에 따르면, EU 각국의 노사관계는 크게 네 가지로 구별할 수 있다. 첫째, 단체협약에 의한 중앙집권적인 노동조건 결정 시스템이 확립된 스칸디나비아 모델; 둘째, 산별의 단체협약과 기업 내의 종업원 대표기관을 통한 공동결정에 따른 이원적인 노동조건 결정 시스템을 가진 네덜란드, 독일, 오스트리아의 라인(Rhein)형 자본주의 모델; 셋째, 이탈리아, 스페인, 포르투갈, 그리스, 프랑스, 벨기에, 룩셈부르크 등 경쟁하는 노동조합이 병존하는 중에 단체협약이 중요한 의미를 가지며, 부분적으로 국가가 협약 교섭에 관여하는 지중해 모델; 넷째, 단체협약에 따른 노동조건 결정 시스템이 아직 확립되지 않은 중동부 유럽 국가이다.

어느 경우든, 산별의 노동조합과 그 파트너인 사용자단체가 노동조건의 결정에 중요한 역할을 하고 있다는 점에서 유럽은 북미나 아시아와는 크게 다르며, Social Europe을 특징짓고 있다.

30) TFEU Article 151 (ex Article 136 TEC).

EU 사법재판소의 역할

EU 노동법 발전의 원동력으로 EU 사법재판소가 매우 중요한 역할을 수행하여 왔다. 각국의 법원은 취급하고 있는 사건에서 EU법의 해석이 문제가 되는 경우, 사건을 EU 사법재판소에 요청(request)할 수 있다(TFEU Article 267).[31] EU법의 통일적 해석을 실현하기 위해 이러한 선결 재정(preliminary rulings) 절차가 규정되어 있다. 국내 법원은 EU 사법재판소의 선결 재정이 나올 때까지 소송 절차를 정지한다. EU 사법재판소는 요청된 질문에 관하여 판단을 하지만, 그러한 판단에 근거하여 사건을 최종적으로 해결하는 것은 국내 법원이다. 그 때문에, EU 사법재판소의 판결은, 선결 재정(先決裁定)이라고 번역하는 것이 통례이다.

EU 사법재판소는 회원국당 1명의 재판관(Judge)으로 구성되기 때문에, 27명의 재판관으로 구성되어 있다. 또한, 법무관(Advocates General)이 11명이다.[32] 재판관의 임기는 6년이며(연임은 가능) 3년마다 절반이 교체된다. 법무관의 역할은 독립적으로 사건에 관한 의견을 제출하는 것이다. 법무관 의견은 선결 재정이 나오기 수개월 전에 공개되기 때문에, 선결 재정을 예측하는 단서가 되지만, 결론이 뒤바뀌는 경우도 종종 있다.

노동법에서 EU 사법재판소는 특히 고용차별금지법의 발전에 공헌했다. 1976년에 현재의 TFEU Article 157의 남녀 동일임금 원칙의 직접 효과가 인정되면서(Case 43/75, Defrenne v Sabena [1976] ECR 455),[33] 남녀 고용 평등의 법리가 판례에 의해 발전하게 되었

31) TFEU Article 267 (ex Article 234 TEC).

32) 법무관은 사법재판소에 계속(係屬)된 사건에 대해 공평하고 독립한 입장으로 의견을 제출하며, 재판관을 보좌한다. 다만 법무관의 의견은 직접 재판관을 구속하는 것은 아니다. 한편 EU 사법재판소는 11명의 법무관 중 1명을 수석 법무관(First Advocates General)으로 임명한다. 수석 법무관의 임기는 1년이다.

33) ECLI:EU:C:1976:56.

다. 1975년 남녀동일임금지침(75/117/EEC)[34]에서 남녀동일임금원칙은 '동일노동'뿐만 아니라 '동일가치노동'에 미치는 것으로 명시된 다음, 그 후의 판례에 따라 배치전환 가능성, 필요한 직업훈련 및 근속연수와 같은 동일가치노동의 기준이 명확히 되었다.

그리고, 동일가치 노동의 문제와 밀접하게 관련하여 간접차별 법리가 등장한다. 간접차별이란, 일견 객관적인 기준이 한쪽의 집단에 불리하게 작용하는 경우, 차별의 성립을 인정한다는 법리이다. 원래는 미국에서 탄생한 법리였지만, 1993년 언어치료사와 약제사의 업무가 동일가치를 갖는 것으로 인정된 후, 여성이 많은 언어치료사의 임금액이 남성이 많은 약사의 임금액보다 낮은 것이 객관적으로 정당화되지 않는 경우 간접 성차별에 해당한다고 판단되었다(Case C-127/92 Dr. Pamela Mary Enderby v Frenchay Health Authority and Secretary of State for Health [1993] ECR 248).[35] 이러한 선결 재정에 따라 영국에서는 의료분야의 모든 직종에 대한 직무평가가 이루어지고, 임금액의 재검토가 실시되었다고 한다.

그 후 EU에서 간접차별 법리는 여성이 많은 파트타임 노동자와 풀타임 노동자와의 사이의 격차를 시정하는 데 공헌하게 되었다. 같은 일에 종사하는 파트타임 노동자의 시급을 풀타임 노동자보다 낮게 설정하는 것(Case 96/80 Jenkins v Kingsgate [1981] ECR 911)[36]이나 기업연금 금액의 기초가 되는 근속연수의 산정에 있어서 파트타임 노동자로 취업한 기간을 불리하게 고려하는 것(Case 170/84 Bilka-Kaufhaus v Weber von Hartz [1984] ECR 1607)[37]이 간접 성차

34) Council Directive 75/117/EEC of 10 February 1975 on the approximation of the laws of the Member States relating to the application of the principle of equal pay for men and women.

35) ECLI:EU:C:1993:859.

36) ECLI:EU:C:1981:80.

37) ECLI:EU:C:1986:204.

별로서 EU법 위반으로 될 수 있다고 판단되었다.

한편, 일본에서는 EU법과 같은 해석을 저지하기 위하여 간접차별 개념을 도입한 2006년 개정 남녀고용기회균등법(男女雇用機会均等法) 제2조는 명문으로 간접차별 개념을 제한하게 되었다. 그래서, 비정규 고용에는 여성이 많다고 하여 정규 고용과 비정규 고용의 노동조건 격차는 간접 성차별이라고 하는 해석은 할 수 없게 되어 있다. 그러나, 이러한 제한을 철폐하려는 기운은, 현재 높아지고 있다고 볼 수 있지 않을까?

차별금지법에서는 2000년의 일반 균등대우지침(2000/78/EC)[38]에 따라 종교·신조, 장애, 연령, 성적 지향을 이유로 하는 차별이 금지되었다. 주목할 만한 것은, 이 지침의 적용 대상자는 '노동자'(worker)가 아니라 '사람'(person)으로 되어 있다는 점이다. 사물적(事物的) 적용 범위로서, 모집·채용 조건을 들고 있지만, 여기에서는 자영업에 대한 접근도 포함되는 것으로 보인다.

최근의 선결 재정에서는, 방송국에서 일하는 프리랜서가 동성 파트너와 촬영한 비디오를 LGBT에 대한 이해를 촉진하기 위해 유튜브에 올린 후에 계약을 해지당한 사안에서, 일반 균등대우지침에서 말하는 '고용·노동 조건(employment and working conditions)'에는 자영업자에 대한 계약 해지도 포함된다고 판단되었다(Case C-356/21 J.K. v TP S.A.).[39] 이 지침의 적용 대상자는 '사람'이므로, 이 사건에서는 프리랜서의 근로자성은 다투어지지 않았다. '고용·노동 조건'을 넓게 해석하여 프리랜서의 계약 해지도 성적 지향을 이유로 하는 차별의 금지를 통해 보호된다고 하는 적극적인 판단이 내려졌다는 점은 주목할 만하다.

EU 사법재판소가 적극적인 판단을 한 두 번째 주제가 기업 재

38) Council Directive 2000/78/EC of 27 November 2000 establishing a general framework for equal treatment in employment and occupation.

39) ECLI:EU:C:2023:9.

편 시의 고용·노동조건을 보장하는 사업이전(事業移転) 법리일 것이다. 사업이전지침(77/187/ECC, 현 지침은 2001/23/EC)을 둘러싸고도 혁신적인 선결 재정이 내려졌다. 사업이전 지침은 그러한 법제가 없는 일본에서 EU법이 모델이 되는 중요한 주제이지만, 본서에서는 생략한다.

유연안정성(Flexicurity)와 '하르츠(Hartz) 개혁'

유럽에서는 글로벌화에 따른 경제경쟁의 격화를 배경으로, 2000년대 전후부터 영국의 토니 블레어(Tony Blair) 정권이나 독일의 게르하르트 슈뢰더(Gerhard Schröder) 정권으로 대표되는 사회민주주의 정당의 정권하에서 노동시장 개혁이 이루어졌다. 영국에서는 이것은 '제3의 길'이라고 불렸지만, 독일에서는 하르츠(Hartz) 개혁이 유명하다. 하르츠 개혁이란 제2차 슈뢰더 정권에서 당시 폭스바겐의 인사담당 이사였던 페터 하르츠(Peter Hartz, 1941~)를 단장으로 하는 하르츠위원회(Hartz-Kommission)의 제언에 따라 2002년 말부터 2003년 말까지 이루어진 일련의 노동시장 개혁이다.

1988년에 집권한 슈뢰더 총리(1944~)는, 제1차 정권에서는 1996년 취업촉진법을 통해 완화되었던 규제를 원래대로 되돌리고(질병 시 보상되는 임금액은 다시 100%로 인상하고, 해고보호법 적용대상 사업장에 고용되는 노동자 수가 다시 10명에서 5명으로 인하되었다), 또한 위장 자영업자의 사회보험법상 강제피보험자 자격을 추정하는 규정을 도입하는 노동자 보호 시책을 취했다. 사회보험의 강제피보험자인 '종사자(Beschäftigte)'의 추정 규정에는 Wank의 견해가 반영된 것으로 평가되고 있다. 그리고, 2001년 채무법의 현대화법(Gesetz zur Modernisierung des Schuldrechts)에 따라 민법전의 대개정이 이루어졌는데, 이에 따라 노동계약에도 약관규제가 적용되게 되었다. 이 영향은 컸고, 그 후 수많은 노동계약의 규정이 노동자에게 일방적인 불이익을 부과하는 것으로 인정되어, 법원에 의해 수정되게 되었다. 또한, 2001년에는 사업장조직법(Betriebsverfassungsgesetz, BetrVG)도 개정되어 '재규제'가 진행되었다(사업장조직법이란 사업장의 종업원 대표기관인 사업장평의회(Betriebsrat)의 권리 등을 정한 법률로, 2001년 개정에서는 사업장위원회를 설치하기 쉽도록 '사업장' 범위의 재검토 등이 이루어졌다). 한편, 같은 해 장기실업의 예방이 강조되어 직업소개를 민간으로의 위탁을 추진하는 시책이 취해지고, 노동자파견법이 개정되어 파견 가능 기간이 2년으로 상향되면서, 하르츠 개혁으로 이어지는 노동시장의 활성화(activation) 정책(실업자에게도 재취업을 위한 적극적 대처를 요구하는 것)으로의 전환도 볼 수 있었다.

2002년 9월의 총선에서 어렵게 승리한 슈뢰더 총리는 연방경제부(Bundesministerium für Wirtschaft)와 연방노동사회부(Bundesministerium für Arbeit und Sozialordnung)의 노동 분야를 통합해 연방경제노동부(Bundesministerium für Wirtschaft und Klimaschutz, BMWK)를 설치하고, 하르츠위원회의 제언에 따른 형태로 노동시장 규제 완화에 착수했다. 2002년 말에 노동자파견법과 '한계 고용(geringfügige Beschäftigung)'(사회보험 가입 의무가 면제되는 고용)의 개정, 실업급여 수급 요건의 엄격화, 기업 촉진책 등을 담은 제1하르츠법(Hartz I)[40]과 제2하르츠법(Hartz II)[41]이 통과되었다. 노동자파견법의 개정에 따라, 종래에는 일본에서 말하는 등록형 파견(파견되는 기간에만 파견노동자를 고용하는 것)이 금지되어 있었지만('파견 기간과 파견 노동 기간 일치의 금지'), 이러한 규제가 철폐되었다.

또한, 이미 2001년의 파견법 개정에 따라 파견노동자와 사용사업주의 노동자와의 사이에 균등대우 원칙이 규정되어 있었지만,

---

40) Erstes Gesetz für moderne Dienstleistungen am Arbeitsmarkt vom 23. Dezember 2002.

41) Zweites Gesetz für moderne Dienstleistungen am Arbeitsmarkt vom 23. Dezember 2002.

이러한 균등대우 원칙은 단체협약으로 달리 정하는 것이 허용되어 있었다(Derogation). 이에 따라 파견업의 임금등급을 정하는 단체협약이 파견기업을 조직하는 사용자단체와 독일노동조합총연맹(Deutscher Gewerkschaftsbund, DGB) 산하의 산별노조로 이루어진 협약공동체(Tarifgemeinschaft)와의 사이에 체결되게 되었다.

제1하르츠법에 따라 유기 노동계약의 규제도 완화되어, 객관적 사유가 필요하지 않은 유기 노동계약은 만 58세 이상의 노동자에 대해서는 기간의 상한이나 갱신횟수의 제한 없이 인정되게 되었으나, 이 연령이 2006년 말까지 만 52세로 하향되게 되었다. 이 규정은 2005년에 EU 사법재판소에 의해 EU법 위반의 연령차별이라고 판단되어(Case C-144/04 Mangold v Helm [2005] ECR I-9981),[42] 그 후 수정되었다. 또한, 2003년 말의 노동시장 개혁법(Gesetz zu Reformen am Arbeitsmarkt)에 따라 새로 설립된 기업에서는 객관적 사유가 필요하지 않은 유기 노동계약의 기간의 상한이 4년까지 인정되게 되었다.

제2하르츠법에서는 새로운 기업 지원으로 '1인 주식회사'(Ich-AG, 자신만이 구성원인 회사라는 의미) 수당이 창설됐고, 동시에 1988년 도입된 사회보험 가입 의무를 부담하는 '종사자' 추정 규정이 삭제되었다. 이러한 창업 수당의 수급 기간은 3년간으로, 1년 차는 월 600유로, 2년 차는 월 360유로, 3년 차는 월 240유로이지만, 연 소득이 25,000유로를 초과한 시점부터 지급이 중단된다. Ich-AG는 '2002년의 나쁜 단어(Unwort des Jahres)'[43]로 선정되었다(이는 일본의 유행어 대상(流行語大賞)에 상당하는 것이라고 할 수 있지만, 부정적인 뉘앙스가 담겨있다). 그 후, 제3하르츠법(Hartz III),[44] 제4하르츠법

42) ECLI:EU:C:2005:709.

43) 독일에서 인권을 침해하거나 민주주의 원칙을 침해하는 것으로 의심되는 새롭거나 최근 대중화된 용어를 매년 선정하는 것을 말한다.

44) Drittes Gesetz für moderne Dienstleistungen am Arbeitsmarkt vom 23.12.2003.

(Hartz IV)[45]과 동시에 개정된 수공업법(Gesetz zur Ordnung des Handwerks, Handwerksordnung)에 따라, 개업 시 마이스터(Meister) 자격을 필요로 하는 직종이 94개에서 41개로 하향되었고, 또한 마이스터 자격을 가진 책임자를 고용하면 사업주 본인의 마이스터 자격은 필요하지 않게 되었다.

그리고, 슈뢰더 총리는 2003년 3월 14일 국정방침 연설에서 포괄적인 경제발전을 위한 프로그램인 'Agenda 2010'을 공표하고, 노동 분야에서는 해고보호법의 개정, 실업수당 수급기간의 단축, 실업부조와 사회부조의 통합 등을 내세웠다. 실업부조란 독일 특유의 제도로, 실업수당의 수급기간이 지나면 수급할 수 있는 급부로, 재취업의 인센티브를 제거하여 장기실업의 하나의 요인이 된다고 여겨지던 것이다. 이에 따라 2003년 말에 노동시장 개혁법, 제3하르츠법, 제4하르츠법이 제정되었다.

노동시장 개혁법에 따라 다시 해고보호법의 적용대상 사업장의 기준이 완화되어 노동자 수 5인에서 10인으로 상향되었다(다만, 2003년 12월 31일 이전에 고용된 노동자에 대해서는 '5인'의 기준이 계속 적용된다). 1996년의 취업촉진법 이후 해고보호법의 적용대상 사업장에 관한 규정은 세 번에 걸쳐 변경되었는데, 이 규정이 규제완화책의 상징이 되고 있음을 알 수 있다(한편, 이후 현재까지 이 규정은 변경되지 않았다).

또한, 동법에 따라 경영상의 이유에 의한 해고에 있어서 노동자가 해고제한소송을 제기하지 않는 대신에 사용자에게 보상금을 청구할 수 있는 제도가 마련되었다(해고보호법 1a조). 독일에서는 일본과 마찬가지로 해고가 부당하다고 인정되면, 해고가 무효로 되어 현직 복귀를 할 수 있게 된다. 그러나, 실제로는 압도적으로 다수의 사건에서 1심의 화해변론(Güteverhandlung, 최초의 기일에 직업 판사

45) Viertes Gesetz für moderne Dienstleistungen am Arbeitsmarkt vom 24.12.2003.

에 의해 시도되는 화해절차로,[46] 20분 정도로 종료한다)에서 금전 해결로 종료된다. 재판 실무에서 보상금의 산정 기준도 확립되어 있다. 해고보호법 1a조는 경영상의 이유에 의한 해고에 대하여, 이러한 해고 소송의 현실을 반영하는 것이라고도 할 수 있지만, 그 후 이러한 보상금 제도는 활용되지 않고 있으며, 지금도 노동법원의 화해변론에서 금전적 화해를 통해 해고 사건의 대부분이 처리되고 있다.

참고로, 이러한 보상금 제도는 당시의 대표적인 노동법학자인 Peter Hanau(1935~)가 제안했던 것이었다. 하나우는 해고 소송의 대다수가 노동법원의 화해로 해결된다는 현실을 감안하여, 이러한 보상금 제도를 도입하면 노동자는 제소하지 않아도 되므로 노사쌍방에게 이점이 된다고 주장했다. 또한, 하나우는 하르츠위원회 보고서의 제언은 비정규직을 확대하는 것으로 노동시장의 이원화를 초래할 위험이 있으므로, 노동시장을 유연화하고 고용을 확대하기 위해서는 해고보호법의 규제를 완화하고 무기(無期) 고용에 인정되는 보호를 낮추는 것이 좋다고도 했다.

다음으로, 제3하르츠법에 따라 실업급여 수급기간이 대폭 단축되었다. 이전까지는 45세 이상 실업자는 최장 32개월간 실업급여를 받을 수 있었지만, 55세 미만 실업자는 최장 12개월, 55세 이상은 최장 18개월로 되었다. 그리고 제4하르츠법에 따라 실업부조와 사회부조가 통합되어, 제2실업수당(Arbeitslosengeld II)으로 개정되어 2005년 1월 1일부터 시행되게 되었다(제2실업수당은 제4하르츠법의 이름을 따서 “Hartz IV”라는 속칭으로 불리게 되었다). 제2실업수당의 지급기관으로 연방고용청(Bundesagentur für Arbeit)과 지방자치단체(kommunale Träger)가 공동으로 운영하는 잡 센터(Jobcenter)가 창설되었다. 근로능력이 있는 15세부터 65세 미만의 요부조자가 제2실

46) Arbeitsgerichtsgesetz § 54 Güteverfahren.

업수당의 수급자격을 갖는다. 제2실업수당의 수급자는 잡센터와의 '편입협정(Eingliederungsvereinbarung)'에 따라 수급자에게는 수급을 대가로 재취업을 위한 다양한 의무가 부과되는데(당시 이는 '지원과 요구'(Fördern und Fordern)라는 표어로 강조되었다), 특히 잡 센터가 알선하는 고용을 거절할 수는 없다(잡 센터가 소개하는 공익적 노동은 1유로 잡(Ein-Euro-Job)[47]이라고 불리고 있다). 이들 의무를 위반하면 제2실업수당의 액수가 감액된다.

연방헌법재판소는 2019년 11월 5일 판결[48]에서 이러한 제재를 정한 규정은 인간의 존엄(기본법 1조 1항) 및 사회국가 원칙(기본법 20조)을 위반하여 위헌무효[49]라고 판단하였다. 이에 대응하기 위해, 제2실업수당은 2022년 11월의 법 개정에 따라 2023년 1월 1일부터 '시민수당(Bürgergeld)'으로 명칭이 변경되었고, 수요조사의 완화와 일정한 일을 거부할 수 있도록 하는 등 제재가 완화되었다.

하르츠 개혁을 포함하여 이 시기의 유럽에서의 고용정책은 유연안정화(flexicurity) 정책으로 불렸다. 유연안정화란 flexibility와 security를 결합한 조어로,[50] 노동시장의 유연성을 유지하면서 고용안정을 보장하는 것을 목표로 하는 정책이지만, 이 목표의 실현은 쉽지 않다. 2006년에 European Commission(유럽위원회 또는 유럽 집행위원회)는 노동법에서의 flexicurity의 개념을 확립하고, 특히 위장자영업 문제에 대처하기 위해 EU법상의 노동자 개념을 명문화하는 것을 시도하여 "21세기의 과제를 향한 노동법의 현대화(Modernising

47) 이러한 일자리는 제2 실업수당에서 제공하는 표준 현금 지원보다 1~2유로를 더 지급하면서 수급자의 일할 의향을 테스트하는 데 사용된다. 'Ein-Euro-Job'은 이러한 상황을 다소 경멸적으로 부르는 표현이다.

48) BVerfG, 05.11.2019 – 1 BvL 7/16.

49) 연방헌법재판소는 문제가 된 조항의 효력은 연방의회가 새로운 조항을 입법할 때까지 일시적으로 유지되지만, 연방의회가 관련 법률을 개정할 때까지 영향을 받는 사람들의 권리를 보호하기 위해 임시 조치를 할 것을 명령했다.

50) 이 용어는 1990년대 덴마크의 사회민주주의(Social Democrats) 총리인 Poul Nyrup Rasmussen에 의해 처음 사용되었다.

labour law to meet the challenges of the 21st century)"이라는 제목의 녹서(green paper)를 공표했다.[51] 하지만 EU법상 노동자 개념의 명문화 시도는 실현되지 않았다.

EU의 flexicurity 정책을 상징하는 입법으로서 이 시기에 제정된 것이 2008년의 파견노동지침(2008/104/EC)이다.[52] 동 지침에서는 파견노동을 허용하고, 노동시장의 유연화를 도모하는 동시에 파견노동자 보호를 위한 규제로서, 파견노동자와 사용사업주의 노동자와의 사이의 균등대우 원칙을 규정하였다. 그러나, 이러한 균등대우 원칙에는 예외가 인정되었고, 그 결과 격차가 확대되었다. 현재 flexicurity는 결국 신자유주의적 정책과 다르지 않았다는 평가가 나오고 있다.

또한, 전술한 하나우는 flexicurity는 헌법상의 가치를 갖는 이념이라고도 주장했다. 하나우는 flexicurity를 재직 중인 노동자뿐 아니라, 실업자의 이익도 고려하는 이념으로 이해하고 있다. 하나우의 주장을 지금 다시 읽어 보면, 고실업 시대의 독일이라는 당시의 시대 분위기를 느낄 수 있다(2023년의 독일의 실업률은 6%를 밑돌고 있어, 당시의 절반에 불과하다).

이 시기에 EU의 여러 국가에서는 정규 고용과 비정규 고용의 격차가 확대되어, 노동시장이 이원화되었다고 말해진다. 예를 들어, 독일에서는 파견노동자의 수는 1994년부터 15년 사이에 5배가 되었고, 유기계약 노동자는 1990년대 중반부터 2010년까지 약 100만 명에서 약 270만 명으로 3배 가까이 증가했다. 신규 채용의 약 절반이 유기고용이었다.

51) Available at: https://www.europarl.europa.eu/meetdocs/2004_2009/documents/com/com_com(2006)0708_/com_com(2006)0708_en.pdf

52) Directive 2008/104/EC of the European Parliament and of the Council of 19 November 2008 on temporary agency work.

칼럼 독일에서의 노동자파견의 법규제

1972년에 제정된 독일의 노동자파견법은 연방헌법재판소가 1967년 4월 4일 판결[53]에서 파견사업주와 파견노동자와의 사이에 고용 관계가 존재하는 노동자파견에 관하여 직업소개의 국가독점 원칙(당시 직업소개·실업보험법(AVAVG)[54] 37조 3항)을 적용하는 것은 영업의 자유(기본법 12조 1항)를 위반하여 허용되지 않는다고 판단함에 따라 노동자파견사업을 규율하기 위해 제정되었다. 이러한 입법 경위는, 1985년 일본의 노동자파견법 제정 시 이 법이 노동자 공급(労働者供給)의 금지(직안법 44조)의 예외를 인정하는 규제 완화 입법이라고 격렬하게 비난받았던 것에 비하면, 노동자파견사업을 적극적으로 허용하기 위한 입법이었다는 점에서 흥미롭다(한편, 독일에는 노동자 공급의 금지에 상당하는 규제는 없다).

그러나 노동자파견업은 허가제였고, 당시의 파견 가능 기간은 불과 3개월이었다. 하르츠 개혁으로 '파견 기간과 파견 노동 기간의 일치'의 금지 원칙이 폐지될 때까지 일본의 등록형(登録型) 파견에 해당하는 파견은 금지되어 있었다. 무허가 파견의 경우에는 사용사업주와 파견노동자와의 사이에 직접고용 관계가 성립하게 되어 있었다(그렇지만, 파견사업주가 허가를 받은 경우, 직접고용은 성립하지 않으므로 위장도급의 경우에도 원수급 기업이 파견업의 허가를 받았을 경우는 사용사업주와 파견노동자와의 사이에 직접고용은 성립하지 않았다. 그 때문에, 독일에서 사용사업주와의 사이에 직접고용이 성립하는 경우는 실제로는 거의 존재하지 않았다).

파견 가능 기간은 이후 점차 상향되었고, 하르츠 개혁에서는 상한이 폐지되었다. 이에 따라, 2001년 6월 시점에서 약 30만 명이었던 파견노동자의 수는 2007년에는 약 72만 명으로 증가하였다. 독일의 노동자파견은 주로 제조업에서 활용되고 있다. 2008년의 리먼 사태 당시에는, 일본과 마찬가지로 많은 파견노동자가 실직하게 되었다. EU의 파견노동지침(2008/104/EC)이 제정되어, 동 지침의 국내 이행을 위해 2011년에 개정된 파견법에서는 '파견은 일시적인 것이 아니면 안 된다'라고 하는 규정이 정해지게 되었다. 그리고, 연

53) BVerfG, 04.04.1967 – 1 BvR 84/65.

54) Gesetz über Arbeitsvermittlung und Arbeitslosenversicherung idF der Bekanntmachung vom 3.4.1957 (BGBl. I 706).

방노동법원은 2013년 7월 10일에 이 규정이 단순한 방침적 규정이 아니라 강행법규라고 판단하여,[55] 사업장위원회(Betriebsrat)의 파견노동자 수용에 대한 거부권을 인정하였다. 그 후, 2017년에 노동자파견법은 다시 개정되어 규제가 강화되었다. 원칙적으로 18개월의 파견 가능 기간이 다시 마련되었다(다만, 이러한 파견 가능 기간은 단체협약을 통해 연장할 수 있으며, 사용사업주가 사용자단체에 가입되어 있으면 파견 가능 기간에 제한이 없고, 그렇지 않으면 최대 24개월까지 연장할 수 있다). 또한, 최근 문제가 되고 있던 위장도급에 대응하기 위해 위장도급의 경우에도 파견노동자와 사용사업주와의 사이에 직접고용이 성립하게 되었다(다만, 파견노동자가 스스로 파견사업주(Verleiher) 또는 사용사업주(Entleiher)에게 사용사업주와의 직접고용을 원하지 않는다는 취지의 의사표시를 할 경우(Festhaltenserklärung(유지선언)), 직접고용의 효과는 발생하지 않는다는 규정이 동시에 도입되었다.[56] 이 규정이 실제로 활용되고 있는지는 잘 모르겠지만, 역시 지금도 위법파견의 효과로서 파견노동자와 사용사업주와의 사이에 직접고용이 성립되었다고 하는 이야기는 듣기 어렵다). 연방정부에, 따르면 2020년에 '위장도급'의 과태료 절차 건수는 90건이다('불법 고용에 대한 연방정부의 제14차 보고서(Vierzehnter Bericht der Bundesregierung über die Auswirkungen des Gesetzes zur Bekämpfung der illegalen Beschäftigung)').

하르츠 개혁에서 단체협약에 의한 예외(Derogation)가 널리 인정된 균등대우 원칙에 대해, 현재는 이러한 예외가 인정되는 것은 파견의 개시일로부터 원칙적으로 9개월까지로 제한되게 되었다(그러나, 파견업의 협약이 아니라 파견노동자가 취업하는 부문의 산별협약에서 고용 기간에 따라 임금액이 상승하고, 15개월 후에는 사용사업주의 노동자와 동등한 임금액이 보장되는 경우에는 15개월까지 연장된다).

하르츠 개혁으로 큰 폭으로 규제가 완화되었던 독일의 노동자파견법은 다시 규제가 강화되고 있다. 그러나, 파견노동자의 수는 2017년에 약 103만 명이었고, 현행법의 시행 후에는 감소했지만, 최근에는 거의 약 80만 명대 초반에 이르고 있어(연방고용청(Bundesagentur für Arbeit)에 따른다. 그러나,

55) BAG, 10.07.2013 – 7 ABR 91/11.

56) AÜG § 9 Abs. 1 Nr. 1a.

연방통계청에 의하면 2022년의 파견노동자의 수는 100만 9,000명이다), 하르츠 개혁 이전의 약 30만 명이라는 수준으로 돌아갈 기미는 보이지 않는다. 규제는 복잡하지만, 단체협약에 따라 예외가 인정될 여지가 남아있어 일정한 유연성이 확보되어 있다.

다만, EU 사법재판소가 2022년 12월 15일 균등대우 원칙의 예외를 정하는 단체협약에 대해 파견노동자의 '전체적 보호'가 보장되고 있는지가 심사되지 않으면 안 된다고 하여(C-311/21 CM v TimePartner Personalmanagement GmbH.),[57] 노동자 보호를 강화하는 방향을 제시하는 판단을 하고 있다. 또한, 이 선결 재정에 따라 단체협약의 내용 심사는 하지 않는다는 독일의 집단적 노동법의 전통적인 견해가 수정될 수밖에 없게 되었다.

EU의 동방 확대와 Euro 위기

2006년의 녹서를 둘러싼 시도가 좌절된 이후, 약 10년간 2004년부터 2014년까지 유럽위원회 위원장(President)을 역임한 José Manuel Durão Barroso(1956~) 시대에는 노동법에서는 새로운 지침은 거의 제정되지 않았다.

이 시대는 2004년의 EU 동방 확대라는 중대한 변화로 특징지어진다. 이에 따라 중부 및 동부 유럽의 저렴한 노동력을 이용할 수 있게 되었고, 임금 비용 인하를 위한 경쟁이 격화되게 되었다. 그리고, 일관하여 노동자 보호를 강화하는 판단을 해 왔다고 할 수 있는 EU 사법재판소도, 2007년에 나온 2개의 선결 재정에서 노동자의 권리보다 역내 시장의 통합을 우선하는 판단을 내리게 되었다.

먼저, 임금이 저렴한 동유럽으로 선적(船籍)을 이전하려는 움직임을 저지하기 위한 '편의치적' 반대 운동이 개업(開業)의 자유(Freedom of establishment, TFEU Art. 49)[58]에 위반한다고 판단되었고(C-438/05

57) ECLI:EU:C:2022:983.
58) TFEU Article 49 (ex Article 43 TEC).

International Transport Workers Federation v Viking Line ABP),[59] 다음으로 스웨덴의 건설현장에서 리투아니아의 하청기업이 자국에서 노동자를 데려와 자국의 노동조건으로 취업시키는 것을 저지하기 위한 파업이 서비스 제공의 자유(freedom to provide services, TFEU Art. 56)[60]를 침해한다고 판단되었다(C−341/05 Laval un Partneri Ltd).[61]

EU 역내 시장을 지탱하는 원칙인 기본적 자유를 제약하는 조치는 공익적 사유에 의해 정당화될 수 있지만, 비례의 원칙에 근거하여 그 정당성은 엄격하게 판단된다. EU 사법재판소는 쟁의행위가 기본적 자유의 제약을 정당화하는 공익적 사유에 해당할 수 있음을 인정하고, 최종적인 결론은 국내 법원에 맡겼지만, 노동조합에 의한 '편의치적' 반대 운동이나 파업은 모두 EU법 위반이 된다는 방향으로 판단을 내리고 있다. 특히, 스웨덴 사건에서는 해외근로자파견지침[62](96/71/EC)[63]에 따라 리투아니아에서 송출된 노동자에게는 스웨덴의 최저 노동조건이 보장되므로 파업이 필요하지 않았다고 밝혔다. 유럽 차원의 노동조합 중앙조직인 ETUC(European Trade Union Confederation)는 이러한 선결 재정을 '사회적 덤핑(Social Dumping) 허가증'이라고 격렬하게 비난했다. 그 후, 유럽위원회는, 이러한 비판에 대응하기 위해 해외근로자파견지침 개정에 나서게 되었다.

여기서 '노동자의 송출'(posting of workers)에 대해 설명하고자 한다. 송출이란 EU 역내에서 어떤 회원국의 노동자를 다른 회원국

59) ECLI:EU:C:2007:772.

60) TFEU Article 56 (ex Article 49 TEC).

61) ECLI:EU:C:2007:809.

62) 일본에서는 "송충지령(送り出し指令)"으로 번역하고 있는데, 우리나라의 경우 '해외근로자파견지침'이라는 번역어가 주로 사용된다.

63) Directive 96/71/EC of the European Parliament and of the Council of 16 December 1996 concerning the posting of workers in the framework of the provision of services.

에서 일시적으로 취업하게 하는 것이다. 사용자는 송출국의 기업이다. 법적으로는 송출은 도급이나 노동자파견을 통해 이루어진다. 송출 기간의 상한은 24개월이다. 독일에서는 과거 남유럽으로부터 다수의 건설 노동자를 수입하였고, 현재는 중부 및 동부 유럽 국가로부터 송출된 노동자가 주로 건설업과 돌봄업에 종사하고 있다.

해외근로자파견지침에 따라 수용한 국가는 송출된 노동자에 대해 수용한 국가의 최저 노동조건을 보장하는 것이 의무화되어 있으며, 또한 사회보장제도에 관한 규정(Regulation 2004/883)[64]에서 일시적으로 송출된 노동자에 대해, 송출국이 'A1 증명서(A1 Certificate, A1-Bescheinigung)'라고 불리는 증명서를 발행하면, 송출국의 사회보험이 계속 적용되어 수용국의 사회보험에 가입하지 않아도 된다. 독일에서는 송출로 수용한 노동자에 대하여 독일의 최저 노동 조건을 보호하기 위한 법률로 노동자송출법(Arbeitnehmer-Entsendegesetz, AEntG)이 제정되었다.

송출을 둘러싼 남용 사례가 다수 발생하여 왔다. 많은 EU 사법재판소의 판례가 나와 있지만, 해외근로자파견지침은 서비스 제공의 자유를 촉진하는 현 TFEU Art. 62를 근거로 제정된 것으로, 수용국에서 일률적이고 강행적으로 적용되는 최저 노동기준을 넘는 보호에 미치는 규제는, 송출국 기업의 서비스 제공의 자유를 침해하는 것으로 해석되어 왔다. EU 사법재판소는 이러한 견해를 쟁의행위에도 적용한 것이다. 신자유주의적인 경향이 강했던 이 시기의 EU를 상징하는 판례이기도 하다.

이 시기에는, 2008년에 EU 사법재판소는 단체협약을 준수하는 것을 공공조달의 요건으로 하는 독일의 주법(州法)은, 그러한 단체협약이 일반적 구속력이 부여되지 않은 단체협약이어서 일률적이고

64) Regulation (EC) No 883/2004 of the European Parliament and of the Council of 29 April 2004 on the coordination of social security systems.

강행적인 효력을 갖고 있지 않다는 이유로 서비스 제공의 자유를 위반한다고 판단하였다(C－346/06 Dirk Rüffert v Land Niedersachsen).[65] 그러나, 그 후 개정된 해외근로자파견지침(Directive (EU) 2018/957)[66]에서 일반적 구속력 선언을 대체하는 지역적인 제도를 통해서도 일률적·강행적 효력을 창설할 수 있음이 인정되었고, 또한 이 개정지침의 제정 시에는 '동일 장소에서의 동일노동 동일임금 원칙'이 슬로건이 되어, 종래의 최저임금 보장이 아니라, 임금 전반을 규제하는 것이 허용되게 되었다. 이 지침을 이행하기 위하여 개정된 노동자송출법에 따라 현재 독일에서는 최저임금을 초과하는 임금의 보장이 의무화되어 있으며, 2023년 9월 시점에 독일에서는 공공조달의 입찰요건으로 해당 지역에 적용되는 단체협약을 준수하도록 의무화하는 협약준수법(Gesetz für Tarifbindung)을 제정할 방침이라고 한다.

EU 동방 확대의 영향과 더불어, 2008년의 리먼 쇼크로 인해 야기된 경제위기도 노동시장의 유연화를 부득이하게 하는 것이었다. 경제위기에 대해 EU는 일련의 조치로 대응하였지만, 각국에 대한 구제조치는 그 대가로 노동시장의 자유화를 요구하는 것이었다. 예를 들어, 그리스에서는 해고제한의 완화, 최저임금의 22% 삭감, 시간 외 노동의 할증임금 삭감, 유기 노동계약 법제의 완화, 노동자파견사업의 허가요건 완화, 노령연금·실업수당의 삭감 등 광범위한 규제 완화가 이루어졌다. 유럽위원회, 유럽중앙은행(European Central Bank, ECB) 및 국제통화기금(International Monetary Fund, IMF)에 의한 개입은 '삼두마차(Troika)'라고 불리는데, 포르투갈, 아일랜드, 키프로스에 이러한 개입이 미쳤다. 스페인도 노동법제의 규제 완화를

65) ECLI:EU:C:2008:189.

66) Directive (EU) 2018/957 of the European Parliament and of the Council of 28 June 2018 amending Directive 96/71/EC concerning the posting of workers in the framework of the provision of services.

피할 수 없게 되었다. 여기에는 임금 결정절차의 검증도 포함되어 있었으므로, 집단적 노동법 재검토도 요구되게 되었다. 이탈리아에서도, Troika의 개입은 이뤄지지 않았지만, Barroso 위원장 아래에서 유럽위원회 위원을 지낸 Mario Monti 총리(1943~)하에서 자동차 제조업체 피아트(Fiat)가 사용자단체에서 탈퇴하고, 기업별 협약을 체결하는 등 단체협약의 분권화가 진행되고, 객관적 사유가 필요 없는 유기 노동계약의 체결이 허용되게 되었다(기간의 상한은 1년). 해고 규제도 완화되어, 해고 무효로 인정되는 경우가 좁혀졌지만, 그 후 판례에서는 좁게 해석되지 않아 실제로는 큰 변경은 발생하지 않았다고도 한다.

유럽 사회권의 기둥(European Pillar of Social Rights)

EU의 동방 확대와 경제위기를 거치면서 약 20년간 신자유주의적 경향이 지배적이었던 EU였지만, 2010년대 후반에 이르러 상황이 변화하게 되었다.

2015년 11월 17일 Jean-Claude Juncker(1954~) 유럽위원회 위원장 아래 유럽 각료 이사회(Council of the European Union), 유럽의회(European Parliament)[67] 및 유럽위원회(European Commission, EC)는 공동으로 '유럽 사회권의 기둥'을 선언했다. '유럽 사회권의 기둥'에서는 역내 시장의 통합을 우선시해 온 EU에서, 사회적 측면(Social Europe)의 복권(復權)을 목표로 하여, (1) 고용기회·노동시장 접근에서의 평등, (2) 공정한 노동조건, (3) 사회적 보호 및 포섭이

67) 유럽의회는 EU의 입법 기구로, 유럽의회 의원(Member of the European Parliament, MEP)은 27개 회원국의 시민들에 의해 5년에 한 번씩 직접 선거로 선출된다. EU 입법부의 하원 역할을 하는 기구로 평가된다. 반면, EU의 상원(上院) 역할을 하는 기구는 유럽 각료 이사회(Council of the European Union)이다. 유럽의회는 법안을 발의하는 권한은 없지만, European Commission(유럽위원회 또는 유럽 집행위원회)가 제안한 법안을 거부하거나 수정할 수 있다.

〈표 4-1〉 '유럽 사회권의 기둥'의 20개의 기본원칙

고용기회·노동시장 접근에서의 평등	공정한 근로 조건	사회적 보호 및 포섭
1. 교육, 직업훈련 및 평생학습 2. 남녀평등 3. 기회균등 4. 적극적인 취업 지원	5. 안정적이고 적응성 있는 고용 6. 임금 7. 노동조건 및 해고 시 보호에 관한 정보 제공 8. 노사대화와 근로자 참여 9. 일생활균형 10. 건강, 안전 및 충분 적응성이 있는 취업 환경 및 데이터 보호	11. 육아와 아동을 위한 지원 12. 사회적 보호 13. 실업 급부 14. 최저 소득 15. 노령 시의 소득 및 노령연금 16. 의료 17. 장애인의 포섭 18. 장기간의 돌봄 19. 주택 및 노숙자에 대한 지원 20. 필수 서비스에 대한 접근

라는 세 가지 목표하에, 20개의 기본원칙이 보장된다는 것을 명확히 하였다(<표 4-1>).

'유럽 사회권의 기둥'은 법적 구속력을 갖지 않는 선언이었기 때문에, 당초 그 실효성에는 많은 의문도 제기되었지만, 2019년 12월 1일에 취임한 현 Ursula von der Leyen 유럽위원회 위원장(1958~) 아래서, 유럽위원회는 2020년 1월 14일에 '정의로운 전환을 위한 강력한 사회적 유럽(A Strong Social Europe for Just Transitions)'라는 제안(Communication)[68]을 발표하고,[69] '유럽 사회권의 기둥'에

68) 유럽 집행위원회의 'Communication'은 집행위원회가 EU의 다른 기관들, 회원국 정부, 공공 및 민간의 이해관계자에게 특정한 문제에 관한 정책 제안, 전략, 계획을 설명하고 제시하기 위해 사용하는 공식 문서로, 법적 구속력은 없으나, 정책의 방향성을 제시하고 의견 수렴을 위한 토대를 마련하는 역할을 한다.

69) Communication and Annex on a Strong Social Europe for Just Transitions.

기재된 권리와 원칙을 조속히 현실화할 것임을 밝혔다. 그리고, 이후 줄줄이 지침이 제정되면서 EU 노동법은 다시 새로운 국면을 맞고 있다.

또한, 2019년에는 유럽 노동국(European Labor Authority, ELA)이 창설되어(본부는 슬로바키아의 Bratislava에 설치되었다), EU 역내를 이동하는 노동자에 대해 최저 노동기준의 준수를 확보하기 위하여, 각국의 노동감독국의 정보 공유를 도모하게 되었다.

'유럽 사회권의 기둥' 이후, 노동조건지침(EU 2019/1152),[70] 개정 부모 등의 일-생활-균형 지침(EU 2019/1158),[71] 공익신고자 보호 지침(EU 2019/1937),[72] 최저임금 지침(EU 2022/2041),[73] 임금 투명화 지침(EU 2023/970)[74]으로 잇달아 지침이 개정 및 제정되고 있다.

최저임금 지침에서는, 각국에 적정한 수준의 법정 최저임금을 정하도록 요구함과 동시에, 단체협약의 적용(cover) 비율을 전체 노동자의 80%에 이르게 하기 위한 행동 계획(action plan)을 수립하도록 요청되고 있다. 적정한 최저임금의 수준이란, 세금을 포함한 임금액의 중앙값(gross median wage)의 60%이고, 동시에 세금을 포함

---

70) Directive (EU) 2019/1152 of the European Parliament and of the Council of 20 June 2019 on transparent and predictable working conditions in the European Union.

71) Directive (EU) 2019/1158 of the European Parliament and of the Council of 20 June 2019 on work-life balance for parents and carers and repealing Council Directive 2010/18/EU.

72) Directive (EU) 2019/1937 of the European Parliament and of the Council of 23 October 2019 on the protection of persons who report breaches of Union law.

73) Directive (EU) 2022/2041 of the European Parliament and of the Council of 19 October 2022 on adequate minimum wages in the European Union.

74) Directive (EU) 2023/970 of the European Parliament and of the Council of 10 May 2023 to strengthen the application of the principle of equal pay for equal work or work of equal value between men and women through pay transparency and enforcement mechanisms.

한 임금액의 평균값(gross average wage)의 50%로 정해졌다(5조 4항).

임금 투명화 지침이란, EU의 남녀 임금 격차 13%의 축소를 목표로, 차별금지 법리를 더욱 강화하고 기업에 임금 평가(assessment)를 의무화하는 것이다. 일본에서 2022년에 도입된 남녀 임금 격차의 개시(開示)의무를 훨씬 뛰어넘는 규제이다.

플랫폼 노동자의 근로자성 추정 규정을 도입하는 플랫폼 노동 지침도 2023년 6월에 채택될 것으로 보인다.[75] 또한, 기업에 인권 준수 및 환경에 대한 배려를 위한 평가(assessment)를 의무화하는 실사 지침안도 2022년 2월 23일에 공표되었다.[76]

EU법상의 노동자 개념

이제 본서의 주된 주제인 노동자 개념에 대한 EU법의 내용을 설명하고자 한다. 이 주제에 관해서도, 노동자 보호를 적극적으로 인정하는 EU 사법재판소 판례의 특징이 드러나고 있다.

EU법에서는 1차법 및 다수의 지침에 대하여 각 회원국법에서의 노동자 개념이 아니라, EU법의 독자적인 노동자 개념이 적용된다. 각국의 노동자 개념에 맡기면, EU에서의 통일적인 법 적용이 방해됨에 따라, EU 사법재판소는 각 회원국 법의 노동자 개념을 상정하고 있는 것으로 보이는 지침에서도 EU법상의 노동자 개념의 적용을 인정하는 경향이 있다. EU법상 노동자의 판단기준을 제시한 유명한 선결 재정(preliminary ruling)이 1986년 7월 3일 Lawrie–Blum v Land Baden–Württemberg 선결 재정이다(Case 66/85 Lawrie–Blum [1986] ECR 2121).[77] 이 사건에서는 영국 국적을 가진 Lawrie–Blum

75) 유럽의회는 2024. 4. 24. 플랫폼 노동의 노동조건 개선에 관한 지침을 의결했다.

76) 유럽의회는 2024. 4. 24. 기업 지속가능성 실사 지침(EU Corporate Sustainability Due Diligence Directive, CSDDD)을 의결했다.

77) ECLI:EU:C:1986:284.

이 교원 자격을 취득하는데 필요한 독일에서의 교육실습 참가가 국적을 이유로 인정되지 않은 것이 노동자 자유 이동 원칙에 반한다고 판단되었다.

EU 사법재판소는 다음과 같이 판시했다.

> 노동자의 자유 이동은 공동체의 기본원칙이므로 (…) 노동자의 개념은 각 회원국법에 따라 다르게 해석될 수 없으며, 공동체법상의 의의가 있다. 공동체법상의 노동자의 개념은 기본적 자유의 적용범위를 획정하는 것이므로, 넓게 해석되어야 한다.
>
> 이러한 개념은 당사자의 권리 및 의무에 관하여 노동관계를 특징짓는 객관적인 기준에 따라 정의되지 않으면 안 된다. **노동관계의 본질적인 요소는, 어떤 사람이 일정 기간 다른 사람을 위하여 그 지휘명령에 따라 급부를 하고, 반대급부로서 보수가 지급된다는 점에 있다.** (강조표시는 인용자)

"노동관계의 본질적인 요소는, 어떤 사람이 일정 기간 다른 사람을 위하여 그 지휘명령에 따라 급부를 하고, 반대급부로서 보수가 지급되는 점에 있다"라고 하는 문구는 그 후 'Lawrie-Blum의 정식(Doctrine)'으로 불리게 되었다.

현재, EU 사법재판소는 노동자를 폭넓게 해석하고 있다. 예를 들면, 회사의 업무집행기관인 이사회와 의사결정 기관인 감사회가 분리된 2원적 회사 제도를 취하고 있는 라트비아법을 전제로 하여, 대표이사 사장의 근로자성이 인정된 것(Case C-413/12 Dita Danosa)[78] 외에, 유급 자원봉사라고 할 수 있는 소방관의 노동시간 지침(2003/88/EC)[79]에서의 근로자성이 긍정되었다(Case C-518/15 Ville de Nivelles v Rudy Matzak).[80]

78) ECLI:EU:C:2010:674.

79) Directive 2003/88/EC of the European Parliament and of the Council of 4 November 2003 concerning certain aspects of the organisation of working time.

80) ECLI:EU:C:2018:82.

2014년에는 네덜란드 국내법에서 자영업자로 여겨지던 임시 악단원의 노동조건을 정하는 단체협약이 카르텔 금지를 정하는 TFEU Art. 101(1)[81]에 위반하지 않는지에 관한 중요한 선결 재정이 내려졌다(Case C-413/13 FNV Kunsten Informatie en Media v Staat der Nederlanden).[82] 노동자의 노동조건을 정하는 단체협약이라면 카르텔 금지의 예외로 인정되기 때문에, 임시 악단원이 사업자가 아닌 노동자라고 할 수 있는지가 문제가 되었다.

EU 사법재판소는 Lawrie-Blum의 정식을 제시한 다음, 임시 악단원이 오케스트라와의 종속관계가 없다고 할 수 있는지, 즉 리허설 및 콘서트의 시간, 장소 및 실시방법의 결정에 관하여 동일한 활동에 종사하는 노동자보다 광범위한 자율성과 유연성이 인정되었는지를 심사하도록 회부 법원(referring court)에 명했다.

2019년의 '노동조건 지침'

'유럽 사회권의 기둥'에 근거한 최초의 입법이 2019년의 'EU에서의 투명하고 예견 가능한 노동조건에 관한 EU 의회 및 이사회 지침 2019/1152호'[83]이다(이하는 "노동조건 지침"이라고 한다). 이 지침은, 특히 불안정한 취업으로서 문제가 되고 있던 영(0) 시간 계약(zero-hour contract, 사전에 노동시간을 정하지 않고, 일이 있을 때만 호출하는 계약. '호출 노동'이나 'on-call work'라고도 한다)에 대해 미리 노동시간을 정할 의무를 부과하는 한편, 각 회원국에 무상 직업훈련 기회의 제공이나 해고를 제한하기 위한 규제의 도입을 요청하고 있다. 노동조건 지침은, 처음으로 EU가 노동계약 내용의 규율까

81) TFEU Article 101 (ex Article 81 TEC).

82) ECLI:EU:C:2014:2411.

83) Directive (EU) 2019/1152 of the European Parliament and of the Council of 20 June 2019 on transparent and predictable working conditions in the European Union.

지 깊이 파고든 것이다. 그러나 예를 들어 독일에서는, 이미 영(0)시간 계약에 관한 규제는 오래전부터 존재했고, 해고 규제도 EU 각국에 이미 존재하고 있었다. 그 때문에, 동 지침의 국내법화의 영향은 그리 큰 것은 아니었다고 할 수 있다.

주목할 만한 점은, 노동조건 지침(안)에서는 EU 사법재판소에 따른 노동자의 정의 명문화가 예정되어 있었다는 것이다. 동 지침(안)[84]에서는 "'노동자(worker)'란 보수와 교환하여, 다른 사람의 지휘명령에 따르고, 일정 기간 역무를 제공하는 자연인이다"라고 하는 조항이 규정되어 있었다(동 지침(안) 2조 1항(a)). 이 정의는 전술한 'Lawrie－Blum의 정식'을 명문화한 것이었지만, 플랫폼 노동자를 포함한 폭넓은 일하는 방식을 포함하는 것이라는 점이 동 지침(안)의 이유(Explanatory memorandum)에서 설명되어 있었다.

그러나, 안타깝게도 EU 각료이사회(Council of the European Union)의 반대에 따라, 제정된 노동조건 지침에서는 노동자 개념의 명문화는 실현되지 못했다. 최근에는 EU 사법재판소의 판단은 각국에서 수용되고 있다고 할 수 있다. 다만, 노동법의 열쇠가 되는 노동자 개념이 EU법상 명문화되는 것은 각국의 권한을 위협하는 것으로 여겨졌을 수도 있다. 필자가 독일인 연구자에게 들은 바로는, EU법상의 노동자 개념이 독일법상의 노동자 개념보다 폭넓게 해석되는 것에 관해서는 견해가 일치하지만, 이것을 국내법에서 구별하여 사용하는 것은 불가능하며, 국내법으로 이행할 수 없으므로, 누구도 EU법상의 노동자 개념의 명문화를 원하지 않는다는 것이었다.

노동자의 정의조항은 규정되지 않았지만, 그 대신 모든 노동자에게 최저한도의 권리를 보장한다는 취지의 동 지침의 목적을 정한 조

84) Proposal for a DIRECTIVE OF THE EUROPEAN PARLIAMENT AND OF THE COUNCIL on transparent and predictable working conditions in the European Union.

항(1조 2항)에서 'EU 사법재판소의 판례를 고려하여(with consideration to the case-law of the Court of Justice)'라는 문언이 추가되게 되었다. 이에 따라 근로자성에 대해서는 EU의 확정된 판례(case-law)에 따라야 한다는 점을 명확히 한 것으로 해석되고 있다.

노동조건 지침의 전문(8)은 전술한 동 지침(안)의 설명이 재차 게재되어 있어, 본 지침의 적용 대상자가 넓게 상정되어 있다는 점을 보여주고 있다. 번역하면 다음과 같다.

> EU 사법재판소는 판례를 통해 근로자성의 기준(criteria for determining the status of a worker)을 명확히 해왔다. 이러한 EU 사법재판소의 기준에 관한 해석은 본 지침의 이행에 있어서 고려되어야 한다. 가사사용인(domestic workers), 호출 노동으로 취업하는 노동자(on-demand workers), 간헐적 노동에 종사하는 노동자(intermittent workers), 바우처에 따라 일하는 노동자(voucher based-workers), 플랫폼 노동자(platform workers), 실습생(trainees) 및 견습생(apprentices)이 이러한 기준을 충족하는 경우, 그들은 본 지침의 적용 범위에 포함된다. 자영업자 지위(status of self-employed persons)의 남용은 (……) 종종 허위 신고된 노동(falsely declared work)의 한 형태인데, 이는 종종 미신고 노동(undeclared work)과 연관된다. 위장 자영업(bogus self-employment), 어떤 사람이 일정한 법적 의무 및 납세 의무를 면하려고 고용 관계를 보여주는 전형적인 기준을 충족하고 있음에도, 자영업자라고 신고하는 경우에 발생한다. 그러한 사람은 본 지침의 적용 범위에 포함된다. 고용 관계의 존재는 그들의 관계에 대한 당사자들의 설명(parties' description of the relationship)이 아니라, 실제의 노동 수행(actual performance of the work)과 관련된 사실에 기초하여 이루어져야 한다.

이러한 경위로 볼 때, EU 사법재판소의 판례에 따른 노동자 정의의 명문화는 실현되지 않았지만, 본 지침은 판례로 확립된 노동자 개념에 기초하고 있다고 해석하는 것이 적절하다고 할 수 있다.

참고로, 노동조건 지침에서는 회원국은 어떠한 가구(households)

를 위하여 노동이 수행되는 경우에 그러한 가구 내 자연인(natural persons in households)이 사용자일 경우에는 동 지침의 일부 조항의 적용을 제외하는 것이 가능하다고 규정하고 있다(1조 7항). 사인(私人)이 플랫폼을 통해 가사사용인을 고용 경우에는, 플랫폼이 계약조건을 정하고 있음에도 불구하고, 사인이 사용자로 되어 동 지침은 적용되지 않는 것으로 된다. 이러한 문제점이 지적되는 가운데, 유럽위원회(European Commission)의 평가(assessment)에서는 노동조건 지침은 플랫폼 노동자의 3%에만 적용되고 있음이 판명되었다. 그리하여, 유럽위원회는 플랫폼 노동을 대상으로 하는 지침 제정에 착수하게 되었다.

제5장

'근로자성' 확장하기

디지털화와 긱 워크

긱 워크의 문제는 디지털화가 진행 중인 유럽과 미국에서 최로로 주목받았다. 2008년에는 숙박 공유업체인 에어비앤비(Airbnb), 2009년에는 우버(Uber)가 설립되었다. 긱 워크는 2010년대 후반부터 노동법학에서 널리 알려지게 되었다.

예를 들어, *Comparative Labor Law & Policy Journal*에서는 2016년에 긱 워크 특집호가 편성되었다. 이 저널에서 Martin Gruber−Risak(1969~)은 클라우드 워크를 위탁자인 클라우드 소서가 인터넷상의 플랫폼을 통해 무수한 클라우드 워커에게 세분화된 작업(영상 진단, 데이터 정리나 짧은 문장의 교정 등의 마이크로 태스크)을 위탁하지만, 클라우드 소서와 클라우드 워커 사이에 직접적인 계약 관계는 존재하지 않는 일하는 방식이라고 정리하고 있다.[1] Risak는 그 예로 아마존의 Mechanical Turk와 독일의 Clickworker를 들고 있다. Risak은 몇 분 만에 끝나는 마이크로 태스크는 일정한 계속성이 요구되는 노동관계로 평가하기 어렵다고 밝혔다. 또한, 가내 노동법

1) Adams−Prassl, Jeremias and Gruber−Risak, Martin, Uber, Taskrabbit, & Co: Platforms as Employers? Rethinking the Legal Analysis of Crowdwork (February 16, 2016). Comparative Labor Law & Policy Journal, Forthcoming, Oxford Legal Studies Research Paper No. 8/2016, Available at SSRN: https://ssrn.com/abstract=2733003

의 적용에 대해서도 오스트리아법에서의 '물건의 제조, 가공 또는 포장'에 해당하지 않는다고 밝히며, 부정적으로 해석하였다.

이 저널에 기고했었던 영국의 Jeremias Adams-Prassl은 2018년에 저서[2]도 출간하여, 주로 미디어의 보도를 소재로 하여 긱 워크의 실태와 문제점을 생생하게 그려냈다.

Prassl은 긱 워크의 구체적인 예로서, 영상 진단 등의 사소한 일을 제공하는 아마존의 Mechanical Turk, 배차 서비스인 Uber, Lyft, 음식 배달 서비스인 Deriveroo, 가사 서비스 등의 TaskRabbit 등을 들면서, 이들의 총칭으로서 '긱 워크'라고 하는 용어를 사용하고 있다. 그리고, 클라우드 워크는 긱 워크 중 완전히 온라인 상에서 완결되는 일을 가리키는 한편, 긱 워크는 특히 플랫폼을 통해 중개되지만 오프라인에서 이루어지는 일이라고 설명하고 있다. Prassl의 정리로 긱 워크의 특징과 문제점이 선명하게 드러난다.

먼저, 긱 워크는 '주문형'의 단발성 저숙련 업무로, 고정된 직장이 없으므로 긱 워커는 고립되어 있다. 긱 워크는 저임금이고, 여성, 청년, 외국인 등 노동시장에서의 약자가 많다는 점에서 비정규 고용의 특징과 일치하지만, 알고리즘에 의한 감독(control)이라는 새로운 문제가 대두된다.

알고리즘을 통해 사용자는 구체적인 지시를 하지 않고서도 노동을 감독할 수 있게 된다. 예를 들어, 일의 할당과 품질의 관리도 알고리즘이 수행한다. 긱 워커는 원하는 때 일할 수 있다는 점에서는 자유롭지만, 실제로는 작업의 의뢰(offer)를 취소(cancel)하면 다음 의뢰를 받기 어려워지고, 계정이 정지될 수도 있다. 고객의 평가(rating)에 따라 보상이 달라지므로, 사실상 특정한 플랫폼에 '포획'되는 셈이다.

2) Prassl, Jeremias. (2018). Humans as a Service: The Promise and Perils of Work in the Gig Economy. Oxford University Press.

원하는 때에 일할 수 있고, 구체적인 지휘·감독을 받지 않는다는 점에서, 법적으로는 먼저 긱 워커는 애초에 노동자라고 할 수 없는 것 아닌가 하는 것이 문제가 된다. 근로자성의 문제이다. 또한, 복수의 플랫폼 사업자가 관여하는 경우에는 누가 사용자인가 하는 사용자성도 문제가 된다. 그리고, 설령 이러한 문제가 해결된다고 하더라도, 잘게 쪼개진 업무이기 때문에 노동시간의 산정이 어렵고, 최저임금의 지급을 어떻게 확보할 것인가 하는 문제가 발생한다.

이러한 특징과 문제점은 바로 우버이츠의 배달원이나 아마존의 하청 운송업체와 업무위탁 계약을 맺은 운전사에게 해당하는 것이다.

미국의 ABC 테스트

긱 워커의 근로자성은 플랫폼 경제를 선도하는 미국에서 가장 먼저 다투어졌다. 법원에서는 2015년에 우버 운전자의 근로자성을 다투는 집단소송(class action)을 인정하는 판결[3]이 나와 주목을 받았고, 2018년 캘리포니아주 대법원이 택배 배달을 하는 운전자의 근로자성을 인정하면서(Dynamex 사건),[4] 동 대법원이 근로자성의 판단기준으로 제시한 'ABC 테스트'가 큰 주목을 받았다. ABC 테스트는 다음 세 가지 기준에 근거하여 근로자성이 추정되며, 사용자가 노동자가 아님을 증명해야 한다는 것이다.

A. 위탁자에 의한 지휘·감독을 받지 않았을 것

3) O'Connor v. Uber Technologies, Inc., No. C−13−3826 EMC, 2015 WL 1069092 (N.D. Cal. Mar. 11, 2015).

4) Dynamex Operations West, Inc., v. The Superior Court of Los Angeles County and Charles Lee, Real Party in Interest, (2018) 4 Cal.5th 903, 232 Cal. Rptr. 3d 1, 416 P.3d 1.

B. 위탁자의 통상적인 사업 과정에 포함되지 않는 업무를 제공하고 있을 것
C. 독립된 사업자로서 해당 직업 또는 사업을 수행하고 있을 것

이러한 기준 중에서, A의 지휘명령 구속력에 대하여 위 판결은 "계약상의 권리 또는 실제의 관행(actual practice)으로서" 일정한 감독에 따르고 있다면 그것이 인정되며, 나아가 "업무의 성격 및 당사자 간의 일반적인 배치(arrangement)"에 따라 업무 내용을 상세히 지시할 필요가 없는 경우에도 인정될 수 있다고 밝히고 있다. 지휘명령 구속성의 충족이 느슨하게 판단되고 있음을 알 수 있다.

B의 기준은, 위탁자의 사업의 중심적인 업무에 종사하고 있는 경우 근로자성이 추정된다는 것을 의미한다. '통상의 사업 과정에 포함되지 않는 업무'는 외주(外注)에 익숙한 임금 계산, 회계 및 IT 서비스가 고려될 수 있다고 해석된다. 이에 따라 우버나 리프트의 운전기사는 확실히 배달 서비스 자체를 제공하고 있으므로, B를 충족하지 못하게 된다.

C의 독립된 사업자라고 하는 기준에 대하여, 위 판결은 법인화(法人化)되어 있는지, 면허가 필요한지, 공중을 대상으로 광고를 하고 있는지 등의 예를 들고 있다. 이것도 위탁자에게 엄격한 기준이며, 이 기준을 충족하는 자영업자는 제한적이라고 할 수 있다.

2019년 9월 18일 캘리포니아주에서 성립한 AB5(Assembly Bill 5)는 ABC 테스트를 입법화한 캘리포니아주 노동법전(California Labor Code)의 개정법[5)]이다. 이 법에는 최저임금, 산재보상, 실업보험 및 질병·가족휴가의 보호가 규정되어 있다. 그 밖의 주에서도 ABC 테스트는 임금 및 근로시간 규제와 실업보험 적용 노동자의 기준으

5) An act to amend Section 3351 of, and to add Section 2750.3 to, the Labor Code, and to amend Sections 606.5 and 621 of the Unemployment Insurance Code, relating to employment, and making an appropriation therefor.

로 사용되고 있다. 그러나, AB5에는 로비 활동의 결과로 많은 직업을 적용제외로 하는 취지의 명시적인 조항이 규정되었고, 이러한 적용제외는 이후 법 개정을 통해 더욱 확대되었다.

적용제외 규정의 내용은 복잡하지만, 예를 들어 의사, 치과의사, 정신분석의, 발 치료사, 수의사, 보험 대리인, 주식 중개인, 변호사, 회계사, 엔지니어, 부동산 중개인, 건축가, 대리상, 인사 서비스 제공자, 여행 대리인, 그래픽 디자이너, 아티스트, 프리랜서, 사진작가, 만화가, 건설 하청업체, 이벤트 기획자, 반려견 산책인, 반려동물 미용사, 웹 디자이너, 수영장 청소부, 정원사, 어부, 음악계의 다양한 활동을 포함한 다양한 직업이 적용제외로 되어 있다.

나아가, AB5는 이에 반대하는 우버, 리프트 및 도어대시(DoorDash) 등의 배송 서비스를 제공하는 플랫폼 기업이 대대적으로 캠페인을 벌였기 때문에, 2020년 11월 3일 주민투표로 플랫폼을 통하여 배송하는 운전자에게는 ① 24시간 동안 12시간을 상한으로 하는 노동시간, ② 취업 중 사고에 대한 보상, ③ 지역의 최저임금의 120% 보장(대기시간을 제외) 및 ④ 주 15시간 이상 일하는 운전자에 대한 건강보험의 보장을 인정하는 대신에, 자영업자(independent contractor)임을 인정하는 법률(Proposition 22)[6]이 약 59%의 찬성으로 통과되어 이러한 종사자에게는 AB5가 적용되지 않게 되었다.

한편 오바마 정부 시절 노동부 차관(United States Deputy Secretary of Labor)을 지낸 Seth D. Harris와 경제학자 Alan Krueger는 2015년 배차 서비스의 운전자와 음식 배달 배달원 등 온라인 플랫폼을 통해 취업하는 자를 '독립 노동자(independent worker)'라고 명명하고, 일부 노동법의 규제를 적용해야 한다고 주장하는 논문을 발표했다(Prassl은 Krueger에 대하여 플랫폼 기업과 협업하는 경우가 많다고 평했다). 적용되어야 할 규제로는 노동조합 결성, 단체교섭, 산업재해,

6) 2020 California Proposition 22.

저비용의 사보험 제공, 차별로부터의 보호 등이 제안되었다. Harris & Krueger는 배차 서비스 기사들은 두 개의 앱을 동시에 사용하기도 해서, 노동시간의 계산이 어렵다는 것을 이유로, 노동시간 및 최저임금 규제는 적용해서는 안 된다고 밝혔다.

Harris & Krueger는 긱 경제라는 새로운 성장 부문을 육성할 필요성을 강조하며, 성장을 저해하지 않도록 일부의 노동법 규제만을 적용하는 것을 주장하고 있다. 그들이 주장하는 '독립 노동자'는 후술할 노동자와 자영업자의 중간에 위치하는 '제3의 범주'를 미국 법에 마련해야 한다는 주장이라고 할 수 있는데, 결국 Proposition 22를 통해 앱을 통하여 배달하는 운전자는 Harris & Krueger가 주장한 바와 같은 '제3의 범주'에 자리매김했다고 할 수 있다.

프랑스

프랑스에서는 2018년부터 2020년에 걸쳐 최고심(最高審)에서 음식배달 업체인 Take Eat Easy 배달원[7]과 우버의 택시기사[8]의 근로자성이 긍정되었다. 프랑스에서는 지휘명령 구속성에서 인정되는 법적 종속(subordination juridique)이 근로자성의 정의라고 하는데, 우버 판결에서는 계약조건은 우버가 일방적으로 결정하고, 운전사는 자기의 고객을 확보할 수 없었던 점, 우버가 지정한 경로와 다른 경로를 선택하면 보수가 삭감된 점, 세 번 주문(offer)을 거절하면 오프라인으로 되고, 취소율이 일정 비율을 넘으면 계정이 정지된다는 경고를 받거나, 기타 바람직하지 않은 행위에 대하여 제재를 가한 점 등을 들어 법적 종속이 긍정되었다. 프랑스에는 사업자로 상업 등록(registre du commerce)을 하면 자영업자로 추정된다고 하는 노동법전의 규정(L. 8221-6)이 있고, 우버는 운전사에게 이러

7) Cour de cassation, civile, Chambre sociale, 28 novembre 2018, 17-20.079.
8) Cour de cassation, civile, Chambre sociale, 4 mars 2020, 19-13.316.

한 등록을 하게 하였다. 그러나, 파기원(cour de cassation)은 이러한 추정은 반증될 수 있다고 하면서 근로자성을 긍정했다.

그러나, 2022년에는 르 캡(Le Cab)의 배차 서비스 운전사의 근로자성을 부정하는 판결[9]이 내려져 우버 사건과의 정합성이 문제가 되었으나, 2023년에는 다시 우버의 택시 운전사[10]와 음식배달 업체 볼트(Bolt) 배달원[11]의 근로자성이 긍정되어, 근로자성을 폭넓게 해석하는 최고법원 판결의 경향을 다시 한번 확인할 수 있다.

한편, 프랑스에서는 플랫폼 노동자를 보호하기 위한 입법도 일찍이 이루어졌다. 2016년 엘 콤리법(Loi El Khomri de 2016)은 플랫폼 사업자에게 플랫폼을 통해 서비스를 제공하는 자영업자에 대하여 산재보험에 임의 가입하는 경우 일정한 보험료나 법정 직업훈련 갹출금의 부담을 규정하는 외에 조합의 결성·가입이나 단체행동을 보장했다. 또한, 2019년 12월 24일의 교통수단법(loi d'orientation des mobilités)에서는 플랫폼을 이용하여 운송차량 운전업무 또는 2륜 3륜 차량으로 상품배송업무를 하는 자영업자를 적용대상으로 하여, 플랫폼 사업자에게 업무 내용, 거리, 최저보장요금, 공제 수수료 제시 및 사업내용의 공표의무를 부과하였다. 또한, 취업조건 등을 규정한 '사회헌장(charte sociale)'을 작성하여 이를 행정관청에 신고하여 인가를 받을 경우, 그 사회헌장을 인터넷에 공표하여 계약에 첨부하는 제도를 규정하여, 계약 내용의 투명성을 높이는 규정을 도입하였다.

법안 단계에서는 인가된 '사회헌장(charte sociale)'이 있는 경우에는, 전술한 자영입자의 추정 규정을 뒤집는 것은 어렵다는 취지의 규정이 있었지만, 동 법안의 입법 과정에서의 위헌심사에서 헌법위원회(Cour constitutionnelle)가 동 규정을 위헌으로 판단[12]하여,

9) Cour de cassation, civile, Chambre sociale, 13 avril 2022, 20－14.870.
10) Cour de cassation, civile, Chambre sociale, 25 janvier 2023, 21－11.273.
11) Cour de cassation, civile, Chambre sociale, 15 mars 2023, 21－17.316.

이 규정은 법안에서 삭제되었다. 2020년에는 전술한 우버 판결이 나왔으므로, 특별법의 제정에 따라 플랫폼 노동자의 근로자성 판단이 특별히 영향을 받지는 않았다고 할 수 있다(이 점은, 예를 들어 독일에서는 특정 직업집단을 위한 특별법이 제정되면, 그 직업에 종사하는 자는 '제3의 범주'에 규정되어, 근로자성은 부정되게 된다는 경향이 보이지만, 프랑스에서는 반드시 그렇다고는 할 수는 없다).

그 후, 2021년 4월 21일자 오도낭스(ordonnance)[13]에 의해 자동차 운전에 의한 운송업 및 자전거에 의한 상품 배송업의 두 업종에 대하여, 플랫폼 사업자와 플랫폼 노동자 간의 단체교섭·단체협약의 법적 프레임이 정해졌고, 플랫폼 노동에 관한 정보제공 및 협의의 촉진 등을 임무로 하는 국가 수준 행정기관의 창설이 규정되었다.

이탈리아

이탈리아에서는 2019년에 노동법이 적용되는 범위가 확대되어, 전통적인 '종속 노동(lavoro subordinato)' 외에 '타자에게 조직화된 협동'(collaborazione eterorganizzata)이라고 하는 새로운 개념이 만들어져서, '타자에게 조직화된 협동'에 종사하는 종사자에게도 노동법의 규제가 적용되게 되었다.[14]

계속적으로 노동시간이나 장소 등 발주자에 의해 정해지는 일하는 방식에 따라, 스스로 역무를 제공하는 경우가 '타자에게 조직화된 협동'에 해당한다고 해석되고 있다. '타자에게 조직화된 협동'의 개념에 근거하여, 현재 계속성과 인적인 노동(스스로 역무를 제공하는 것)이 인정되는 플랫폼 노동은 노동관계의 개념에 포함된다고

12) Décision n° 2018-769 DC du 4 septembre 2018.

13) Ordonnance n° 2021-484 du 21 avril 2021 relative aux modalités de représentation des travailleurs indépendants recourant pour leur activité aux plateformes et aux conditions d'exercice de cette représentation.

14) Decreto Legislativo 15 giugno 2015, n. 81.

해석되고 있다. 이에 따라 자영으로 일하는 종사자에게도 넓게 노동자와 같은 권리를 보장되게 되었는데, 이 규제는 단체협약에 따라 다른 규제를 정하는 것이 허용되고 있다. 이 규정에 따라 이탈리아 최대의 노동조합인 이탈리아 일반노동조합(UGL)은 음식배달 플랫폼 업체인 딜리버루(Deliveroo) 및 글로보(Glovo)와 배달원은 자영업자임을 확인하는 대신에, 최저보수의 보장과 보너스를 인정하는 내용의 단체협약을 체결하였다. 그러나, 2019년 법[15]의 취지를 몰각하는 것이라는 비판을 받았고, 노동부는 이러한 단체협약에 대해 법적 구속력을 인정할 수 없다는 의견을 표명하기에 이르렀다.

이탈리아 파기원 사회부는 2020년 1월 24일 2019년 법(Decreto Legge 3 settembre 2019, n. 101.)에 따라 플랫폼 푸도라(Foodora)를 통해 레스토랑 음식의 배송을 하는 운전사에게는 해고에 관한 규제가 적용된다고 판단했다.[16] 이 판결은 운전사의 근로자성에 관해서는 판단하지 않았지만, 이 배송 서비스는 '타자에게 조직화된 협동'으로 인정되어 해고 관련 규정이 적용된다고 판단했다. 원심인 토리노 항소법원은 배달원이 30분 이내에 음식물을 배달해야 하고, 이를 지키지 않으면 페널티도 부과된 점, 푸도라가 교대시간(shift)을 결정하고 있던 점, 배달원은 배달 종료 후 보고해야 했던 점 등을 들어 '타자에게 조직화된 협동'에 해당한다고 판단했고, 파기원도 이를 지지했다.[17] 하지만, 원심은 배달원은 일을 맡을 의무가 없고, 교대시간이 시작되더라도 취소할 수 있었던 점, 배달원은 푸도라가 제공하는 교대시간을 자유롭게 선택할 수 있었던 점, 푸도라가 패닐티를 부과한 적은 한 번도 없었던 점, 배달원의 평균 주당 근로시간은 20시간 미만으로 적었던 점, 계약에서는 자영업이라는 점이 명기되어 있었던 점에서 배달원의 근로자성은 부정하고

15) Decreto Legge 3 settembre 2019, n. 101.
16) Corte di Cassazione, sentenza 24 gennaio 2020 n. 1663.
17) Corte d'Appello di Torino, 4 febbraio 2019 n. 26.

있었다. 이 점에 대해서는 배달원 측이 상고하지 않았기 때문에, 파기원은 배달원의 근로자성에 관해서는 판단을 하지 않았다.

‘타자에게 조직화된 협동’에 어디까지 노동법의 규제가 적용되는지는 법적으로 명확하지 않으며, 지금까지 판례에 의해 안전보건, 차별금지법, 그리고 위 판결에 의해 해고에 관한 규제가 타자에게 조직화된 협동’에 종사하는 자에게 적용된다는 것이 인정되었다.

‘타자에게 조직화된 협동’은 노동자와 자영업자 사이의 중간적인 카테고리에 해당한다고 할 수 있다. 그러나 파기원이 음식 배달원의 근로자성에 관하여 판단하지는 않았지만, 근로자성을 부정한 것은 아니므로, 이후 하급심에서는 음식 배달원의 근로자성을 인정한 것도 있다. 2020년 11월 24일 팔레르모 지방법원(Tribunale di Palermo)은 EU법에 비추어 글로보 배달원의 근로자성을 긍정하는 판결을 내렸고,[18] 2022년 4월 20일 밀라노 지방법원(Tribunale di Milano)도 배달원의 근로자성을 긍정했다.[19] 두 법원은 플랫폼 업체가 일방적으로 계약조건을 결정했던 점, 배달원은 사업자로서의 위험을 부담했다고 볼 수 없는 점에서 근로자성을 인정했다.

또한, 이탈리아에서는 볼로냐 지방법원(Tribunale di Bologna)의 2020년 12월 31일 판결도 주목받았다. 이 판결에서는 딜리버루(Deliveroo)의 배달원에 대하여 알고리즘에 의해 일의 배분이 결정되지만, 질병이나 ‘정당한 요구’(파업)에 의한 결근을 고려하지 않는 시스템은 간접차별에 해당한다고 판단되었다.[20] 이 판결은 알고리즘에 의한 관리에 차별금지법을 적용한 판결로 매우 큰 주목을 받았다. 이 판결은 이러한 시스템은 EU의 일반평등대우지침(2000/78/EC)[21]에

18) Tribunale di Palermo, sent. 24 novembre 2020, n. 3570.

19) Tribunale di Milano, sent. 20 aprile 2022, n. 1018.

20) Tribunale Ordinario di Bologna — Sezione Lavoro, n. r.g. 2949/2019, December 31, 2021.

21) Council Directive 2000/78/EC of 27 November 2000 establishing a general

서 금지하고 있는 장애 및 신조를 이유로 한 간접차별에 해당한다고 밝혔다.

또한, 우버가 면접을 본 난민 신청자를 타사를 통하여 우버이츠의 배달에 종사하게 하고, 난민 신청자에게 시간당 3유로만을 지급하는 등 인권 침해적인 취급을 하였다고 하는 사건도 발생했다. 토리노 지방법원은 2021년 11월 18일 이 배달원의 사용자가 우버임을 인정했고,[22] 이 판결은 토리노 항소법원에서도 유지되었다.[23]

스페인

스페인에서는 음식배달 서비스를 제공하는 딜리버루(Deliveroo)가 2013년에, 유사한 서비스를 제공하는 글로보(Glovo)가 2015년에 설립되면서 배달원의 근로자성에 대한 논쟁이 많이 일어났다.

스페인 노동법에는 고용추정 규정이 있으며, 2007년에는 경제적으로 종속된 자영업자(TRADE [Trabajadores autónomos económicamente dependientes])라는 제3의 범주가 도입되었다(Ley 20/2007, de 11 de julio, del Estatuto del trabajo autónomo[24]). TRADE는 자체 생산수단, 장비 및 사업조직을 가지고 있으면서 지속적이고 전속적으로 스스로 역무를 제공하는 것으로 정의된다. 전속성은 하나의 위탁자로부터 수입의 75% 이상을 얻는 경우에 인정되며, TRADE에게는 연차휴가, 노동자 대표기관 선출을 위한 선거권, 단체협약 체결권, 부당해고에 대한 보상 및 노동·사회재판(소) 관할권이 인정된다.

스페인 연방대법원은 2020년 9월 25일 글로보와 배달원들 사이에 고용 관계가 있음을 인정했다.[25] 대법원은 플랫폼 업체인 글로

framework for equal treatment in employment and occupation.

22) Tribunale di Torino, sez. lav., 18 novembre 2021, n. 4991/2020 R.G.L.

23) Corte d'appello di Torino, 13/09/2022.

24) https://www.boe.es/buscar/act.php?id=BOE-A-2007-13409.

25) STS 805/2020, 25 de Septiembre de 2020.

보는 단순히 전자적 중개 서비스를 제공하는 것이 아니라 배달 서비스를 제공하고, 그 가격과 운전자의 임금을 결정한다고 밝혔다. 법원은 배달 서비스 과정을 감독하고 운전자는 그 지시에 따라야 할 의무가 있다고 판단했다. 이 판결은 배달원이 TRADE에 해당한다고 판단한 마드리드 항소법원의 판결[26]을 파기한 것으로, 대법원은 배달원이 자신의 오토바이와 스마트폰을 이용하는 것은 생산수단의 보유로 평가할 수 없으며, Glovo가 일방적으로 정한 보수제도에서 배달원은 스스로 사업자로서의 위험을 보유하고 있었다고 볼 수 없으며, GPS를 통한 위치정보 파악과 등급 시스템에 의해 제재 및 평가를 할 수 있는 감독을 받고 있었다고 평가하였다.

이 판결에 따라 스페인 노동사회경제부(Ministerio de Trabajo y Economía Social)는 새로운 입법을 위한 검토를 시작하였으며, 사회적 파트너(노사단체)와의 협의를 거쳐 2021년 5월 11일 왕실법률(Real Decreto−ley 9/2021, del 11 de mayo)(같은 해 8월 12일 시행)[27]에서 디지털 플랫폼을 통해 상품 배송을 하는 운전자와 플랫폼 사업자 간의 법적 관계를 고용으로 추정하는 규정이 도입되었다. 이 법은 보통 '라이더법(Ley Rider)'이라고 불린다. 이 법은 또한 직원대표기관에 알고리즘의 "요소, 규칙 및 지침"에 관한 정보제공 의무를 규정했다. 이는 현재 채택을 앞두고 있는 플랫폼 노동 지침안(후술)의 내용을 선점하는 진보적인 입법이다. '라이더법'에 대해서는 그 합헌성 여부도 다툼이 있었으나, 2023년 10월 25일 헌법재판소에서 최종적으로 합헌으로 인정되었다.[28]

26) STSJ Comunidad de Madrid 715/2019, 19 de Septiembre de 2019.
27) https://www.boe.es/buscar/doc.php?id=BOE−A−2021−7840.
28) STC 144/2023, de 25 de octubre de 2023.

영 국

영국에서는 2021년 2년 19일 대법원 판결[29]에서 배차 서비스인 우버(Uber) 운전자의 근로자성을 긍정하여 큰 주목을 받았다. 영국에는 노동법상의 규제 적용대상으로 노무제공자(worker)와 피용인(employee)의 두 가지 개념이 있는데, 노무제공자가 더 넓은 개념으로 해석되고 있다.

노무제공자(worker)는 구체적으로 '스스로 타인을 위한 노동 또는 서비스를 수행 또는 제공하고, 그 계약상의 지위가 개인이 수행하는 직업 또는 사업의 고객으로 평가되지 않는' 개인으로 정의된다(Employment Rights Act 1996, Section 230(3)(b)).[30] 이러한 노무제공자(worker)는 독일이나 스페인과 같이 노동자와 자영업자의 중간 개념인 '제3의 범주'라고도 한다. 그러나 이 사건에서 적용이 인정된 규제는 최저임금과 연차휴가라는 점을 고려하면, 일본에서는 노기법상의 근로자성이 인정되는 경우에 해당한다고 평가할 수 있다. 이 판결에는 매우 중요한 의의가 인정된다.

이 판결은 운전자와 우버 사이에 취업에 관한 계약은 존재하지 않았지만, 계약의 서면을 출발점으로 삼는 것이 아니라 취업의 실태가 중요하다고 하면서, 보수나 계약조건이 우버에 의해 결정되고 있던 점, 앱을 켜고 난 후에는 요청 수락에 관한 운전자의 선택이 제한되어 있던 점, 서비스 제공 방법에 대해 우버가 상당한 지휘감독을 하고 있던 점, 승객과의 접촉은 우버에 의해 금지되어 있던 점을 강조하며 운전자의 노무제공자성을 긍정했다.

그러나, 이후 고용항소심판소(Employment Appeal Tribunal)는 마이택시(mytaxi) 앱에 의한 택시기사가 최저임금 지급을 요구한 사

29) Uber BV v Aslam [2021] UKSC 5 (19 February 2021).

30) https://www.legislation.gov.uk/ukpga/1996/18/section/230/2015-05-26?timeline=true

건에서 노무제공자성을 부정했다(2022년 1월 18일 판결).[31] 이 판결에서는 제안받은 일의 약 9%만 수락한 점, 이 일로 얻은 수입은 원고인 운전자의 전체 수입의 15% 미만으로 이 앱에 의존하지 않고 승객을 태울 때도 있었던 점을 중시하여 노무제공자성을 부정했다.

또한, 2023년 11월 21일 대법원은 음식배달 배달원은 유럽인권조약 11조에서 단결의 자유가 보장된 노동자가 아니라는 판결을 내렸다.[32] 이는 플랫폼 노동자의 단결권을 인정하고 그 노동조건을 단체협약으로 보장하려는 최근 유럽의 흐름에 반하는 것으로, 이 판결에 대해 유럽인권재판소가 어떤 판단을 내릴지 귀추가 주목된다(유럽인권재판소란 유럽인권조약에 따라 설치된 법원으로 프랑스 스트라스부르에 소재하고 있다. 유럽인권조약 가입국은 2023년 기준 46개국이며 이들 회원국 국민은 국내 법원에서 이 조약에 따른 권리 구제를 받지 못한 경우 유럽인권재판소에 제소할 수 있다).

독 일

독일에서는 2017년에 연방노동법원의 판례 법리로 확립되어 있던 노동자의 정의가 민법전 611a조로 명문화되었다. 입법 이유에는 "판례 법리의 1대 1의 명문화"라는 설명이 붙어 있다. 리먼 쇼크 이후 급증한 노동자파견에 있어서 독일에서도 일본과 마찬가지로 위장도급이 문제가 되어 노동자파견법이 개정되게 되었다. 동시에 민법전 611a조가 제정되었는데, 이는 긱 워크 문제와는 전혀 무관하게 이루어진 법 개정이다.

연방노동사회부(Bundesministerium für Arbeit und Soziales, BAS)의 1차 초안에서는 합법적인 도급과 노동자파견을 구분하는 기준으로

31) Johnson v Transopco UK Ltd [2022] EAT 6.

32) Independent Workers Union of Great Britain v Central Arbitration Committee and another [2023] UKSC 43.

행정이 사용하던 기준을 열거하여, 양자 관계의 문제인 근로자성과 3자 관계의 문제인 위장도급을 통일적으로 파악하려는 의도가 엿보였다. 그러나, 2차 초안에서는 이러한 기준들이 삭제되어, 결국 판례의 노동자 정의를 그대로 명문화하게 되었다. 근로자성이 정면으로 논의되지 않고 판례 법리가 그대로 명문화된 것은 후세에서 보면 역사의 우연으로 평가될지도 모른다.

민법전 611a조의 조문은 다음과 같다.

> 민법전 611a조 노동계약
>
> (1) 노동계약에 의해 노동자는 타인에게 사용되어, 지휘명령에 구속된 타인 결정의 노동을 인적 종속관계에서 제공할 의무를 진다. 지휘명령권은 활동의 내용, 실시, 시간 및 장소에까지 미칠 수 있다. 본질상 자유롭게 자기 활동을 형성하지 못하고 자기 노동시간을 결정할 수 없는 자는 지휘명령에 구속된다. 이 경우 인적 종속성의 정도는 각 활동의 특성에 따라 달라질 수 있다. 모든 사정을 종합적으로 판단하여 노동계약이 존재하는지를 판단한다. 계약 관계의 실제 이행으로 보아 노동관계에 해당한다고 볼 수 있는 경우에는 계약의 명칭은 중요하지 않다.
>
> (2) 사용자는 합의된 임금을 지급할 의무가 있다.

독일에서는 다른 유럽 국가들에 비해 긱 워커의 근로자성을 다투는 사건은 1건에 불과할 정도로 적다. 연방노동법원은 2020년 12월 1일 크라우드 워커의 근로자성을 부정한 원심을 파기하고, 해고보호법 적용을 인정했다.[33] 이 판결이 나오기 전까지는 학설상 크라우드 워커는 노동자가 아니라 제3의 범주인 '노동자 유사자'에 해당한다고 해석하는 견해가 더 우세했다. 이 판결은 근로자성을 좁게 해석하던 판례의 경향을 뒤집는 것으로, 처음에는 놀라움을 금치 못했지만, 현재는 널리 지지를 받고 있다.

33) BAG, 1.12.2020 - 9 AZR 102/20.

피고인 플랫폼 업체는 소매업과 주유소 상품 판매를 관리하고 있었으며, 고객의 주문을 수많은 주문(마이크로 태스크)으로 세분화하여 클라우드 워커에게 맡기고 있었다. 원고는 2017년 2월 4일부터 클라우드 워커로 주당 평균 20시간씩 일하며 월평균 1749.34유로의 수입을 얻었다. 원고의 업무 내용은 상품 진열에 관한 설문조사에 응답하거나 사진을 가공하는 것이었고, 한 건을 2시간 이내에 처리해야 했다.

이 판결의 주목할 점으로, 우선 연방노동법원은 종래 판례에서도 사용되고 있던 "타인 결정의 노동"이라는 특별한 의미가 있다고 해석되지 않았고, 인적 종속성과 같은 의미라고 해석되던 문구에 대해, 인적 종속성과 겹치는 면도 있지만, '편입'을 의미하는 독자적인 기준이라고 밝혔다. 이러한 해석은 민법전 611a조가 제정된 이후 Wank 등에 의해 주장된 견해였다.

다음으로, 연방노동법원은 플랫폼 사업자가 구축한 인센티브 시스템에 의해 계속적으로 스스로 역무를 수행하도록 '유도'된 경우에도 인적 종속성이 인정된다고 밝혔다.

그리고, 구체적인 사안 평가에서 본 판결은 피고가 일방적으로 정한 노동조건에 사실상 복종할 수밖에 없었다는 점에서 인적 종속성과 타인 결정성이 인정된다고 판단했다. 결국, 인적 종속성과 타인 결정성은 상당히 중첩되는 개념이라고 할 수 있다. 그러나, 종래에는 계약상 의무에서 발생하는 구속으로부터는 인적 종속성이 인정되지 않았으나, 현재는 이러한 구속도 근로자성을 뒷받침하는 사정으로 고려하게 되었다고 할 수 있다.

마지막으로, 이 판결은 개별적인 위탁을 넘어 지속적인 계약 관계의 존재를 인정했다는 점에서도 획기적인 판결이다.

이후 독일에서는 2021년 11월 10일 연방노동법원이 음식 배달원의 자전거와 스마트폰 비용을 사용자가 부담해야 한다고 판결했다.[34] 이 사건에서 배달원의 근로자성은 다투지 않았고 노동자임을 전제로 한 것이다. 이 판결은 노동에 따른 비용 부담 문제에 대해 20세기 초 Philipp Lotmar(1850~1922)와 독일 노동법의 창시자로 평가받는 Hugo Sinzheimer의 견해를 인용하며 "노동자는 자기 노동력 이외에는 아무것도 '제공'할 필요가 없다."라고 하여, 노동에 필요한 도구는 사용자가 제공해야 한다고 밝혔다. 연방노동법원은 위탁자가 위탁에 소요되는 비용을 부담해야 한다는 민법전 670조가 노동계약에도 유추 적용되며, 이 규범과 다른 약관의 규정은 부당한 불이익(민법전 307조 3항 1문)에 해당해 무효라고 판단했다.

2021년 12월 EU 플랫폼 노동 지침(안)

2021년 12월 9일 유럽연합 집행위원회(European Commission, EC)는 '플랫폼 노동의 노동조건을 개선하기 위한 의회 및 이사회 지침(안)'을 발표하면서,[35] 플랫폼 노동의 위장 자영업(false self-employment)을 방지하고 고용관계상 지위를 올바르게 결정하기 위하여(전문 19) 플랫폼 노동자의 근로자성을 추정하는 규정을 회원국이 마련하도록 제안했다.

이 지침안은 '플랫폼 노동(platform work)'을 "디지털 노동 플랫폼(digital labour platform)(① 전자적 수단에 의해 원격으로 제공되고, ② 서비스 수령자의 요청에 따라, 그리고 ③ 온라인 또는 일정한 장소에서 노동이 수행되는지 여부와 관계없이 개인에 의해 수행되는 작업의 조직화를 필수적이고 본질적인 요소로 하는 것)과 개인 간의 계약 관계를 바탕으로 디지털 노동 플랫폼을 통해 조직되고 개인에 의해 수행되는

34) BAG, 10.11.2021 – 5 AZR 334/21.

35) Proposal for a DIRECTIVE OF THE EUROPEAN PARLIAMENT AND OF THE COUNCIL on improving working conditions in platform work, COM/2021/762 final.

모든 작업"으로 정의하고, '플랫폼 노동자(platform worker)'는 "플랫폼 노동을 수행하는 모든 사람으로서, EU사법재판소의 판례법을 고려하여 회원국의 법률, 단체협약 또는 관행에 따라 고용계약이나 고용 관계를 갖는 자"로 정의하고 있다. 또한, "플랫폼 노동을 수행하는 자(person performing platform work)"란 해당 개인과 디지털 노동 플랫폼 간의 관계에 대해 당사자들이 부여한 계약 명칭에 상관없이 플랫폼 노동을 수행하는 모든 개인을 의미한다(2조 1항).

지침(안) 제4조 2항 추정 규정의 구체적 내용은 다음 다섯 가지 기준 중 두 가지를 충족하면 노동 수행에 대한 플랫폼 사업자의 종사자에 대한 지휘감독이 존재한다고 추정한다는 것이다(제4조 2항).

(a) 보수 수준의 실질적으로 결정하거나, 상한을 설정하고 있을 것
(b) 플랫폼 노동을 수행하는 자(person performing platform work)에게 외모(appearance), 서비스 수령자에 대한 태도 또는 작업 수행과 관련된 특정한 구속력 있는 규칙을 준수하도록 요구하는 것
(c) 전자적 수단을 포함하여, 작업 수행을 감독하거나 작업 결과의 품질을 확인하는 것
(d) 제재를 통한 것을 포함하여, 특히 작업 시간이나 휴무 기간의 결정에 관한 재량, 작업의 수락 또는 거부 또는 하수급인이나 대체자의 사용에 관하여 작업을 조직할 자유를 실질적으로 제한하는 것
(e) 자신의 고객을 구축하거나 제3자를 위하여 작업을 수행할 가능성을 실질적으로 제한하는 것.

이 규정에 따라 근로자성이 추정되는 경우에는 증명책임이 플랫폼 사업자에게로 넘어가고, 해당 종사자가 노동자가 아님을 플랫폼 사업자가 증명해야 한다(제5조). 지침(안) 전문 25는 추정 규정에서 지휘명령 구속력을 나타내는 기준은 디지털 플랫폼의 특성에 맞춘 것이지만, EU 판례에서 환기된 것이며, 또한 각국의 고용관계 정의를 고려한 것임을 밝히고 있다. 또한, 이 기준을 충족하지 못하

는 자는 진정한 자영업자로 볼 수 있다는 점도 지적하고 있다.

또한, 이 지침(안)은 알고리즘에 의한 관리의 투명성을 요구하는 규정도 규정하고 있다(6조).

이 추정 규정은 2020년 전후로 유럽 각국의 최고법원에서 잇따라 근로자성을 폭넓게 인정한 데 따른 것으로, 플랫폼 노동자의 근로자성을 폭넓게 인정하는 방향을 다시 한번 제시한 것이다.

이 지침안은 2023년 3월 의회, 같은 해 6월 이사회 심의를 거쳐 채택되게 되었다. 2023년 12월 13일 의회, 이사회 및 집행위원회와의 3자 협의에서 잠정 합의가 이루어져 드디어 지침의 통과가 임박했다.

플랫폼 노동자와 단체협약

유럽에서는 플랫폼 노동자들을 조직화하고 단체협약을 통해 노동조건을 보장하려는 움직임이 나타나고 있다.

독일 최대 노동조합이자 자동차 산업을 조직하는 독일 금속노조(IG Metall)는 2016년 정관을 변경하고 클라우드 워커 조직화에 나섰다. 이후 독일 금속노조는 8개 플랫폼 업체와 공정한 보상과 계약조건의 명확화를 약속하는 '행동강령'을 제정하고 클라우드 워커, 위탁자, 및 플랫폼 업체 간의 분쟁을 자율적으로 해결하기 위한 기구도 설치했다. 또한, 주로 건설업계를 조직하는 노동조합 IG Bau가 2017년 체결한 국내 60만 명의 청소원에게 적용되는 단체협약은 플랫폼 업체가 고용한 청소원에게도 적용되게 되었다(다만, 실제로 얼마나 많은 플랫폼 노동자에게 적용되고 있는지는 명확하지 않다).

2022년 1월에는 스페인의 Just Eat, 네덜란드의 딜리버루의 플랫폼 노동자에게 적용되는 단체협약이 체결되었다. 전자는 음식배달 배달원의 근로자성을 추정하는 '라이더법' 제정 직후에 성립된 것으로, 노동조합의 전국조직인 CCOO, 노동자 일반노조(UGT) 및

Just Eat과 함께 체결되었다. 이 협약에는 안전보건 보호, 하루 9시간의 최대 노동시간, 30일의 연차휴가 등 많은 권리가 명시되어 있다. 네덜란드에서는 FNV 계열 노조와 딜리버루 간에 오랜 교섭 끝에 암스테르담 항소법원에서 딜리버루 배달원의 근로자성을 긍정하는 판결[36]이 나온 것이 계기가 되어 체결되었다. 연차휴가, 대기기간 중 임금 및 질병 시 소득보상이 규정되어 있다.

EU에서는 2022년 9월 30일 공포된 경쟁법 적용에 관한 가이드라인[37]에서 개인 사업주의 노동조건(보수, 노동시간, 휴가, 근무장소, 안전보건, 사회보험, 역무제공관계 종료에 관한 조건)을 정하는 단체협약은 카르텔을 금지하는 EU 운영조약 101조 1항의 적용제외가 되는 것으로 확인되고 있다. 이 가이드라인은 EU 판례(C-413/13, FNV Kunsten Information en Media)에 근거하여 개인 사업주를 오로지 자신의 역무만을 제공하는 사업자로 정의한 후, ① 경제적으로 종속된 개인 사업주(경제적 종속성은 수입의 50% 이상을 1인의 위탁자로부터 얻는 경우 인정), ② 동일기업에서 같은 활동에 종사하는 노동자가 고용되어 있는 경우 및 ③ 플랫폼 노동자가 개인사업자에 해당한다고 정리하고 있다.

유럽과 미국의 동향 정리

유럽에서는 2010년대 후반부터 주로 배차 서비스 기사 및 음식배달 배달원의 근로자성을 다투는 소송이 각국에서 진행되었고, 2020년대 초에는 근로자성을 인정하는 방향으로 이 문제는 거의 마무리 되었다고 할 수 있다. 그리고 플랫폼 노동자의 근로자성 추

36) ECLI:NL:GHAMS:2021:392.

37) Communication from the commission Guidelines on the application of Union competition law to collective agreements regarding the working conditions of solo self-employed persons 2022/C 374/02. https://eur-lex.europa.eu/legal-content/EN/TXT/?uri=CELEX%3A52022XC0930%2802%29

정 규정과 알고리즘의 투명성을 요구하는 지침이 곧 채택될 것으로 보인다.

이 문제가 거의 해결의 실마리를 찾고 있는 현재 유럽의 논의를 돌아보면, 그 특징으로 플랫폼 노동에 특화된 논의가 이루어지고, 지침이 수립되려 하고 있다는 점을 지적할 수 있다. 알고리즘에 의한 관리라는 새로운 기술이 큰 충격을 주었지만, 운전자는 원래 엄격한 출퇴근 시간 관리에 익숙하지 않고, 시간적 구속성이 느슨하며 성과급이 많기 때문에 오래전부터 근로자성이 논란이 되는 전형적인 직업 유형이었다. 근로자성 문제로 보면 플랫폼 노동이 그리 새로운 문제라고 할 수 없을 것 같기도 하다. 프리랜서의 근로자성은 플랫폼 노동에만 국한된 문제가 아니므로 유럽처럼 플랫폼 노동만을 따로 떼어내어 새로운 규제를 마련할 필요는 없을 것 같다.

그러나 어쨌든 유럽에서는 플랫폼 노동자의 근로자성을 폭넓게 인정하는 경향이 뚜렷하게 나타나고 있다는 점은 일본에도 중요한 시사점을 던져준다. 법적으로 노동자와 자영업자 사이의 제3의 범주가 설정되어 있던 스페인과 독일에서도 제3의 범주가 아니라 노동자로 평가되고 있다는 점은 중요하다. 이탈리아의 '타자에게 조직화된 협동'도 제3의 범주에 해당한다고 할 수 있지만, '타자에게 조직화된 협동'에 인정되는 보호 내용이 법에 명시되어 있지 않았는데, 판례에 따라 노동법 규정의 적용이 폭넓게 인정되고 있다. 제3의 범주를 설정할 경우 보호 내용을 폭넓게 인정하면 유용한 개념이 될 수 있다는 것을 이탈리아의 사례는 보여주고 있다고 할 수 있지만, 다른 한편으로는 이탈리아에서도 음식 배달원에 대해 '타자에게 조직화된 협동'이 아니라 노동자라는 판결도 나오고 있다. 역시 근로자성을 폭넓게 인정하는 경향은 유럽 각국에서 공통적으로 나타나는 경향이라고 할 수 있다.

이에 반해 미국에서는 근로자성을 폭넓게 인정하기 위해 캘리포니아 대법원이 내놓은 ABC 테스트가 널리 주목받았고, 캘리포니아 주법에 명시되었다. 그러나, 플랫폼을 통해 일하는 운전사에 대해서는 특별법이 제정되어 이 법이 적용되지 않게 되었다. 미국의 움직임은 일부 플랫폼 노동자를 제3의 범주로 자리매김한 것으로 평가할 수 있다.

'제3의 범주'의 유용성

여러 차례 언급했듯이 이탈리아, 스페인, 독일에는 노동자와 자영업자의 중간 개념으로 이른바 '제3의 범주'가 실정법적으로 규정되어 있다. 미국의 Propositon 22도 '제3의 범주'를 창설한 입법으로 평가할 수 있다. 여기서는 독일의 '노동자 유사자'에 대해 간략히 살펴보고자 한다.

독일에서는 최초의 노동입법인 1926년 노동법원법(Arbeitsgerichtsgesetz. Vom 23. Dezember 1926)에서 노동자 유사자라는 개념이 실정법에 규정되었다. 이 법은 "이 법에서 말하는 노동자는 도제를 포함한 현업 노동자 및 직원이다. 노동관계가 없이 특정 타인의 위탁 및 계산으로 노무를 제공하는 자(가내 영업 경영자) 및 기타 노동자와 유사한 자는 비록 원재료를 스스로 조달하고 있더라도 노동자와 동일시된다. 위탁자와의 관계에서 전적으로 자신의 노동력을 제공하는 중개인도 노동자 유사자에 해당한다."(5조 1항)라고 규정했다.

이 시대에는 아직 실체적 노동법의 입법이 충분하지 않았다고 할 수 있지만, 노동자 유사자에게는 노동자와 동일한 보호가 인정되어야 한다고 생각했다. 그렇다면 왜 노동자에 포함시키지 않고 노동자 유사자라는 개념이 필요했을까하는 의문이 생긴다. 바이마르 시대 노동법의 창시자 중 한 명인 Heinz Potthoff(1875~1945)는 노동자 유사자의 구체적 예로 당시 출판사에 전속되어 있던 언론인을 염두에 둔 것으로 보인다. 언론인이라는 전문적·지적 직업은 당시의 전형적인 노동자상과는 어울리지 않지만, 특정 출판사에 전속됨으로써 경제적 종속성이 발생하기 때문에 노동자 유사자라는 새로운 개념에 포함시켜 노동자와 동일한 보호를 인정하려 했던 것 같다.

그리고, 노동법원법 조문에서도 알 수 있듯이 가내노동자가 노동자 유사자의 전형적인 예라고 해석하게 되었다. 가내노동자에 대해서는 1911년 가내노동법(Hausarbeitsgesetz vom 20. XII. 1911)이 제정되었고, 이후 몇 차례 개정되었다.

전후 1953년 상법이 개정되면서 독립된 대리상과 노동자인 상업사용인과의 경계를 획정하는 기준이 정해졌다. 이 법에서는 대리상이란 상시로 독립된 영업경영자로서 다른 사업자를 위해 거래를 중개하거나 그 명의로 거래를 체결하는 자라고 규정했다. 본질상 자신의 활동을 자유롭게 형성하고 자신의 노동시간을 결정할 수 있는 자가 독립적이라고 규정했다(84조 1항).[38] 이 규정은 이후 판례에 의해 2017년 민법전에 노동자 정의 규정(611a조)이 마련되기 전까지 대리상과 상업사용인의 구별이 문제가 되는 경우를 넘어 폭넓게 근로자성의 판단기준을 제시한 조문으로 원용되었다. 그리고 근로자성 판단에 있어 시간적 구속성이 중시되게 되었다.

상법 개정으로 대리상을 보호하기 위한 여러 규정이 도입된 것도 중요하다. 이 중 특히 계약 종료 시 보상금 청구권(89b조)[39]이 중요하다. 이는 고객 개척 비용의 보상을 목적으로 하는 보상금이며, 과거 5년(계약 기간이 이보다 짧은 경우 그 기간)의 연평균 금액을 한도로 인정된다. 다만, 보상금 청구권은 대리상이 스스로 계약을 해지한 경우에는 상실된다. 이 규정은 현재 노동자에게 인정되는 해고보호법을 대체하는 규정으로 이해되고 있다.

38) Handelsgesetzbuch § 84.

39) Handelsgesetzbuch § § 89b.

바이마르 시대에 가장 근로자성이 다투어졌던 직업이 대리상이었는데, 이 개정으로 대리상에 대한 일정한 보호가 이루어졌기 때문인지 이후 대리상에 대해 근로자성이 다투어지는 사례가 줄어들게 되었다(대리상 보호에 대해서는 이후 1986년 EU 대리상 지침[86/653호]이 제정되었다). 그리고 모든 대리상은 아니지만 법규 명령에 의해 최저보수를 정할 수 있는 전속대리상도 노동자 유사자의 전형적인 예로 이해되게 되었다(상법 92a조. 그러나 이 조항에 따른 전속대리상에 대한 최저보수 규정은 현재까지 단 한 번도 정해진 적이 없다).

이후 1970년대부터 80년대에 걸쳐 방송국에서 일하는 프리랜서의 근로자성을 다투는 소송이 노동법원에 대량으로 계속되었다. 그 과정에서 노동자 유사자를 위한 단체협약 체결이 가능해졌다(단체협약법 12a조).[40] 방송국에서 일하는 프리랜서가 노동자 유사자의 세 번째 전형적인 사례가 되었다.

'노동자 유사자'는 노동자와는 다른, 법에 따라 다른 상대적인 개념으로 해석되지만, 가장 구체적으로 규정되어 있는 단체협약법의 정의가 참조되는 경우가 많다(12a조). 이에 따르면 노동자 유사자의 요건은 ① 자신의 노동력을 투입하고 원칙적으로 노동자를 사용하지 않을 것, ② 경제적 종속성, ③ 노동자와 동등한 수준의 사회적 보호의 필요성, ④ 고용계약 또는 도급계약에 근거하고 있을 것 등이다. ②의 경제적 종속성은 생업으로부터의 전체 수입의 절반, 또는 매스미디어의 경우 1/3을 한 사람에게서 얻으면 충분하다고 규정되어 있다.

노동자 유사자에게 적용되는 주요 법률로는 단체협약법, 노동법원법, 연방휴가법 및 일반평등대우법이 있다. 단체협약법의 적용대상에 포함되기는 하지만 노동자 유사자에게 적용되는 단체협약은 지금까지 매스미디어에서 근무하는 프리랜서에 대해 체결된 협

40) Tarifvertragsgesetz (TVG) § 12a Arbeitnehmerähnliche Personen.

약이 있을 뿐이다.

노동자 유사자에 대한 노동법상의 규제의 유추적용은 인정되지 않고 있다.

이처럼 노동자 유사자에게 인정되는 보호가 약하기 때문에 노동자 유사자임을 주장하는 소송도 적어서, 이 개념이 발전하고 있다고 보기 어렵다.

또한 노동자와 노동자 유사자를 구분할 필요가 있기 때문에 상대적으로 노동자 개념이 좁게 해석될 수밖에 없다(앞서 언급한 화물차 운전자의 근로자성을 부정한 연방노동법원 1998년 9월 30일 판결 참조).[41] 이 개념의 유용성에는 의문이 있다고 할 수 있다. Prassl과 마찬가지로 긱 워커 문제를 가장 먼저 다룬 Valerio de Stefano 등도 '제3의 범주'의 유용성에 의문을 제기하며, 근로자성을 인정하는 것이 중요하다고 주장하고 있다.

독일의 노동자 유사자에 대한 법규정의 발전 과정을 보면, 특정 직업에 대해 근로자성이 문제가 되면 입법자들은 특별법을 제정하여 대응해 왔다는 것을 알 수 있다. 그 보호의 내용은 노동자에게 인정되는 보호와 비교하면 확실히 열등하다. 그 결과, 입법자의 의도와는 달리 해당 직업은 노동자보다 보호 수준이 낮은 '노동자 유사자'에 위치하게 되어 근로자성이 인정되지 않게 되는 전개를 밟게 된다. 대증요법(對症療法)적인 입법의 폐해라고 할 수 있을 것이다. 그러나, 특별법이 만들어졌다고 해서 근로자성이 좁아지는 것은 논리적으로 필연적인 것은 아니다. 근로자성 판단에 있어 유의해야 할 점일 것이다.

41) BAG, Urteil vom 30.09.1998, 5 AZR 563/97.

칼럼 영시간 계약과 교대제

근로자성과도 관련된 문제로 '영시간 계약'에 대해 언급하고 싶다. 영시간 계약이란 사전에 노동시간이 정해져 있지 않은 (노동) 계약을 말하며, '호출노동'이나 '온콜 워크(on-call work)'라고도 한다. 최근 특히 영국에서 불안정한 영시간 계약의 문제가 논의되기 시작했다(영국에서는 영시간 계약으로 일하는 종사자의 근로자성 여부가 동시에 쟁점이 되는 경우가 많다). 영국의 EU 탈퇴 후의 지침이지만, 2019년 노동조건 명시 지침은 영시간 계약을 방지하기 위해 노동시간을 미리 정해야 한다고 규정하고 있다.

독일에서는 이미 1985년 취업촉진법(Beschäftigungsförderungsgesetz 1985, BeschFG)에서 노동시간을 미리 정하지 않았을 경우 주당 노동시간을 10시간으로 간주한다는 규정이 정해져 있다. 이에 따라 주 10시간분의 임금청구권이 보장되는 것이다. 또한, 사용자는 적어도 4일 전에 노동자에게 노동시간을 알려야 하며, 매회 노동시간은 최소 연속 3시간 이상이어야 한다고 규정했다. 사실 1984년 12월 12일 연방노동법원은 업무량에 따라 주당 소정노동시간을 25%까지 줄일 수 있다는 내용의 노동계약 조항은 해고보호법을 잠탈하는 것으로 무효라고 판단한 바 있다.[42] 취업촉진법은 객관적 사유가 필요 없는 기간제 노동계약 체결을 허용하는 규정을 도입한 경위와 마찬가지로 연방노동법원의 판례 법리를 완화하는 것이었다.

이후 호출노동 규정은 몇 차례 개정되어 2019년 1월 1일부터는 노동시간을 미리 정하지 않은 경우 주당 노동시간을 20시간으로 간주하게 되었다(§ 12 Abs. 1 TzBfG). 그러나 이로 인해 사회보험 가입 의무가 없는 미니잡(후술)의 경우 기준금액을 초과하여 사회보험 가입 의무가 발생할 가능성이 생겼다. 이는 미니잡에 종사하는 노동자 본인이 원하지 않는 결과이기 때문에 헤센주 노동법원은 2021년 3월 31일 파트타임·유기법(Gesetz über Teilzeitarbeit und befristete Arbeitsverträge, TzBfG) 12조 1항은 법에서 규정한 주 20시간분의 임금청구권을 보장하는 것이 아니며, 임금청구권을 주장하기 위해서는 노동자는 주 20시간 분의 노무제공을 청약해야 한다고 판단했다.[43] 이 사건은 현재 연방노동법원에 계류 중이며, 기존 판례가 변경될

42) BAG, 12.12.1984 – 7 AZR 509/83.
43) LAG Hessen, Urteil vom 31.03.2021 – 6 Sa 1060/20.

지 판단을 기다리고 있다.

한편, 미니잡 기준액은 2022년 10월 1일부터 최저임금이 시간당 12유로로 인상됨에 따라 월수입 520유로로 인상되었고, 2024년 1월 1일부터 최저임금이 시간당 12.41유로로 인상됨에 따라 538유로가 되었다(미니잡 종사자는 최저임금으로 한 달에 약 43시간까지 일할 수 있다).

일본에서는 이 문제가 크게 논의되지 않았지만, 코로나19 사태 전후로 노동시간을 대폭 줄여 수입이 줄어든 노동자들이 소송을 제기하는 사건이 나오면서 이 문제가 수면 위로 부상하게 되었다. 이미 몇 건의 판례가 나왔고, 취업을 하지 못한 것에 대해 사용자의 귀책성이 인정되는 경우 임금 청구권을 보장하는 민법 536조 2항을[44] 이용하여 일정 금액의 임금을 보장하는 판결이 나왔다. 후생노동성은 2022년 1월에 "이른바 교대제로 근무하는 노동자의 적절한 고용관리를 위한 유의사항" 통지[45]를 발표했지만, 현재 아무런 규제가 없기 때문에 일단 확정된 교대제를 변경할 경우 기한이나 절차를 미리 정해 놓거나, '일정한 기간 최저 근무하는 일수, 시수 등에 대해 정할 수 있다' 등의 약한 표현에 그치고 있다.

한편, 독일에서는 노동계약에서 주당 최저 노동시간 수가 정해진 경우 사용자는25%까지 증가시킬 수 있고, 주당 최대 노동시간 수가 정해진 경우 사용자는 20% 까지 감소시킬 수 있도록 규정되어 있어(§ 12 Abs. 2 TzBfG), 사용자가 일방적으로 변경할 수 있는 노동시간도 법에 명시되어 있다.

위장 자영업과 사회보험·세법상의 문제

이미 살펴본 바와 같이, 유럽에서는 플랫폼 노동자의 보호를 위해 근로자성을 폭넓게 해석하여 노동법의 규제를 적용하려는 움직

44) 일본 민법 제536조(채무자의 위험부담 등) ① 당사자 쌍방의 책임으로 돌릴 수 없는 사유에 의하여 채무를 이행할 수 없게 된 때에는 채권자는 반대급부의 이행을 거부할 수 있다.
② 채권자의 귀책사유에 의하여 채무를 이행할 수 없게 된 때에는 채권자는 반대급부의 이행을 거절할 수 없다. 이 경우, 채무자는 자기의 채무를 면함으로써 이익을 얻은 때에는 이를 채권자에게 상환하여야 한다.

45) 厚生労働省, 「いわゆる『シフト制』により就業する労働者の適切な雇用管理を行うための留意事項」(令和4年1月7日).

임이 뚜렷하다. 다음으로, 지금까지 일본에서는 거의 주목받지 못했던 위장 자영업자를 취업시켰다는 이유로 위탁자에게 부과되는 제재에 대해 생각해 보고자 한다. 여기서는 독일의 '암노동(Schwarzarbeit)'에 대한 규제를 다루지만 이와 유사한 규제는 유럽 각국에 존재한다. 그러나, 일본에서는 아직 이 문제에 대해서는 아무런 논의가 이루어지지 않고 있으며 관심이 없다고 해도 과언이 아닌 상황이다. 필자는 '암노동' 대책이 향후 노동 행정의 중요한 과제가 될 것으로 생각한다.

노동자에게는 노동법의 규제가 적용될 뿐만 아니라 노동·사회보험의 강제피보험자가 되고, 또한 소득세가 임금에서 원천징수된다. 엄밀히 말하면 노동법상의 노동자는 노동·사회보험법상의 강제피보험자나 소득세가 원천징수되는 급여소득을 지급받는 자와 반드시 동일한 개념은 아니지만, 실무적으로는 거의 일치한다. 즉, 사용자는 노동자를 고용하면 고용보험 및 사회보험 가입신고를 하고 사회보험료를 징수하여 국가에 납부해야 하며, 소득세를 원천징수해야 한다.

그러나, 자영업자와 거래하는 경우에는 사업주에게 이러한 의무가 부과되지 않는다. 계약상 자영업자로 취급되던 자가 나중에 노동자로 평가받게 될 경우, 노동·사회보험 가입 및 세법상의 처리도 문제가 될 수 있다.

독일의 사회보험상 '취업'

독일에서는 '취업'에는 사회보험 가입 의무가 있다고 규정되어 있으며(§ 7 SGB IV),[46] 사회보험의 강제피보험자를 종사자(Beschäftigte)라고 부른다. 일본에서는 노재보험과 고용보험은 노동보험, 건강보

46) SGB IV § 7 Beschäftigung.

험과 후생연금보험은 사회보험으로 구분하여 부르지만, 독일에서는 이 모든 것을 법정 사회보험이라고 부른다. 이하에서는 이들 보험을 총칭하여 사회보험이라고 부르기로 한다.

일본에서는 사회보험의 강제피보험자 자격 여부를 다투는 소송이 거의 없지만, 독일에서는 매우 많다. 이러한 차이가 발생하는 한 요인으로 일본에는 없는 사회보험 가입 자격 확인 절차를 들 수 있다. 독일에서는 종사자가 자신이 사회보험 가입 의무가 있는 종사자가 아닌지 연금보험기구에 확인할 수 있다. 이 제도는 1999년부터 도입된 것인데, 신청 건수가 매우 많아 연금보험기구가 종사자임을 인정하면 위탁자 측에서 종사자가 아니라는 확인을 요구하며 사회법원에 제소하는 소송이 제기되어 종사자성에 관한 많은 사법적 판단이 축적되어 있다.

독일에서는 실무상으로는 일본과 마찬가지로 근로자성과 종사자성이 거의 일치하고 있다. 그러나, 사회법원은 '종사자성'을 근로자성보다 넓게 해석하고 있으며, 예를 들어 유한회사의 임원(지분을 가지지 않은 업무집행임원)도 사회보험의 강제피보험자에 해당한다고 판단하고 있다. 종사자성의 판단기준으로 사업자성도 고려되고 있는 점이 특징이다.

나중에 종사자이며 사회보험의 강제피보험자라고 인정되면, 통상 노사가 반반씩 부담하는 사회보험료를 위탁자가 단독으로 지난 3년간 분을 납부해야 한다. 이러한 제재는 매우 무거운 것이다.

필자가 2018년 1월 슈투트가르트 노동법원에 견학을 갔을 때, 마침 진행 중이던 화해변론(Güteverhandlung)은 해고 사건이었다. 그 사건은 프리랜서로 일하던 노동자가 사회보험 피보험자 자격 확인을 요청했고, 이것이 인정되어 위탁자가 계약을 해지한 사건으로, 이것이 이번에는 해고 사건으로 노동법원에 계류되었다는 내용이었다. 독일 노동법원의 화해변론은 직업 판사가 단독으로 신속하게 한 번에 화해로 사건을 해결하는 절차이다. 대부분의 노동사건이 화해변론으로 해결되는데 이번 사건도 화해로 해결되었다.

매우 흥미로웠던 점은 보상금(화해금) 산정에 있어서 사회보험료를 내지 않은 만큼 프리랜서로서 높은 보수를 지급받았다는 위탁자의 주장을 받아들여 세법상의 취급과 사회보험료 납부분을 포함하여 이러한 금전을 상계하는 형태로 보상금을 지급하라는 명령이 내려졌다는 것이다. 나중에 물어보니 세금이나 사회보험료 정산은 원래 상당히 복잡한데, 이런 분쟁이 많아서 처리 방식도 획일화되어 있는 것 같다고 한다. 노동사건이지만 세금과 사회보험료 처리를 포함하여 노동관계 정산이 이루어지고 있음을 알게 되었고, 이론적으로는 반드시 동일하지 않다고 해석되는 노동법, 사회보험법 및 세법상의 노동자 개념이 실무적으로는 통일적으로 해석되고 있음을 알 수 있었다.

사회보험 가입 의무가 없는 '한계 고용'

독일에서는 2024년 1월 1일부터 월 538유로 미만의 임금을 받는 노동을 '한계 고용(geringfügige Beschäftigung)'이라고 하며, 사회보험 가입 의무가 없다. 이 기준금액은 2013년부터 2022년 9월 말까지는 월 450유로였으나, 2022년 10월부터 법정 최저임금이 12유로로 인상됨에 따라 520유로가 되었고, 추가로 최저임금이 인상됨에 따라 538유로가 외되었다. 한계 고용은 미니잡(Minijob)이라고도 불린다.

일본에서도 현재 월 8만 8,000엔 미만의 고용은 사회보험 가입 의무가 없는데, 이에 상당하는 규제다. 미니잡은 주로 주부, 학생 및 연금수급자의 아르바이트나 부업으로 알려져 있다. 예를 들어 독일의 슈퍼마켓은 아침 7시부터 영업하는 경우가 많은데, 본업에 출근하기 전에 두 시간 정도 슈퍼마켓에서 일하는 경우가 있다고 한다. 연금수급자나 제2 실업수당(현 시민수당) 수급자는 미니잡의 소득 기준까지는 임금 노동에 종사할 수 있다. 다만, 본업으로 고용 노동에 종사하는 자가 부업으로 하나의 미니잡에 종사하는 경우에는 소득이 합산되지 않는다. 이 또한 부업으로서의 미니잡의 매력을 높이고 있다. 반면, 여러 개의 미니잡에 종사하는 자(일본에서는 '멀티 잡 홀더'라고 부른다)에 대해서는 소득이 합산되기 때문에 사회보험에 가입할 수 있다.

일본과의 중요한 차이점은 미니잡의 경우 노동자는 사회보험료 납부 의무가 없지만(정확히는 연금보험료 납부 의무가 부과되지만, 사용자에게 신청하면 면제된다), 사용자는 소득세와 함께 일괄보험료를 납부해야 한다는 점이다. 일괄보험료의 보험료율은 15%(개인 가정에서는 5%)로 결코 저렴하지 않다. 그러므로, 경영자 입장에서는 미니잡을 활용할 메리트가 적어 보이지만, 손쉬운 노동력으로 활용되고 있다고 한다. 노동법상 미니잡에 종사하는 사람도 당연히 노동자에 해당하며, 해고규제 등을 적용받는다. 하지만, 이를 모르는 노동자도 적지 않다고 하는데, 권리를 주장하지 않는 노동자로서 경영자 입장에서는 편리한 존재일 수도 있다.

미니잡센터(미니잡 사회보험료 징수기관)에 따르면, 2023년 6월 기준 미니잡 종사자는 695만 5,913명으로 사업장에 고용된 사람이 668만 6,832명(남성 288만 7,061명, 여성 379만 9,771명), 개인 가정에 고용된 사람이 26만 9,081명(여성이 약 90%를 차지한다)이다. 또한, 연방고용청에 따르면 2023년 10월 기준 사회보험 가입 의무가 있는 종사자 수는 3,512만 1,000명, 미니잡 종사자는 761만 5,000명이며, 본업으로 미니잡에 종사하는 사람은 418만 명, 부업으로 미니잡에 종사하는 사람은 342만 7,600명으로 집계됐다. 미니잡, 파견노동 및 기간제 고용이 일본의 비정규직에 해당하는 고용이라고 할 수 있는데, 전체 고용에서 비정규직이 차지하는 비율은 필자의 대략적인 추산에 따르면 약 19%다(여러 통계에 따라 정확하지 않을 수 있음). 참고로, 독일의 미니잡 종사자 중 65세 이상은 110만 5,243명이다.

독일의 '암노동' 규제

독일에서는 '암노동(Schwarzarbeit)'이라고 불리는, 법에서 정한 세금이나 사회보험료를 내지 않는 노동을 엄격하게 단속하고 있다. 독일에서는 '위법 고용(Illegale Beschäftigung)'이라는 개념도 별도로 법으로 규정되어 있으므로, 암노동이라는 직역을 그대로 사용하기로 한다. 최근 일본에서는 암노동이라고 하면 강도 등의 범죄에 종사하는 '블랙 아르바이트'를 연상할 수 있지만 그런 문제와는 다르다.

일본에서도 어떤 노동이나 서비스를 제공하고 받은 보수에 대해 세금을 내지 않으면 탈세로 추징금의 제재를 받는다. 간혹 유명 연예인 등이 세금을 탈루해 거액의 추징금을 부과받았다는 보도가 나오기도 한다. 그 외에도, 예를 들어 집에서 요리 교실을 열고 사례금을 받았다가 누군가가 세무서에 신고했다는 이야기도 심심찮게 들을 수 있다. 어떤 수입을 얻으면 세금을 제대로 내야 한다는 것은 일본에서도 이해되고 있다고 할 수 있다. 그러나, 사회보험료를 포함해 노동에 따른 소득을 제대로 신고하지 않는 것이 처벌을 받을 정도로 위법한 행위라는 인식은 일본에서는 낮은 편인 것 같다.

연방정부의 보고서에 따르면, 2017년 이후 암노동의 경제('블랙 경제') 규모는 약 3,250억 유로 전후로 유지되어왔으나, 코로나 사태로 인해 증가하여 2020년에는 3,390억 유로로 추산되고 있다('불법 고용에 대한 연방정부의 제14차 보고서'[47]). 다만, 보고서는 다른

47) BMF, "Vierzehnter Bericht der Bundesregierung über die Auswirkungen des Gesetzes zur Bekämpfung der illegalen Beschäftigung", https://www.bundesfinanzministerium.de/Content/DE/Downloads/Zoll/vierzehnter-bericht-bekaempfung-illegale-beschaeftigung.pdf?__blob=publicationFile&v=1

OECD 국가와 비교하면 독일의 블랙 경제 규모는 작다고 지적하고 있다.

독일의 암노동대책법(Schwarzarbeitsbekämpfungsgesetz, SchwarzArbG) 제1조는 암노동을 다음과 같이 정의하고 있다. 즉, 암노동(Schwarzarbeit)이란 "고용 또는 도급의 급여를 제공하는 자 또는 수행하게 하는 자"가 다음 각호에 해당하는 경우를 말한다.

1. 사용자, 사업자 또는 보험가입 의무가 있는 자영업자로서 고용 또는 도급 급여에 따라 발생하는 사회보험법상의 신고의무, 기여의무 또는 기록의무를 이행하지 않는 경우
2. 납세의무자로서 고용 또는 도급급여에 따라 발생하는 세법상의 의무를 이행하지 않는 경우
3. 사회보장급여 수급자로서 고용 또는 도급 급여에 따라 발생하는 사회보장기관에 대한보고 의무를 이행하지 않는 경우
4. 고용 또는 도급급여의 제공자로서 자영업 개시 신고를 하지 않거나, 필요한 여행업 증명서를 취득하지 않는 경우
5. 고용 또는 도급 급여 제공자로서 수공업부에 등록하지 않고 허가를 받아야 하는 수공업을 영위하는 경우

이 정의에서 알 수 있듯이, '암노동'은 세금 및 사회보험료 미납뿐만 아니라, 예를 들어 생활보호, 연금 등 사회보장급여 혜택을 받으면서 법이 허용하는 것 이상의 노동에 종사하거나 무허가 영업을 하는 것까지 포함한다. 역사적으로 장인이 허가 없이 몰래 일반 가정의 주택 수리 등을 도급받는 것은 '암노동'으로 규제되어 왔다.

건설업 및 택배·운송업의 경우 사회보험료 미납의 책임은 사용자뿐만 아니라 직상 도급업체에도 부과되고 있다(28e SGB IV). 또한, 모든 산업에서 최저임금 지급에 대해 직접 사용자뿐만 아니라 모든 도급업체에게 책임을 부과하고 있다(§ 14 AEntG(송출법), § 13 MiLoG(최저임금법)).

그 밖에도 암노동대책법은 '위법 고용(illegale Beschäftigung)'으로서 다음과 같은 행위를 금지하고 있다.

1. 사용자로서 외국인을 불법으로 취업시키는 행위
2. 외국인으로서 불법으로 취업하는 행위
3. 사용자로서 노동자파견법(Arbeitnehmerüberlassungsgesetzes)의 허가를 취득하지 않고 또는 노동자파견임을 계약상 명시하지 않고 노동자를 파견하는 행위
4. 육류산업에서의 노동자권리보장강화법(Gesetz zur Sicherung von Arbeitnehmerrechten in der Fleischwirtschaft, GSA Fleisch) 6a조 2항 및 동조 3항을 위반하여 노동자를 취업시키는 행위
5. 사용자로서 최저임금을 지급하지 않고 노동자를 고용한 경우
6. 사용자로서 폭리적인 노동조건으로 노동자를 고용하는 행위

'위법 고용'으로는 외국인 불법 취업, 불법 파견 및 최저임금 미지급이 열거되어 있다. 이는 EU의 송출법 개정 지침(2018/957)[48]의 국내 이행을 위해 2019년에 암노동법대책법에 추가된 내용이다. 하지만 이미 각각의 해당 법률(예컨대, 외국인 체류법, 노동자파견법)에서 금지하고 있던 행위이며, 후술하겠지만 세관이 감독 권한을 갖는 것으로 규정되어 있었다. 따라서, 새롭게 '위법 고용'의 개념이 암노동대책법에 규정된 것이 특별히 새로운 의미를 갖는다고 보기는 어렵지만, 세금·사회보험료 미납을 의미하는 '암노동'과는 다른 개념으로 '위법 고용'의 개념이 법적으로 명시된 것이다.

또한, 암노동대책법에서는 암노동에 종사하도록 노동자를 소개하는 행위도 금지하고 있다(5a조).

48) Directive (EU) 2018/957 of the European Parliament and of the Council of 28 June 2018 amending Directive 96/71/EC concerning the posting of workers in the framework of the provision of services.

칼럼 식육산업에서의 도급·파견 이용 금지에 대하여

위법 고용 중에는 식육 산업 노동자 권리보장 강화법(6a조 2항 및 3항)에 위배하는 고용이 포함된다. 이 규제는 2021년부터 시행되는 규제로 식육산업에서 도급에 의한 타사 노동자의 이용을 금지하고, 노동자파견을 제한적으로 허용하는 규정이다. 이 산업에 속한 기업에 대해 기본적으로 직접고용을 의무화한 규정으로 외국에도 유례가 없는 엄격한 규제다.

식육산업은 동유럽 출신 노동자를 열악한 노동조건으로 고용하는 것이 문제가 되었던 부문이고, 코로나 사태로 위생에 대한 불안감이 커지면서 이 규제가 전격적으로 도입되었다. 식육산업에서의 노동자 보호를 강화하는 것이 표면적인 입법 이유이지만, 기존 중소 사업자가 대부분을 차지했던 독일의 식육산업이 최근 덴마크 자본에 의한 과점화가 진행되고 있다는 배경에 비추어 볼 때, 이 규제의 도입은 덴마크의 대기업에 타격을 주려는 정치적 의도가 있었던 것이 아닌가 추측된다. 앞서 언급했듯이, 국내 노동법상의 규제가 외국기업의 진입을 제약하는 것으로 인정되면 EU법상 개업의 자유와 서비스의 자유에 위반하는 것이 된다. 당초, 도급과 파견을 전면 금지하는 규제였으나, EU법 위반 소지가 있다는 지적이 제기되어 파견 이용은 제한적으로 허용하게 되었다.

미국 오바마 정부 시절 연방노동부 임금·시간국(Wage and Hour Division) 국장을 지낸 David Weil은 2014년 명저 "*The Fissured Workplace*"에서 대기업이 아웃소싱을 추진한 결과 다른 기업에 고용된 노동자들이 같은 일터에서 일하게 되면서 노동 행정의 감독이 어려워지고, 또한 노동시장이 고임금 부문과 저임금 부문으로 양분화되었다고 주장했다. 유럽에서도 비슷한 현상이 관찰되었다. 식육산업에서 간접고용을 금지하는 독일의 규제는 특이한 사례이긴 하지만, 아웃소싱을 근절하는 강력한 규제다.

사회보험료 미납죄(형법 266a조)

독일에는 사회보험료 미납죄라는 형벌도 존재한다. 일본에는 이러한 형벌이 존재하지 않는다. 사회보험료 미납죄는 1986년 형법에 도입된 규정으로, 사용자로서 사회보험료 징수기관에 대해 노동자의 사회보험료를 납부하지 않았을 때 벌금 또는 5년 이하의 징역형에 처한다는 내용이다.[49] 특히 중대한 경우에는 6개월에서 10년 이하의 징역형에 처해질 수 있다.[50] 조직범죄에 대응하기 위해 2017년에 개정되어 규제가 강화되었다.

사회보험료 미납죄의 신분자는 '사용자'이며, 확립된 판례는 "사용자란 사회보험법에 따르며, 사회보험법은 민법전 611조 이하의 고용계약법을 기준으로 한다"며 "인적 종속관계에서 노동자에게 노동을 제공하게 하고 임금을 지급할 의무를 부담하는 자"라고 정의하고 있다. 그러나, 노동법 및 사회보험법에서 사용자는 통상 법인인 반면, 사회보험료 미납죄의 피고인은 자연인이다. 연방 보통법원은 사용자성을 엄격하게 해석하고 있다고는 하나, 다른 공동피고인과 함께 루마니아인을 건설현장 해체에 종사하게 하고 현장에서 루마니아 노동자들에게 직접 지시를 내린 피고인에 대해 피고인이 책임자였다고 인정할 수 없어 동조에서 말하는 사용자가 아니라고 판단했다(2023년 6월 14일 판결).[51]

2022년 연방범죄국 통계에 따르면 사회보험료 미납죄는 배임(형법 266조) 및 수표·신용카드 부정사용죄(형법 266b조)와 함께 체포 건수 5,302건, 해결 건수 5,198건으로 전체 경제범죄의 7.3%를 차지하고 있다. 특히, 기업의 경영위기 시 전형적으로 행해지는 범죄로 파산 관련 범죄(파산법 15a조의 파산지연죄 등)는 입건이 어렵기 때문에 사회보험료 미납죄를 활용하는 것은 실무적으로 의미가 크다고 할 수 있다.

49) § 266a StGB.

50) § 266a StGB.

51) BGH Urteil v. 14.06.2023 – 1 StR 74/22.

세관에 의한 '암노동' 감독

암노동대책법은 역사적으로는 1950년대부터 수공업 자영업자를 단속하기 위한 법으로 존재했지만, 현행 암노동대책법은 2004년에 제정된 법이다. 가장 큰 핵심은 세관에 암노동을 감독하는 부서(Finanzkontrolle Schwarzarbeit, FKS)를 설치한 것이다. 2017년 개정으로 세관의 인적·정보기술적 체제가 강화되었다. 유럽의 다른 나라에서는 암노동을 단속하는 것은 노동감독국이며, 일본에도 유사한 규제가 있다면 노동기준감독서가 이 역할을 맡게 될 것이다.

독일에서 세관이 불법 노동을 단속하게 된 이유는 독일에서 노동감독은 주 정부 관할로 연방 전체에서 단속을 할 수 없기 때문이라고 할 수 있다. 또한, 세금이나 사회보험료 미납이라는 재정적 측면에 초점을 맞춘 단속이지만, 그 이면에는 인신매매와 같은 심각한 조직범죄가 존재하는 경우도 있다. 따라서 현장을 방문하는 세관 직원은 무장을 하고 있으며, 법원의 허가를 받아 도청도 가능하기 때문에 사실상 경찰과 별반 다르지 않은 권한을 가지고 있다고 할 수 있다. 제복도 비슷하다. 세관 직원이 되려면 뮌스터에 있는 3년간의 전문학교에서 교육을 받아야 하며, 입학시험에는 운동능력을 측정하는 시험도 있다고 한다.

세관은 암노동을 단속하기 위해 세무서, 사회보험기관, 연방고용청, 주 정부 노동감독국, 경찰과 긴밀히 협력하고 있다. 이들 기관은 암노동대책법에 열거되어 있다.

2004년 제정된 이후 암노동대책법은 수시로 개정되었으며, 2015년 최저임금법 제정 이후 최저임금 미지급도 단속하게 되었으며, EU역내 노동자 송출 규제 강화에 따라 무허가 파견 등 특정 노동자파견법 위반도 단속하게 되었다.

암노동대책법은 세관이 심사할 사항을 구체적으로 열거하고 있으며, 사회보험료 미납 여부, 외국인노동자가 적법한 취업 허가를 가지고 있는지, 노동자가 적법한 노동자파견업 허가를 받은 사업주로부터 파견되었는지 등을 심사한다(2조).

2008년부터는 특정 경제부문에서 취업하는 자에게 신분증 휴대와 세관 직원의 요청에 따라 제시할 의무를 부과하고 있다(2a조). 이러한 경제부문에는 ① 건설업, ② 요식·숙박업, ③ 여객운송업, ④ 화물운송업, ⑤ 유흥업(Schaustellergewerbe), ⑥ 영림업, ⑦ 청소업, ⑧ 이벤트 개최업, ⑨ 식육산업 ⑩ 성(性) 산업, ⑪ 경비업 등이며(2023년 10월 현재), 해마다 증가하고 있다. 이들 부문에 대해 세관이 집중적인 감독을 하고 있다. 이처럼 '암노동'에 대한 단속은 기본적으로 영업 부문이며, 개인 가정에는 미치지 않는다고 할 수 있다(1조 4항).

노동자에게 신분증 휴대가 의무화된 규정은 독일 최초의 노동입법이라 할 수 있는 19세기 영업법(Gewerbeordnung)에서 노동자에게 경찰이 발행한 노동자 수첩의 휴대가 의무화되었던 것을 떠올리게 한다.[52] 이들 산업은 신분증 휴대·제시 의무뿐만 아니라 최저임금법에서 노동시간 기록의무를 규정하고 있다.

세관은 세무서, 사회보험 관할 관청 등 많은 관련 기관과 협업한다. 세관은 암노동에 대해 처벌 및 벌금을 부과할 수 있다. 또한, 운송, 건설 및 서비스업의 경우 공공조달 입찰에서 암노동을 한 사업주를 배제할 수 있다(21조).

적발 사례 개요

실제로 어떠한 적발이 이루어지고 있을까? 필자가 연방 재무부에 문의한 바에 따르면, 2021년 적발 내용은 <표 5-1>과 같다.

52) 노동자 수첩 제도는 독일에서는 Gewerbeordnung für das Deutsche Reich vom 21. Juni 1869에 의해 폐지되었고, Gesetz zur Abänderung der Gewerbeordnung vom 17. Juli 1878에 따라 21세 미만의 미성년자에게만 요구되었다.

〈표 5-1〉 2021년 암노동 적발건수

형사절차

신규수리건수	120,345	기 처리건수	112,836
내 역		내 역	
형법전 266a조 (사회보험미지급죄)	13,700	형법전 266a조 (사회보험미지급죄)	14,849
형법전 263조 (사기[사회보험급여 부정수급])	97,976	형법전 263조 (사기[사회보험급여 부정수급])	90,200
체류법 95조(불법취업)	6,961	체류법 95조(불법취업)	5,697

과태료 절차

신규수리건수	32,524	기 처리건수	40,462
내 역		내 역	
송출법, 최저임금법, 파견법에 근거로 한 최저임금 위반	3,243	송출법, 최저임금법, 파견법에 근거로 한 최저임금 위반	3,750
근로시간 파악의무 위반	3,756	근로시간 파악의무 위반	3,260
검사에 대한 협력하지 않음	127	검사에 대한 협력하지 않음	167
사무소에 대한 출입 거부	585	사무소에 대한 출입 거부	234
취업자의 사회보험가입 미신고	377	취업자의 사회보험가입 미신고	295
사회보장급여의 부정수급 관련 사안	9,161	사회보장급여의 부정수급 관련 사안	19,242
불법취업 관련 사안	9,031	불법취업 관련 사안	7,462

과태료 절차에서는 최저임금법 위반이 주요 불법 사례임을 알 수 있다. 최저임금은 연방최저임금 외에 연방최저임금보다 높은 업종별 최저임금이 송출법에 규정되어 있으며(현재 업종별 최저임금이

있는 부문은 쓰레기 수거업, 계속직업훈련서비스업, 건설업, 굴뚝청소업, 청소업, 경비업, 돌봄이다), 노동자파견에서도 연방최저임금보다 높은 독자적인 최저임금(2024년 1월 1일부터 13.50유로)가 적용되고 있다. 또한, 보고서에는 74만 5,000개의 일자리가 연방 최저임금을 위반하고 있다는 추정이 소개되어 있다.

노동시간 파악의무 위반은 최저임금법 위반과 밀접한 관련이 있다. 현재 독일에서는 최저임금법과 송출법에서 특정 산업에 대해서만 노동시간 파악의무가 규정되어 있다. 이들 산업은 앞서 언급한 신분증 휴대 및 제시 의무가 규정된 산업과 동일하다. 이러한 노동시간 파악의무는 7일마다 노동시간을 기록할 의무를 사업자에게 부과하는 것이다(왜 7일인가에 대해서는 건설현장 등 실제 노동자가 근무하는 장소와 인사관리를 하는 사무실이 떨어져 있는 경우 현장 관리자가 자주 사무실에 가지 않는 것을 배려했기 때문이 아닌가 한다). 또한, 식육산업에서는 앞서 언급한 식육산업 권리보장강화법에서 '조작불가능한'(manipulationssicher) 노동시간 기록의무를 부과하고 있다. '조작불가능'이란 수기 메모를 나중에 엑셀 파일에 입력하는 방식으로는 허용되지 않는 것으로 해석되며, 노동시간 기록을 위한 앱이 실무에 활용되고 있다. 2023년 3월 말에는 모든 노동자에 대해 전자적 방법에 의한 노동시간 기록의무와 그 예외를 규정하는 법안이 발표되었다.

암노동의 대표적인 사례 중 하나가 사회보험 가입 의무를 회피하기 위한 위장 자영업이다(불법 고용에 대한 연방정부의 제14차 보고서). 위장 자영업은 그 외에도 최저임금법이나 노동 보호 규정 위반을 동반하기도 한다. 보고서에는 노동자파견업을 운영하던 기업이 노동자파견업 허가를 갱신하지 않고 '자영업자'를 파견하게 된 불법 사례가 소개되어 있다. 자영업자 파견은 여러 분야에 걸쳐 숙박업, 이벤트업, 건설업, 운수업, 돌봄 노동자, 가사종사자, 의사 등이 그 사례로 거론되고 있다.

필자가 독일 대형 로펌의 파트너 변호사인 미하엘 피르츠 변호사로부터 들은 이야기에 따르면, 고객인 IT 기업에서 프리랜서 IT 엔지니어가 다수 근무하고 있었는데, 고객으로부터 "세관이 내일 아침 일찍 임검을 하러 온다고 하니 대응해 달라"라는 급한 연락을 받고 아침 7시에(세관이 오는 시간은 항상 아침 7시에 온다고 한다) 고객의 사업장에 가보니 무장한 세관 직원이 여러 명 와 있어 매우 무서웠다고 한다. 내가 일본에는 독일의 암노동대책법 같은 법이 없다고 말하자 피르츠 변호사는 매우 놀라며 "사회보험료 미납은 사회에 심각한 문제가 아니냐. 프리랜서 활용에는 리스크가 있다는 것을 기업은 이해해야 한다"고 말했다. 기업 측 변호사의 발언임을 감안하면, 역시 일본과 독일의 의식 차이를 느낄 수 있다.

그 외 적발 사례의 대표적인 예로, 보고서에서는 실제로는 미니잡이 아닌 고용임에도 불구하고 미니잡으로 위장하여 사회보험기관에 신고하거나, 일시적으로 설립된 회사에 고용된 노동자에 대하여 많은 경우 미니잡으로 사회보험 신고를 하고, 법적으로는 도급이라는 형태로, 노동자가 다른 회사에 노무를 제공한다는 '위장 청구'가 소개되고 있다. 이 경우 노무 제공처인 기업이 형식적인 회사에 지급한 도급 대금을 형식적인 회사가 노무 제공처에 현금으로 지급하고, 이 돈으로 노동자에게 임금이 지급된다고 한다.

이러한 불법 행위는 EU 차원에서 이루어지고 있으며, 여러 페이퍼 컴퍼니를 경유하는 '연쇄적 사기'도 있다고 한다. 조직범죄인 경우도 많다. 또한, 송출국에서의 A1 증명서 남용도 많은데, A1 증명서가 불법으로 발급된 것으로 의심되는 경우 수용국과 송출국 관할 사회보험기관의 협의를 거쳐 송출국에서 심사하고, 경우에 따라서는 철회할 수 있도록 해야 한다. 이 증명서는 수용국의 사회보험에 가입할 필요가 없음을 증명하는 것이지만, 재심사를 하는 것이 송출국에는 이익이 되지 않기 때문에 송출국에서는 적극적으로 심사절차를 진행하지 않는 것으로 알려져 있다. 2019년에 설치된 유럽노동감독국(ELA)에 의해 각국 감독기관의 협력이 진행될 것으로 기대되고 있다.

또한, 형사 절차와 과태료 절차 모두에서 사회보장급여 부정수급 사건도 많은데, 이 경우 노동자와 사업주 모두 처벌 대상이 된다. 보고서에서는 동유럽 출신 구직자들의 제2 실업수당 부정수급이 조직적으로 이루어지고 있음을 소개하고 있다.

근로자성의 확장과 '암노동' 단속

이 장에서는 플랫폼 노동자의 근로자성을 둘러싼 유럽과 미국의 동향을 살펴본 후, EU에서 채택 예정인 플랫폼 노동 관련 지침(안)의 내용을 소개했다. EU에서는 플랫폼 노동자의 근로자성을 폭넓게 인정하고 있다. EU 여러 국가에는 노동자와 자영업자의 중간에 위치한 '제3의 범주'를 가진 노동법제를 가진 국가도 있지만, 플랫폼 노동자는 '제3의 범주'가 아닌 노동자로 인정되고 있다. 제3의 범주의 유용성에는 의문이 제기되고 있다고 할 수 있다.

또한, 독일의 '암노동'에 대한 규제를 소개했다. 이는 아직 일본에서는 거의 알려지지 않았지만, 향후 일본에 중요한 문제가 될 것으로 보인다. 암노동은 세금이나 사회보험료 납부 의무를 위반하는 일하는 방식으로, 위장 자영업이 그 대표적인 탈루 사례이지만, 최저임금법이나 노동시간 규제 위반도 밀접하게 관련되어 있다. 위탁자뿐만 아니라 사회보장급여 부정수급에서는 종사자 측도 적발된다. EU에서는 국경을 넘나드는 위법 노동도 문제가 되고 있어 향후 일본에 있어서 중요한 과제가 될 것으로 예상된다.

제6장

앞으로의 고용사회

‘새로운 자본주의’

기시다 후미오(岸田文雄) 정권은 ‘새로운 자본주의’를 내세워 ‘성장과 분배의 선순환’과 ‘코로나 이후의 새로운 사회 개척’을 목표로 하고 있다. 그렇다면, 이를 바탕으로 어떤 고용 정책을 구상하고 있을까? 앞으로의 고용사회는 어떻게 구상되고 있을까? 이 장에서는 프리랜서 보호 문제를 중심으로 유럽의 동향을 시야에 두고 향후 고용사회에 대해 생각해 보고자 한다.

기시다 정권이 표방하는 ‘새로운 자본주의’는 무엇보다도 그 내용이 새로운 것인지에 대한 의문이 크다. 2022년 6월 7일 ‘새로운 자본주의의 그랜드 디자인 및 실행 계획’에서는 서두에서 1980년대~2000년대 신자유주의로 인해 경제적 격차가 커진 점 등을 지적하고, 이를 재검토해야 하며, 현재는 자본주의 탄생기의 자유방임주의, 전후 복지국가에 이은 세 번째 큰 전환기이며, ‘시장과 국가가 함께’, 즉 민관협력을 통해 그 해결을 목표로 한다고 적혀 있다. 그러나 이것은 이미 지난 20년간 계속 제기되어 왔던 말의 반복인 것 같다.

2023년 4월 28일 기시다 정권이 최우선 과제로 추진한 프리랜서 보호를 위한 신법(“특정수탁사업자에 관한 거래의 적정화 등에 관한 법률”)이 제정되었다. 이후 같은 해 5월 16일 기시다 총리를 좌장으로 하는 신자본주의 실현 회의는 '삼위일체형 노동시장 개혁의 지침 이하'(이하 "지침")을 발표했다. 동 지침에는 (i) 리스킬링을 통한 능력 향상 지원, (ii) 개별 기업의 실정에 맞는 직무급 도입, (iii) 성장 분야로의 노동 이동의 원활화를 삼위일체로 추진한다는 방침이 명시되어 있다.

동 지침은 향후 기시다 정권의 고용정책의 방침을 제시하는 문서로서 중요한 의의를 가진다고 할 수 있다. 그런데, 지침에서는 커리어 컨설턴트의 활용을 추진해야 한다는 방침을 제시하면서 '덴마크 등에서 유연안정성(flexicurity)의 일환으로 시행되고 있는 활동'이라고 언급하고 있다. 앞서 언급했듯이, 유연안정성은 2000년대에 유럽에서 사용된 노동정책의 표어로, 현재는 결국 신자유주의를 진전시켜 격차를 확대했을 뿐이라는 평가를 받으며 재검토가 진행되고 있는 개념이다. 유럽에서 재검토되고 있는 개념을 일본이 지금 내세우고 있다는 점에서는 의구심이 든다.

다음으로 지침에서 제시된 시책에 대해 검토하면서 향후 노동법의 과제를 밝혀보고자 한다.

리스킬링의 지원

지침은 먼저 '리스킬링'을 통한 능력 향상 지원이라는 방침을 내세우고 있다.

리스킬링(Reskilling)은 현재 국제적으로 중요한 과제가 되고 있으며, '유럽사회권의 기둥'에서도 제시된 문제이다. 고령화가 진행되고 노동자의 직업 수명은 길어지고 있지만, 디지털화의 진전에 따라 필요한 기술은 끊임없이 변화하고 있어 노동자의 주체적인 능력 향상을 위한 부단한 노력이 필수적이다. 이러한 상황에서 새로운 업무에 적응하기 위해 필요한 기술을 습득하는 것을 리스킬링이라고 한다.

유럽에 비해 일본에서는 재직 중인 노동자의 직업능력 향상에 대한 논의가 오래전부터 있었다. 이에 대해서는 스와 야스오(諏訪康雄)의 '커리어권' 개념이 유명하다. '커리어권'은 엄밀히 말하면 법적 권리는 아니지만, 스와는 이 용어를 사용하여 개인의 주체적인 경력 형성을 국가가 지원하는 것의 중요성을 설파했다(스와가 좌장을 맡아 정리한 후생노동성 "커리어 형성을 지원하는 노동시장 정책연구회" 보고서(2002) 참조).

같은 시기에, 노동자의 커리어를 지원하는 전문가로서 커리어 컨설턴트의 양성이이루어지게 되었다. 이후 커리어 컨설턴트는 명칭 독점 자격으로, 지침에 따르면 그 수는 현재 6.4만 명에 달한다.

이후 '개인 주체의 커리어 형성'이라는 개념은 일본의 직업능력 개발 행정에서는 자명한 것으로 자리 잡았다. 이는 지침에도 잘 나타나 있다.

지침에는 리스킬링 지원책으로 교육훈련급여를 확대하여 개인을 통한 재학습지원책을 강화하고, 고용조정보조금 지급 요건으로 30일 이상 휴직 시 교육훈련을 의무화하는 등의 시책을 도입하는 것이 제시되어 있다.

교육훈련급여는 1998년에 창설되어 점차 확대된 제도이다. 공인된 민간 교육훈련기관의 교육훈련 과정 중 노동자가 직접 선택한 과정에 참여하고 수료한 것을 요건으로 수강 비용의 일부를 고용보험 재원에서 노동자에게 환급하는 구조이다. 일반 교육훈련급여, 특정 교육훈련급여, 전문실무형 교육훈련급여의 세 가지 종류가 있으며, 환급률은 각각 20%, 40%, 80%이다. 전문실무형은 고도의 자격 취득을 목표로 하는 것으로 장기간에 걸친 풀타임 교육이 필요하기 때문에 요건을 충족하면 생활비도 지원된다.

교육훈련급여는 독일에는 유사한 제도가 없으며, 노동자가 주도적으로 실시하는 교육훈련 지원책으로 주목해야 하는 제도다. 한편, 본래 사용자가 부담해야 할 교육훈련 비용을 노동자에게 부담시키는 것이 아닌가 하는 문제가 있는 것으로 보인다. 그러나, 이 문제가 일본에서 검토될 기미는 보이지 않는다. '개인 주체의 커리어 형성'이라는 관념이 굳건히 뿌리내렸기 때문일 것이다.

교육훈련은 노동자의 의무인가

교육훈련은 사용자의 업무명령으로 이루어지는 경우도 있고, 노동자가 자주적으로 근무시간 외에 실시하는 경우도 있다. 전자는 업무시간 중 이루어지는 직업훈련, 소위 OJT(On the Job Training)와 업무 외적으로 이루어지는 직업훈련(Off-JT)이 있고, 후자는 노동자가 자주적으로 하는 것을 '자기계발'이라고 한다. '개인 주체의 커리어 형성'이 이들 중 어느 교육훈련에서 이루어지는 것인지에 대해서는 명확하지 않고, 모두 포함하는 것을 전제로 하고 있다(예컨대, 2022년 후생노동성 "직장 내 배움·재학습 촉진 가이드라인"). 그러나, '개인 주체의 커리어 형성'이라는 표어에는 자기계발이 가장 잘 어울리고 그렇게 이해하는 경영자도 적지 않을 것이다. 앞서 언급한 교육훈련급여도 자기계발을 지원하는 것이다(그러나 실제로는 사용자의 명령에 따라 수강하는 경우가 적지 않다는 문제에 대해서는 이미 지적한 바와 같다).

'개인 주체의 커리어 형성'이라는 견해에는 필자도 기본적으로 동의한다. 자신이 앞으로의 직업 생활에서 무엇을 할 수 있을지, 노동자는 끊임없이 고민하고 노력해야 한다. 그러나, 사실 이것은 노동계약의 본질과 양립할 수 없는 것이다. 노동계약은 사용자가 지시한 업무를 수행한다는 계약이며, 노동자가 자신이 원하는 일을 선택할 권리는 없기 때문이다.

애초에 사용자가 노동자에게 새로운 일을 시키려고 하고, 이를 위해 노동자가 교육훈련을 받아야 한다면 그 비용은 누가 부담해야 하는가? 사실 교육훈련비용을 누가 부담해야 하는가 하는 문제는 난해한 문제이며, 명확한 답은 아직 나오지 않았다. 이에 대해 EU는 국내법이나 단체협약에서 계속직업훈련이 의무화된 경우, 그 계속직업훈련은 무상으로 제공되어야 하며, 노동시간에 포함시켜야 한다고 규정하였다(노동조건지침 2019/1152[1] 13조). 이 규정을 국내법으로 수용함에 있어, 독일에서는 계속직업훈련을 의무화하는 경우에는 그 비용을 사용자가 부담하고, 해당 훈련은 노동시간 중에 실시되어야 한다는 취지의 규정이 정해졌다(영업법 111조).[2]

이 법 개정의 영향에 대해서는 아직 명확하지 않으며, 특히 '의무화'의 의미가 어떻게 해석될지 주목된다. 일본에서도 적어도 독일처럼 사용자가 명령한 직업훈련에 대해서는 사용자가 그 비용을 부담한다는 원칙을 마련하는 것이 필요하지 않을까 생각된다.

또한, 사용자가 부담하는 교육훈련 비용의 보조로서 인재개발지원 보조금이 있다. 리스킬링의 보조수단으로는 교육훈련급여보다는 인재개발지원 보조금을 활용하는 것이 바람직해 보인다. 독일에서도 인재개발지원 보조금에 해당하는 훈련비 및 임금보조금 제도가 최근 도입되었다(§ 82a SGB III). 인적자원개발지원 보조금은 코스가 세분화되어 있고, 보조금 요건도 다르는 등 복잡한 제도이다. 사업주에게 중도해지 부담이 크다는 지적이 있는데, 사용하기 쉬운 제도를 만들어 인재개발지원 보조금을 리스킬링 지원의 한 축으로 삼아야 할 것으로 보인다.

직무형 고용으로의 전환

지침의 두 번째 축은 '개별 기업의 실정에 맞는 직무급 도입'이

1) Directive (EU) 2019/1152 of the European Parliament and of the Council of 20 June 2019 on transparent and predictable working conditions in the European Union.

2) § 111 Gewerbeordnung (GewO).

다. 여기서는 이른바 일본형 고용을 재검토하고 직무(job)형 고용으로의 전환을 추진하는 것을 목표로 하고 있다.

'직무(job)형 고용'이라는 용어를 발명하고, 일본의 전통적인 장기 고용인 멤버십형 고용과 대비시킨 것은 노동법 정책을 전문으로 하고 다수의 저서를 집필한 하마구치 게이이치로(濱口桂一郎)이다. 하마구치에 따르면, 직무형 고용의 본질은 (1) 특정 직무에 대해 그 직무를 수행할 수 있는 노동자를 채용하는 것, (2) 임금은 직무에 따라 결정되는 것, (3) 배치전환은 노동자의 동의 없이는 할 수 없는 것, 이 세 가지로 요약할 수 있다. 이에 반해 멤버십형 고용은 신규졸업 일괄채용의 고용관행 하에서 학교를 갓 졸업한 청년은 특정 직무를 수행할 능력이 없기 때문에 잠재능력에 초점을 맞춰 채용하고, 임금도 직무급이 아닌 능력에 따라 지급하며, 광범위한 인사이동을 통해 승진이 이루어져 왔다.

지침에서는 직무형 고용 중 직무급 도입만을 정책 과제로 제시하고 있다. 그 이유는 일본 기업과 외국 기업 간의 임금 격차를 줄이기 위해서라고 한다.

직무형 고용 도입에 열성적인 대기업으로는 히타치, 후지쯔 등이 유명하며, 주로 관리직에 대해 직무(職務)에 기반한 임금제도를 도입하고 있는 것으로 보도되고 있다. 그러나, 개별 기업의 임금체계 재검토를 넘어 국가가 고용정책으로 직무형 고용의 보급을 촉진하는 이유는 잘 모르겠다. 하마구치는 직무형 고용을 둘러싼 최근 논의가 90년대에 실패한 성과주의 임금의 재림이 아니냐는 지적을 하고 있다. 애초에 고용 관행이란 그 시대의 경제와 사회 상황에 따라 노사가 스스로 형성하는 것이지 국가가 특정 모델을 강요하는 것이 아니어야 한다는 것이다.

또한, 지침에는 '개별 기업의 실정에 맞는 직무급'이라고 명시되어 있어 유럽형 산별 단체협약에 의한 직무급 실현은 전혀 염두에 두지 않고 있다. 노동조합에 대해서도 언급이 없다. 유럽에서는 최저임금 지침에서 단체협약 적용률을 전체 노동자의 80%로 하는 것을 목표로 하고 있다. 이에 비해 일본에서는 노동조합의 존재감이 미약하다고 말할 수밖에 없다.

성장 분야로의 노동이동 촉진

지침의 세 번째 기둥은 '성장 분야로의 노동 이동 원활화'이다. 노동 이동을 원활히 하기 위해 실업급여의 자기 사정 이직 제한의 완화, 퇴직소득 과세제도 재검토, '모범 취업규칙'을 통한 자기 사정 시 퇴직금 불이익 지급 재검토, 부업·겸업·장려 등의 시책이 제시되어 있다.

'성장 분야로의 노동 이동 원활화'도 오래전부터 제기되어 온 것으로 특별히 새로운 제안은 아니다. 그러나 노동 이동을 촉진하기 위한 보조금인 노동이동지원 보조금(부득이하게 이직을 하게 된 노동자에게 재취업 지원 등을 실시한 사업주 및 해당 노동자를 고용한 사업주에게 지급되는 보조금)에 대해서는 지침에서 언급되지 않다. 또한, 오랫동안 논의되어 온 해고의 금전보상 제도도 노동 이동을 촉진하기 위해 논의되어 왔다고 할 수 있는데, 이에 대해서도 지침에는 아무런 언급이 없다. 지침에서 제시된 시책은 소극적이라는 인상을 지울 수 없다.

다만, 해고무효 법제 하에서 예외적으로 인정되는 해고 금전보상 제도는 도입되더라도 독일처럼 실제로 활용되지는 않을 것이다. 일본에서도 독일에서도 해고 사건의 대부분은 화해로 해결되고 있다. 또한, 해고무효 판결을 받아도 실제로 복직하는 것은 쉽지 않다. 이러한 현실에 법을 맞추는 것이 해고 금전보상 제도를 지지하는 유력한 이유가 되고 있다. 그러나, 만약 복직할 수 있는 권리가 없다면 현실은 더 비참할 것이다. 해고무효 법제는 유지되어야 한다.

지침에서는 자기 사정으로 이직할 경우 발생하는 실업급여 지급 제한 기간을 재검토하는 방안이 제안되어 있다. 이는 실업급여의 큰 개혁으로 신중한 검토가 필요하지 않을까 싶다. 지급 제한 기간은 실업을 스스로 초래한 노동자에 대한 일종의 제재다. 실업보험은 부득이하게 이직한 자를 보호하기 위한 제도라는 점을 감안하면, 이는 필요한 조치라고 할 수 있기 때문이다.

지침에는 '실업급여 신청 시점으로부터 소급하여, 예를 들어 1년 이내에 리스킬링에 노력한 경우 등에 대해 회사 사정에 의한 경우와 동일하게 취급한다'고 적혀 있지만, 표면적으로는 자기 사정이지만 실제로는 회사 사정에 의한 이직이 포함되지 않을까 하는 우려가 있다.

또한, 지침에는 언급이 없지만 2023년 12월 현재 후생노동성은 교육 훈련을 받기 위해 휴가를 취득한 실업수당(기본수당)에 상응하는 급여를 지급하는 새로운 제도를 도입하는 방침을 세우고 있다. 이는 리스킬링이라기보다는 앞서 언급한 자기 사정으로 인한 이직을 회사 사정으로 인한 이직과 동일하게 취급하는 정책과 마찬가지로 노동 이동을 촉진하기 위한 새로운 시책으로 보이며, 필자는 이것이 구조조정으로 이어질 수 있다고 우려하고 있다. 독일에서는 2023년 6월에 계속훈련수당(Qualifizierungsgeld)이라는 새로운 보조금이 도입되었는데, 이보조금을 받기 위해서는 노사가 계속 직업훈련 중에 정리해고를 하지 않겠다는 합의를 하는 것이 요건으로 되어 있다.

유연안정성에 대한 논의가 활발할 때 덴마크의 노동시장이 모델로 자주 인용되었다. 이러한 새로운 시책은 그 일본판이라고 할 수 있다. 덴마크의 유연안정성은 해고는 쉽지만 해고된 노동자에게 공공직업훈련을 실시해 재취업을 용이하게 하는 시스템이다. '이직'을 장려하는 정책을 전면에 내세울 수 없기 때문에 리스킬링 지원처럼 보이는 이런 새로운 제도를 고안한 것일 수도 있다.

격차 시정

지침에서는 '다양성 존중과 격차 시정'이라는 제목 아래 최저임금 인상, 동일노동·동일임금제 철저, 여성 활약, 외국인 노동자 지원 등의 시책이 제시되어 있다. 이는 삼위일체로 제시된 ① 리스킬링을 통한 능력 향상 지원, ② 개별 기업의 실정에 맞는 직무급 도입, ③ 성장 분야로의 노동 이동 원활화에는 포함되지 않은 시책이다. 이러한 시책들은 이전 정부의 '일하는 방식 개혁'을 계승한 것이다.

최저임금은 민주당 정권에서 전국 가중평균 1,000엔으로 인상하는 것이 목표로 제시되었다. 이후 코로나 사태로 인상하지 못한 2021년도를 제외하고 꾸준히 상승해 2023년도에 전국 가중평균 1,004엔으로 1,000엔을 돌파했다. 지침에는 1,000엔 달성 후 최저임금 인상 방침에 대해서는 새로운 자본주의 실현 회의에서 논의할 것이라고 언급하고 있다. 선진국에 비해 일본의 최저임금은 여전히 낮은 수준이며, 추가 인상이 검토되어야 한다. 최저임금이 준수되고 있는지 감독행정 체제를 확보하는 것도 필요할 것이다.

동일노동·동일임금제는 '일하는 방식 개혁'의 핵심이었지만, 정규직과 비정규직의 불합리한 격차가 현저하게 줄어들었다고 보기 어려운 상황이다. 최고재판소는 상여금 및 퇴직금이 기간제 노동자에게 지급되지 않는 것은 불합리하지 않다고 판단했다(大阪医科薬科大学事件: 最判令和2年10月13日; メトロコマース事件: 最判令和2年10月13日). 지침에는 정규직 노동자와 비정규직 노동자 간의 임금 격차는 '시간당 600엔 정도'라고 명시되어 있다.

일본의 비정규직 노동자에 대응하는 고용은 독일에서는 우선 미니잡과 노동자파견이라고 할 수 있다. 기간제 노동계약도 포함될 것이다. 직업 자격이 없는 사람은 미니잡이나 노동자파견으로 보조적인 노동에 종사할 수밖에 없다. 또한, 노동자파견에는 대졸자도 적지 않다고 하는데, 이는 대졸자에게 적합한 일자리가 한정되어 있어 발생하는 미스매치 때문이다.

일본에서도 비정규직 노동자는 대학 졸업 후 정규직으로 취업하지 못한 사람이나, 노동시장에서 퇴출당한 지 얼마 되지 않은 주부가 다시 일하기 시작하는 경우가 많다는 점을 감안하면, 독일의 상황과 비슷하다고 할 수 있다. 독일은 일본보다 기간제 고용에 대한 규제가 더 엄격하고 노동자파견도 하르츠 개혁으로 완화되었다가, 이후 다시 엄격한 규제가 이루어지고 있다. 일본도 2012년에 통산 고용기간이 5년에 도달한 경우 무기계약직으로 전환할 수 있는 권리가 부여되어(노동계약법 18조), 조금씩 독일의 규제에 가까워지고 있다고 할 수 있다.

그러나 독일에서 미니잡이나 노동자 파견은 정규직과 분리되어 있어 정규직으로 전환될 가능성은 전혀 없는 것으로 보인다. EU지침의 요청에 따라 사용자는 기간제 계약직 노동자에게 공석(空席)인 무기 고용 일자리에 대한 정보를 제공해야 하며, 파견노동자에 대해서는 사용사업주의 파견노동자에게 공석인 일자리에 관한 정보를 제공할 의무가 규정되어 있다. 그러나 이러한 규정이 활용되고 있다고 보기는 어렵다.

비정규직을 임시·보조적인 노동에 한정하여 안정적인 무기 고용을 유지하는 것이 독일의 고용정책이며, 일본도 이러한 방향으로 나아가고 있는 것이 아닌가 싶다. 그러나, 독일과 다른 점은 프리랜서 촉진책이다. 다음으로 이 문제에 대해 생각해 보고자 한다.

프리랜서 신법

1장에서도 언급했듯이, 2023년 5월에 '프리랜서 신법'(특정수탁사업자에 관한 거래의 적정화 등에 관한 법률)이 공포되었다. 이는 경제법과 노동법의 규제가 결합된 독특한 성격을 가진 법률로, 다른 나라에서도 유례가 없는 입법이다.

이 법은 보호 대상자를 '특정수탁사업자' 또는 '특정수탁업무 종사자'로 규정하고 있다. '특정수탁사업자'의 정의는 '업무의 상대방인 사업자'이며, 개인 또는 법인으로 종업원을 사용하지 않는 자를 말한다. '특정수탁업무 종사자'는 '특정수탁사업자인 개인 또는 법인의 대표자'이다. '특정수탁사업자'와 '특정수탁업무 종사자'의 구분이 명확하지 않지만, 기본적으로 양자는 동일하며, 이른바 프리랜서(개인사업자)를 의미한다.

거래조건 보호에 관한 규정(3~11조)은 '특정수탁사업자'에게 적용되고, 취업환경 보호에 관한 규정(12~23조)은 '특정수탁업무 종사자'에게 적용된다. 즉, 경제법상의 규정에서는 '특정수탁사업자'를 적용 대상자로 규정하고, 노동법상의 규정에서는 '특정수탁업무 종사자'를 적용 대상자로 규정하고 있다.

특정수탁사업자 또는 특정수탁업무 종사자의 상대방을 '업무위탁사업자' 또는 '특정업무위탁사업자'라고 부른다. 특정업무위탁사업자의 정의는 '특정업무수탁사업자에게 업무를 위탁하는 사업자'이며, 또한 '개인으로서 종업원을 사용하는 자' 또는 '법인으로서 2인 이상의 임원이 있거나 종업원을 사용하는 자'이다. 이 법은 보호 대상과 그 상대방을 종업원의 유무로 구분하고 있다.

또한, '업무위탁'이란 사업자가 '그 사업을 위하여' 다른 사업자에게 물품의 제조, 정보성과물의 작성 또는 용역의 제공을 위탁하는 것을 말한다. 하청법과 달리 '업(業)으로서'라는 요건이 명시되어 있지 않다. 따라서 하청법에서는 자기가 사용하는 제품 등의 위탁은 보호받지 못했지만, 프리랜서 신법에서는 그러한 제한을 두지 않기로 했다.

거래조건의 보호로서 우선 거래조건(급부의 내용, 보수액, 지급기일 등)을 서면(전자적 방법도 포함)으로 명시할 의무가 업무위탁사업자에게 부과되어 있다(3조). 이는 하청법 제3조에 해당하는 규정이다. 다음으로, 특정수탁사업자에 대한 보수는 급부의 수령 후 60일 이내에 지급해야 하며, 재위탁의 경우에는 원위탁 지급일로부터 30일 이내에 보수를 지급해야 한다(4조). 이는 하청법 2조의2에 해당하는 규정이지만, 재위탁에 대한 보수 지급에 대한 규정은 새로운 규정이다.

5조 1항은 금지되는 행위를 규정하고 있다.

① 특정수탁사업자의 귀책사유가 없음에도 불구하고 특정수탁사업자의 급부 수령을 거부하는 행위(수령거부)
② 특정수탁사업자의 귀책사유가 없음에도 불구하고 보수액을 감액하는 행위(보수감액)
③ 특정수탁사업자의 귀책사유가 없음에도 불구하고 특정수탁사업자의 급부를 수령한 후 특정수탁사업자에게 급부와 관련된 물건을 인수하게 하는 행위(반품)
④ 특정수탁사업자의 급부 내용과 같은 종류 또는 유사한 내용의 급부에 대하여 일반적으로 지급되는 대가에 비해 현저히 낮은 보수액을 부당하게 정하는 행위(가격 후려치기)
⑤ 특정수탁사업자의 급부 내용을 균일하게 하거나 개선하기 위하여 필요한 경우 그 밖에 정당한 사유가 있는 경우를 제외하고, 자기가 지정하는 물건을 강제로 구입하게 하거나 용역을 강제로 이용하게 하는 행위(구입·이용강요)

5조 2항은 다음 행위를 함으로써 특정수탁사업자의 이익을 부당하게 해치는 행위를 금지하고 있다.

① 자기를 위하여 금전, 용역 그 밖에 경제적 이익을 제공하게 하는 행위(부당한 이익제공 요구)
② 특정수탁사업자의 귀책사유가 없음에도 불구하고, 특정수탁사업자

의 급부 내용을 변경하게 하거나, 특정수탁사업자의 급부를 수령한 후 급부를 다시 하게 하는 행위(부당한 급부내용 변경/재작업)

이러한 금지행위는 하청법 4조의 규정과 거의 일치하며, 공정거래위원회가 신고를 바탕으로 필요한 조사를 실시하여 (특정)업무위탁사업자에게 필요한 조치를 취하도록 권고하는 것으로 되어 있다.

하청법과 프리랜서 신법의 차이점은 아래 표와 같다(<표 6-1>). 하청법에 규정된 지연이자 지급 의무가 프리랜서 신법에는 규정되어 있지 않은 등의 차이가 있으나, 이러한 차이가 발생하는 이유는 불분명하다(특정업무위탁사업자는 중소 규모의 사업자가 많기 때문이 아닐까 추측된다).

〈표 6-1〉 하청법과 프리랜서 신법의 비교

	규정내용	프리랜서 신법	하청법
의무규정	발주서면의 교부	3조	3조
	서류의 작성·보존	×	5조
	지급기일의 설정	4조	2조의 2
	지연이자의 지불	×	4조의 2
금지규정	수령거부	5조 1항 1호	4조 1항 1호
	지급지연	4조 5항	4조 1항 2호
	보수감액/대금감액	5조 1항 2호	4조 1항 3호
	반품	5조 1항 3호	4조 1항 4호
	가격후려치기	5조 1항 4호	4조 1항 5호
	구매·이용강제	5조 1항 5호	4조 1항 6호
	보복조치	6조 3호	4조 1항 7호
	유상지급재료의 조기 결제	×	4조 2항 1호
	할인이 어려운 어음 교부	×	4조 2항 2호
	부당한 이익제공 요구	5조 2항 1호	4조 2항 3호
	부당한 급부내용 변경/재작업	5호 2항 2호	4조 2항 4호
취업환경 정비		12조, 13조, 14조, 16조	×

이는 하청법의 규제를 확대한 것이지만, 노동자의 경우 이와 유사한 보호는 당연히 인정되는 것이다. 발주 서면의 명시 의무(3조)는 노동조건 명시 의무(노기법 15조)에 해당하며, 위탁대금 지급 지연 방지 규정(4조)에 해당하는 노동자의 임금채권 보호는 임금지급확보법에 의해 보장되고 있다. 또한, 금지행위(5조, 6조)에 직접적으로 해당하는 규제는 노동법에는 없으나, 노동자에 대해서는 잘 상정되지 않는 문제이거나 임금 전액 지급 원칙(노기법 24조)에 의해 보장되는 내용이다. 예를 들어, 재작업은 노동자라면 불충분한 노무를 제공한 경우 상사에게 재작업을 명령받는 것은 당연하다. 보통은 노무를 제공한 시간에 대해 임금이 지급되기 때문에 여러 번 재작업을 명령받았다고 해서 임금이 지급되지 않는 문제는 발생하지 않는다고 할 수 있다. 참고로, 공정거래위원회의 하청법 위반 관련 보고서에는 원재료비 인상 비용을 하청 사업자에게 전가하는 사례들이 제시되어 있다. 이와 유사한 문제는 노동계약에 있어서도 노동에 따른 경비 부담의 문제로 노동기준법 24조 위반의 성립 여부가 논의되고 있다(住友生命保険: 京都地判令5.1.26 労判1282号19頁).

예를 들어 자유기고가나 디자이너가 발주자가 납득할 때까지 다시 작성(그리기)을 요구하는 것은 금지된 재작업에 해당할 수 있다. 그러나, 도급계약에서는 일의 완성에 대해 보수가 지급되는 것이므로, 완성될 때까지 보수가 지급되지 않는 것은 당연하다고 할 수 있다. 실제로 금지된 재작업으로 인정받기는 쉽지 않을 것이다. 무엇보다 개별 사안에 대해 공정거래위원회가 어디까지 대응할 수 있을지는 불분명하다.

12조 이하에서는 노동법에 속하는 규제가 규정되어 있다. 먼저, 특정업무위탁사업자는 특정수탁사업자의 모집에 관한 정보를 제공할 때 허위표시나 오해를 불러일으킬 수 있는 표시를 해서는 안 된다고 규정되어 있다(12조). 이는 직업안정법 제5조의4의 정확한 표시 의무에 대응하는 규제이다.

다음으로, 정령으로 정하는 기간 이상의 기간 동안 이루어지는 업무위탁('계속적 업무위탁')에 대해 특정업무위탁사업자는 특정수탁업무 종사자가 임신, 출산, 육아 또는 돌봄과 양립하면서 업무에 종사할 수 있도록 필요한 배려를 해야 한다(13조). 계속적 업무위탁으로 인정받기 위한 기간은 2023년 12월 현재 아직 정해지지 않았다. 국회 정부위원의 답변에서 1년이라는 기준을 염두에 두고 있다고 볼 수 있다. 계속적 업무위탁 이외의 업무위탁에 대해서는 이러한 배려의무는 노력의무로 규정되어 있다.

14조에서는 괴롭힘(성희롱, 모성괴롭힘, 직장 괴롭힘)의 예방조치 의무가 규정되어 있다. 이는 균등법과 노동시책추진법에서 규정한 노동자에 대한 괴롭힘 방지조치 의무와 유사한 규정이다.

16조에서는 계속적 업무위탁에 대해 계약을 해지할 경우 30일 전에 통지할 의무를 특정업무위탁사업자에게 부과하고 있다. 이는 노동기준법 20조의 해고예고의무에 해당하는 규정이다.

위 규정에 대해서는 후생노동성이 관할권을 가지고 있으며, 법 위반의 경우 후생노동부장관은 특정업무위탁사업자에게 필요한 조치를 취하도록 권고할 수 있고, 특정업무위탁사업자의 사업장에 출입하여 검사할 수 있다.

괴롭힘 예방조치 의무와 계속적 업무위탁에 있어서의 해지의 예고 의무는 이미 후생노동성의 가이드라인에서 요구되고 있던 것이 법률상의 의무가 된 것이다.

이 법에 대하여, 특히 괴롭힘 방지 조치 의무에 대해서는 프리랜서 스스로도 긍정적으로 평가하고 있는 것으로 알려졌다(아사히 신문 2023년 7월 13일자). 그러나 애초에 노동자에 대한 괴롭힘 방지 조치 의무에 대해서도 이러한 법적 의무로 인해 당장 노동자에게 어떤 권리가 발생하는 것은 아니며, 실무상 기업 내에 괴롭힘에 대응하는 상담 창구가 마련되고 그 창구를 이용할 수 있다는 이점이 생길 뿐이다.

물론 이러한 기업 내 절차를 통해 괴롭힘이 인정되면 가해자에게 어떤 처분이 내려지고, 재발방지책이 마련되기는 하지만 손해배상을 청구하기 위해서는 소송을 제기해야 한다. 방지조치의무가 신설됨으로써 괴롭힘에 대한 인식이 높아져 억지력이 작용하는 효과를 기대할 수 있지만 과대평가하는 것은 금물일 것이다.

프리랜서 신법의 노동법상의 규제는 노동자에게 인정되는 보호의 내용에 비하면 상당히 제한적인 것으로 평가할 수밖에 없다. 해고권 남용 법리(노동계약법 16조)가 적용되지 않는 이상, 육아·돌봄과의 양립 배려의무를 부과하더라도 위탁자는 임신·출산한 프리랜서와의 계약을 해지하면 충분하다.

특정수탁사업자(특정수탁업무 종사자)는 노동자가 될 수 있는가?

프리랜서 신법 제정 과정에서 국회에서 계약상으로는 업무위탁이지만 실제로는 근로자성이 인정되는 프리랜서가 적지 않다는 지적이 제기됐다. 이에 따라 중·참의원 부대결의에서 "위장 프리랜서나 준종속노동자의 보호에 대해서는 노동기준감독서 등이 적극적으로 청취하고 확인할 것"(중의원 부대의결 제15호, 같은 취지, 참의원 부대결의 제19호), "노동기준법상 노동자에 해당하는 자에 대해 노동관계법령이 적절히 적용될 수 있는 방안을 검토할 것"(중의원 부대결의 제16로), "… 근로자성 판단기준의 구조가 적절한지 여부에 대해서도 부단히 확인하면서 검토하고 필요한 조치를 취할 것"(참의원 부대결의 제17호)이 확인되었다.

프리랜서 신법이 적용되는 특정수탁사업자(특정수탁업무 종사자)가 동시에 노동법의 적용을 받는 노동자라고 할 수 있는지가 문제다. 국회에서는 근로자성이 인정되는 프리랜서에게는 노동법령이 적용되며, 프리랜서 신법은 적용되지 않는다는 정부 참고인의 답변이 있었다(참의원 내각위원회 2023년 4월 25일 회의록). 이 견해는 이론적으로는 정당하다고 할 수 있다.

노동법의 적용을 받는 노동자와 독금법의 적용을 받는 사업자의 개념이 중첩되는지 여부에 대해서는 학설에서 논쟁이 있지만, 필자는 원칙적으로 두 개념은 엄격하게 구분된다고 생각한다. 사업자가 단결하여 거래 조건을 정하는 것은 담합(카르텔)으로 금지되어 있고, 노동자만은 단결하여 더 나은 노동조건을 쟁취하는 것이 허용되는 것으로 이해해야 하기 때문이다.

즉, 법질서에는 노동자와 사업자(자영업자)라는 두 개의 종사자 모델이 있다. 이는 개별 실정법 차원을 넘어선 기본 개념이다. 대비되는 두 개념이 겹치는 것은 있을 수 없는 일이다. 법학에서의 개념이란 기본적으로 이분법적이기 때문이다. 그러나 기본 개념은 개별 실정법의 개념이 되었을 때 다소 어긋나는 경우가 있기 때문에, 일본의 현재의 노동법 규제의 적용을 받는 노동자와 독금법상의 사업자가 겹치는 경우가 전혀 없다고는 할 수 없다. 적어도 카르텔 금지와 관련해서는 노동자와 사업자의 개념이 겹치는 경우는 없을 것이다.

특정수탁사업자(특정수탁업무 종사자)의 정의는 넓게 정의되어 종업원을 고용하고 있지 않으면 인정된다. 이렇게 정의되는 특정수탁사업자(특정수탁업무 종사자) 중에는 노동자도 상당 부분 포함되어 있다고 보아야 한다. 반대로, 물론 진정한 자영업자도 있을 것이다. 앞의 3장에서 다룬 외국의 제3 범주와 비교하여 이 정의는 노동자, 외국의 제3 범주 및 자영업자의 세 가지를 모두 포함할 수 있는 넓은 개념이기 때문이다. 후생노동성에서 프리랜서 보호가 논의되기 시작한 이후 프리랜서 신법 제정에 이르기까지 근로자성에 대한 논의는 이루어지지 않은 채 프리랜서에 대한 보호가 조금씩 확대되어 왔다. 이러한 프리랜서 신법 제정에 이르는 과정에 비추어 볼 때, 특정수탁사업자(특정수탁업무 종사자) 중에는 근로자성이 인정되는 자도 상당 부분 포함된다고 해석해야 한다.

따라서 근로자성이 인정되면 특정수탁사업자(특정수탁업무 종사자)에 해당하지 않는다는 앞서 언급한 정부 참고인의 해석은 노동자가 동시에 사업자가 될 수 없다는 점에서 이론적으로는 타당하다. 그러나, 근로자성을 다투지 않고 프리랜서 신법의 적용을 요구하는 프리랜서가 노동자라는 이유로 이 법의 적용이 부정되게 되는 것은 타당하지 않다. 프리랜서 신법에서 인정되는 보호는 노동자라면 당연히 인정되는 보호이기 때문이다.

예를 들어, 안전배려의무에 의한 보호는 현재 판례법리에서는 1인 자영업자 등 노동자보다 넓은 범위의 자에게 인정되고 있다('들어가며'의 **사례** 6). 프리랜서 신법의 규제 역시 안전배려의무와 마찬가지로 노동법상 규제의 외연을 넓힌 것으로 이해하는 것이 적절할 것이다. 또 다른 예를 들면, 현재 노조법상의 노동자는 노기법상의 노동자보다 넓게 해석되고 있는데, 두 개념의 관계도 마찬가지다. 즉, 노조법상 근로자성이 인정되는 자는 노기법상 근로자성로 인정될 수도 있고, 인정되지 않을 수도 있다. 그러나, 노기법상의 노동자라고 해서 노조법의 적용이 부정되는 것은 아니다. 즉, 프리랜서 신법이 적용되는 특정수탁사업자(특정수탁업무 종사자)는 노동자일 수도 있지만, 노동자라는 이유로 이 법의 적용이 부정되어서는 안 된다. 즉, 프리랜서 신법은 독금법의 특별법이기도 하지만, 프리랜서 보호라는 목적에 비추어 볼 때 실질적으로는 노동법의 특별법으로서의 측면을 중시해야 한다.

향후 고용사회에서 프리랜서의 위치

지침이 지향하는 앞으로의 직무(job)형 고용사회에서 프리랜서는 어떻게 자리매김할 수 있을까? 이 문제가 정부에서 처음으로 논의된 후생노동성의 '고용 유사한 일하는 방식에 관한 검토회'의 좌장을 맡았고, 현재도 프리랜서 신법 시행규칙 작성을 위한 후생노동성 검토회의 좌장을 맡고 있는 카마타 코이치(鎌田耕一)는 앞으로의 고용사회에서 프리랜서의 포지셔닝에 대한 명쾌한 이미지를 제시하고 있다.

카마타에 따르면 앞으로의 고용사회는 커리어를 중시하는 고용사회로 전환되며, 커리어는 '조직 내 커리어', '스페셜리스트형 커리어', '임시직형 커리어'의 세 가지로 유형화된다. '조직 내 커리어'는 일본식 고용 관행 하에서 오랫동안 유지되어 온 경력 유형으로, 회사의 핵심 인재로 순조롭게 올라가는 한 개인의 희망과 일치하지만, 그 코스를 벗어나면 개인의 주체성과 괴리가 발생한다는 문제점이 있다. '스페셜리스트형 커리어'는 전문적인 지식·기술을 가진 스페셜리스트로 정규직인 경우도 있지만, 프리랜서로 일하는 경우도 있다. '임시직형 커리어'는 현재 비정규직으로 불리는 자(단시간, 계약직, 파견노동자, 아르바이트)를 의미하며 긱 워커도 여기에 포함된다. 임시적, 일시적 취업을 지향하는 것이다.

이 모델은 닛케이렌(일본경영자단체연맹, 당시)이 1995년 앞으로의 고용 시스템의 모델로 발표한 3가지 모델을 떠올리게 한다("신시대의 '일본적 경영'"). 닛케이렌은 앞으로의 고용형태는 '장기 축적 능력 활용형 그룹', '고도의 전문 능력 활용형 그룹', '고용 유연형 그룹'의 세 가지로 나뉘어질 것이라고 정리했다. 카마타가 말하는 세 가지 커리어는 이 세 가지 그룹에 해당한다. 그러나 당시에는 '고도의 전문능력 활용형 그룹'은 기간제 계약직 노동자를 상정하고 있었다. 카마타의 모델에서는 프리랜서가 추가된 점이 새롭다.

카마타는 '조직 내 커리어'는 예를 들어 채용 후 20년이 경과한 후에, 커리어 조사를 하여 기업의 광범위한 인사권과 커리어의 주체적 형성을 조정하는 구조가 필요하다는 점을 지적하고 있다. 아마도 커리어의 조사 결과, '조직 내 커리어'에서 '스페셜리스트형 커리어'로 이행하여 프리랜서로 일하는 자가 늘어날 것을 상정하고 있는 것이 아닐까 추측된다.

실제로 프리랜서 신법 제정에 이르는 과정에서 프리랜서는 중장년층 노동자의 적절한 고용기회로 기대되었다. 카마타가 생각하는 프리랜서의 이미지는 '조직 내 커리어'에서 전환된 '스페셜리스트형 커리어'일 것이다. 이 이미지는 충분히 이해할 수 있지만 '스페셜리스트형 커리어'로 전환하기 위해 반드시 프리랜서가 될 필요는 없을 것 같다(물론 지금까지도 회사원을 거쳐 독립하여 활약하는 사람은 있었다. 그러나 프리랜서 신법은 이러한 진정한 자영업자의 보호를 위해 일부러 제정된 법이라고 할 수 없을 것이다).

또한, 직무급으로의 전환이 진행되면 중장년층 노동자의 임금이 너무 높다는 문제도 해소될 것이다. 이렇게 보면 직무급으로의 전환과 프리랜서 확대는 서로 상충되는 목표라고 할 수 있다. 고용정책의 정합성이 문제 되는 것 같다.

근로자성의 재검토

필자는 지금까지 근로자성의 판단요소로서 현행 후생노동성 가이드라인에서 제시된 여러 기준은 타당하지만, 그 판단 방법을 재검토해야 한다고 주장해 왔다(필자 저서 「노동자의 기본 개념 – 근로자성의 판단요소와 판단 방법」).

법학에서의 개념에는 모두 그 반대 개념이 있다. 법규범의 적용이란 '이것 아니면 저것'의 양자택일적 판단이기 때문이다. 노동자의 반대 개념은 자영업자(사업자)이며, 자영업자라고 할 수 없는 자가 노동자다. 앞서 언급한 바와 같이(이 책 75쪽), Wank는 직업 활동에는 노동법의 적용을 받는 노동자와 노동법의 적용을 받지 않는 자영업자의 두 가지 모델이 있으며, '시장에서 스스로 거래를 하고 사업자로서의 위험과 기회를 가진 자'를 자영업자로 정의한 후, 자영업자가 아닌 자가 노동자라는 경계 획정의 기준을 제시하였다. Wank는 이를 목적론적 개념 형성이라고 부르며, 법학의 개념은 목적론적 개념 형성을 통해 상위 개념(정의)을 얻은 후 하위의 구체적 판단요소가 존재론적 개념 형성을 통해 획득된다고 설명한다.

존재론적 개념형성이란 '현실을 관찰하여 정의되어야 할 대상의 특징으로 존재하는 요소(판단기준, Merkmal)를 열거'하는 방법이다. 후생노동성 가이드라인에 제시된 근로자성 판단기준(사용종속성)은 전형적인 노동자의 일하는 방식에서 얻은 존재론적 개념 형성에 기반한 판단요소다. Wank는 존재론적 개념 형성에 의해 얻어진 하위 판단요소는 그것만 고려하면 부당한 결과에 빠질 위험이 있어 반드시 상위의 목적론적 개념 형성과 연계하여 평가해야 한다고 말했다.

목적론적 개념 형성에 있어서는 사업자가 아닌 자가 노동자라는 고찰이 중요하다. 근로자성의 개별적 판단요소는 사업자인지 아닌지의 관점에서 평가되어야 한다. Wank는 지휘명령 구속성이 인정되면 자신의 판단으로 시장에서 이득을 얻을 기회가 좁아진다고 하면서, 지휘명령 구속성이라는 존재론적 개념 형성을 통해 얻어진 판단요소가 적절히 평가된다면 근로자성의 판단기준으로 충분히 유용할 수 있다고 하였다.

Wank의 주장과 같은 판단이 내려진 판례가 일본에도 존재한다[ビクターサービスエンジニアリング事件(差戻控訴審: 東京高判 平25.1.23)]. 이 판결에서는 빅터사의 음향제품 수리에 종사하는 개인사업주(개인대리점)가 회사가 정한 업무수행방법에 따라 노무 제공을 하고 있고, 장소적·시간적으로도 상응하는 제약을 받고 있었다는 사실에 비추어 개인대리점이 스스로의 독립적인 경영판단에 따라 그

업무 내용을 차등배분하여 수익관리를 할 수 있는 기회가 현실적으로 확보되어 있다고 보기 어렵다고 판단하였다. 이는 지휘명령 구속성이 사업주성을 부정하는 요소임을 밝힌 것으로, 이를 통해 근로자성과 사업자성의 상관관계를 확인하였다.

이와 유사한 판단 방법이 노기법상 근로자성 판단에 관해서도 적용되어야 한다. 이러한 관점을 결한다면, 즉 목적론적 개념 형성이 아니라 개별 판단요소를 각각 개별적으로 평가하게 되면, 무엇을 위해 이러한 판단요소의 충족 여부를 검토하는 것인지 그 목적을 상실하고 부당한 결론에 도달하게 된다.

중시하지 말아야 할 판단요소

노기법상의 근로자성 판단요소는, 1985년 노동기준법연구회 보고에 따라 ① 업무의 승낙 여부의 자유 유무, ② 업무내용 및 업무수행방법의 지휘·감독 유무, ③ 시간적·장소적 구속성, ④ 노무제공의 대체성, ⑤ 보수의 노무대가성, ⑥ 사업자성(기계·기구의 부담, 보수액) 유무, ⑦ 전속성, ⑧ 세법·노동보험법상 취급 등으로 정리되며, 근로자성은 이러한 판단요소를 종합적으로 고려하여 판단한다.

목적론적 개념 형성에 근거하면, 먼저 다른 기준에 비해 중요하지 않은 판단요소를 지적할 수 있다. 그것은 ①의 '업무 승낙의 자유 유무', ③ 시간적·장소적 구속성 중 장소적 구속성, ⑤의 '보수의 노무 대가성' 및 ⑧의 '세법·노동보험법상의 취급 등'(위 보고서에서는 '등'에 복무규율의 적용 등이 제시되어 있다)이다.

먼저 ③ 시간적 장소적·구속성 중 장소적 구속성인데, 화이트칼라 업무의 대부분은 회사의 데이터나 네트워크에 접속할 수만 있다면 어디서든 할 수 있게 되었고, 원격근무도 확산되고 있는 현재에 있어서는 중시해야 한다고 할 수 없다.

다음으로 ⑤의 '보수의 성질'은 노동자라도 고액의 보수가 지급되는 경우가 적지 않으므로, 근로자성을 나타내는 사정으로서는 중요성이 낮은 사정이라고 할 수 있다. 독일에서는 노동자가 수령하는 보수(Vergütung)를 임금이라고 부른다(민법전 611a조 2항). 즉, 본래는 근로자성이 보수의 성격의 선결문제라고 할 수 있다. EU법상의 노동자 개념에서도 유상(有償)인 것은 필요하지만, 보수의 성격은 근로자성 판단에 있어서 고려되지 않는다.

그리고, ⑧ 세법·노동보험법상의 취급 등은 위탁자가 해당 종사자를 자신의 노동자로 취급하고 있는지 여부를 나타내는 주관적인 사정이므로, 중시해서는 안 되기 때문이다.

가장 논의해야 할 문제는 ①의 '승낙의 자유'의 의미에 관한 문제일 것이다. 이 판단요소가 언급된 판례를 살펴보면, '승낙의 자유'는 다음과 같은 두 가지 의미로 사용되고 있다.

첫째, 이 판단요소는 '할당된 일(작업)'을 거부할 수 없다는 것을 의미한다. 이는 업무내용·업무수행방법에 대한 지휘·감독 유무와 거의 같은 뜻이다(예컨대, 東京12チャンネル事件: 東京地判昭和43.10.25).

둘째, '승낙의 자유'는 노동자와 발주자 사이에 포괄적인 계약이 없으며, 개별적이고 단발적인 위탁 관계만 있는 경우에 각각의 위탁을 거절할 수 없었다고 인정되면 전체적으로 보면 하나의 계속적 계약관계가 성립하고, 그 계약관계가 노동계약이라고 인정되기 쉬워진다는 의미다(예를 들면, 大塚印刷事件: 東京地判昭和48.2.6). 이 경우 '승낙의 자유'는 근로자성 판단에 있어서 중요한 의미를 가진다고 할 수 있다.

이상에서 볼 때, 포괄적인 계약 관계가 처음부터 인정되는 경우(이러한 경우가 대부분이다), '승낙의 자유'는 '업무 내용·업무수행방법에 대한 지휘감독의 유무'라는 판단요소와 거의 동의어이며, 후자에 흡수된다고 할 수 있다.

근로자성을 어떻게 판단할 것인가

노동기준법연구회 보고서에서 제시된 판단요소를 종합적으로 판단하여 행해지는 근로자성 판단에 관해서는, 앞서 언급한 바와 같이 판단요소의 중요성에는 경중(輕重)이 있다. 그리고, 이러한 판단요소를 충족하는지('사안에 대한 적용')를 판단하는 데 있어 '사실상의 구속'을 고려하여야 한다.

3장에서 소개한 바와 같이, 최고재판소는 지입 화물차 운전기사에 대한 운송 담당자의 배송지 및 납품시간 지시에 대해 '운송'이라는 '업무의 특성상 당연히 필요한 지시'에 불과하고, 또한 그러한 지시에 따라 시업·종업시간도 저절로 정해지게 되지만, 다른 종업원에 비해 훨씬 시간적 구속이 느슨했다며 근로자성을 부정했다. 이러한 판단 방법은 적절하지 않으며, 목적론적 개념 형성에 따라 '사업자로 볼 수 있는가 여부'의 관점에서 사실을 평가해야 한다. '사실상의 구속'은 사업자성이 약하다는 것을 보여주는 사정으로 근로자성 판단에 있어 중시되어야 한다. 참고로 '사실상의 구속'을 중시하여 지휘명령 구속성 유무를 판단하는 판단 방법은 EU 사법재판소의 근로자성 판단에서 사용되는 방식이다.

필자의 견해에 대해 노동법 연구자인 모토히사 요이치(本久洋一)는 '사실상의 구속'을 중시하여 지휘명령 구속성을 넓게 해석하는 견해는 실제 재판 실무에서는 지휘명령 구속성이 좁게 해석될 위험성을 피할 수 없으며, '편입'이라는 독자적인 요건을 지휘명령 구속성과는 별도로 두어 경제적 종속성이 고려되어야 함을 명확히 해야 한다고 주장한다.

'편입'은 사용자의 인적·물적 시설에 대한 의존을 의미하는데, 노동기준법연구회 보고서에서도 '업무의 내용 및 수행방법에 대한 지휘명령의 유무'의 기준 설명에서 "또한, 관현악단원, 밴드맨의 경우와 같이 업무의 특성상 방송국 등 '사용자'의 구체적인 지휘명령에 익숙하지 않은 업무에 대해서는, 그러한 자들이 방송사업 등 해당 사업의 수행상 필수불가결한 것으로 사업조직에 편입되어 있다는 점을 들어 '사용자'의 일반적인 지휘감독을 받고 있다고 판단한 판례가 있으므로 참고해야 할 것이다"라고 명시하고 있다.

필자는 '편입'을 독자적인 기준으로 정립하지 않아도 지휘명령 구속성 안에 포함될 수 있다고 생각하지만, 모토히사의 비판도 이해가 간다. 입법론적으로는 '편입'의 기준을 근로자성 판단기준으로 명시하는 것이 바람직하다고 할 수 있다.

현재 독일에서는 '편입'이 민법 611a조의 '타인 결정성'의 해석으로서 근로자성의 기준으로 인정되고 있는 것은 앞서 언급한 바와 같다(이 책 122쪽). 물론, 이미 오래전부터 이 요소는 연방노동법원의 판결에서 고려되고 있었다.

공립병원 내과 과장(의사장)의 근로자성을 인정한 판결(BAG, 27.07.1961 – 2 AZR 255/60)에서 연방노동법원은 자신의 환자를 해당 병원의 설비를 이용하여 진료할 수 있었던 의사장의 근로자성에 대해 다음과 같이 언급하며 해고보호법의 적용을 인정했다.

> 원고는 본업으로 기간의 정함이 없이 고용되어 있었다. (…) 원고는 (…) 보험진료인 병원의 모든 환자를 진료할 의무가 있었고, 이 진료에서는 환자로부터 직접 보수를 받을 수 없었다. 빈곤층은 무상으로 진료해야 했다. <u>원고는 오히려 조직적인 측면에서 피고의 시의회 (…)에 의해 임명된 의료원장의 하위에 있었다.</u> 의료원장은 병원의 모든 부서를 총괄하고, 외과 및 내과와 관련된 의료위생상의 문제에서 내부적으로나 외부적으로 병원을 대표했다. 의료원장은 병원 전 부서의 원활한 협업을 고려하고, 피고의 지자체 결정에 따라 정해진 근무 규칙이 준수되도록 감독해야 했다. 의료원장은 환자 수용, 돌봄노동자 및 간호사의 배치에 대한 결정과 감독을 하고, 의견이 다를 경우 결정권을 가지고 있었다.
>
> (…) <u>모든 보조 노동자의 선발과 채용에 있어 원고의 동의도 존중되었</u>

지만, 그 권한은 피고만이 가지고 있었다. (밑줄은 인용자)

위 판결 취지를 보면, 의사장이 병원에 전속되어 있었다는 점 그리고 병원의 의료원장보다 하위에 위치했다는 조직적 지위가 근로자성을 긍정하는 결정적 요인이라고 할 수 있다.

노동법 연구자 시마다 요이치(島田陽一)는 노동기준법연구회 보고서에서 '구체적 지휘감독'과 '일반적 지휘감독'을 구분하고 있는 점을 지적하며, 전자는 고도의 전문직에는 불필요하다며 판단기준을 재검토할 필요가 있다고 말했다. 시마다에 따르면 '일반적 지휘감독'은 업무에 대한 포괄적인 지시가 있으면 인정된다. 필자가 말하는 '사실상의 구속'으로부터 지휘명령 구속성이 인정되어야 한다는 주장도 거의 비슷한 견해다.

'편입', '일반적 감독' 또는 '사실상의 구속'이 특히 고려되어야 하는 경우는 구체적인 지시에 따르지 않는 의사나 변호사("들어가며"의 **사례** 5)와 같은 고도의 전문직이나 독일의 클라우드 워커 판결처럼 사전에 계약서에 업무 내용과 수행방법이 상세하게 정해져 있어 사용자가 구체적인 지시를 매번 할 필요가 없는 경우(독일에서는 '선취된 지휘명령'이라고 함)이다. 계약상 프리랜서로 여겨지는 자의 근로자성 판단에 있어서 특히 유의해야 할 것이다.

노동안전위생법의 개인사업주 적용 확대

노동법의 규제는 노동자에게만 적용된다. 따라서, 근로자성이 노동법 적용에 있어 결정적인 의미를 지니는데, 최고재판소는 2021년 5월 17일에 노동안전위생법의 보호가 1인 사업주(히토리 오야카타(一人親方))에게도 적용된다는 판결을 내려 큰 주목을 받았다. 이 판결에서는 석면에 장기간 노출되어 심각한 폐질환에 걸린 건설업 1인 사업주에게도 노동안전위생법(労働安全衛生法)에 따른 규제 권한을 행사하지 않았다는 이유로 국가의 손해배상 책임이 인정되었다.

원심(東京高判平成29.10.27)은, 1인 사업주는 노안위법의 적용대상 노동자가 아니므로 국가는 1인 사업주에 대해 동법상의 규제를 가할 권한이 없다는 이유로 국가의 책임을 인정하지 않았다. 그러나, 최고재판소는 원심의 판단을 파기하며, 그 이유로 위험물 표시 의무를 규정한 노안위법의 규제(57조) 등, '사업자'를 수규자로 명기하지 않은 규제는 취업환경이라는 '장소'나 유해물질이라는 '물건'에 주목한 규제이며, 노동자에 해당하지 않는 자도 보호하려는 취지의 규제라고 밝혔다.

이 사건 외에도 건설현장에서의 석면 사용에 대해 국가 권한의 불행사를 이유로 국가배상법상의 책임을 다투는 사건이 전국적으로 여러 건 있었고, 고등법원에서는 1인 사업주에 대한 국가의 책임에 관한 판단이 엇갈리고 있었다. 1인 사업주에 대한 국가의 책임을 인정한 고등법원 판결(九州建設アスベスト事件: 福岡高判令和元.11.11)은, 약간의 표현의 차이는 있지만 기본적으로 특히 "사업자"를 수규자(名宛人)로 명기하지 않은 노안위법 제57조 등은 취업환경이라는 '장소'나 유해물질이라는 '물건'에 주목한 규제라는 이유뿐만 아니라, 1인 사업주가 건설현장에서 도급인의 지시에 따라 노동하고 있다는 점에서 노동자와 다르지 않으며, 또한 특별가입제도에 의해 노재보험법의 적용을 받는다는 점도 고려하여야 한다고 밝혔다.

이러한 고등법원 판결에 비해 최고재판소는 1인 사업주가 노동자와 마찬가지로 도급인의 지시에 따라 취업하고 있었다는 점을 1인 사업주를 보호할 수 있는 이유로 들고 있지 않다는 점이 특징이다. 따라서, 최고재판소 판결에 따르면, 노안위법의 보호가 개인 사업주에게 폭넓게 미치는 것으로 이해할 수 있다.

노동안전위생법 성령(省令) 개정 및 검토위원회 보고서

이 판결에 따라 2022년 4월에 노안위법 22조에 근거한 11개의 성령(省令)이 개정되었고, 그 외의 규제 적용 확대에 대해 검토하기 위해 후생노동성의 검토회가 개최되었다.

성령(省令) 개정에서는 안전 확보를 위한 규정 개정에 있어서 지휘명령 관계가 아닌 개인 사업주와 발주자 사이에 규제를 가하는 것이 문제가 없는지 여부가 개별 조치에 대해 일일이 검토되었다. 그 결과, 문제가 없다면 노동자 이외의 자를 적용대상에 포함시키고, 문제가 발생하면 노동자에 대해 사업주가 해야 할 의무를 개인 사업주에게는 이러한 조치를 취해야 한다는 주지의무와 배려의무로 대체했다.

예를 들어, 유해물질 발산방지장치 등의 가동에 대해 노동자에게는 사업주에게 '작업 중 가동하게 할 의무'가 부과되지만, '수급인(개인 사업주)만 작업할 때에는 사용을 허용하는 등 배려할 의무'로 대체된다. 또한, 마스크 등 보호구 사용에 대해서도 노동자에게는 사업주에게 '보호구를 사용하게 할 의무'가 부과되고 있으나, 개인 사업주에게는 '보호구 사용이 필요함을 주지할 의무'로 대체되어 있다. 이에 반해, '장소'에 초점을 맞춘 규제인 대피(退避)·출입(立ち入り) 금지 등의 조치는 지휘명령 관계에 근거한 것이 아니므로 노동자 외의 자도 대상에 추가되었다.

검토회 보고서는 개인 사업주에게 기타 노안위법 일부 규정의 적용을 인정할 것을 권고하고 있다. 구체적으로는, 업무상 재해 보고의무나 안전위생교육 수강의무 등을 개인 사업주에게 부과하는 것을 제안하고 있는데, 보고서를 읽으면서 느낀 점은 위 최고재판소 판결에서는 보호의 대상이었던 개인 사업주가 실제로 노안위법의 규제를 가하기 위해서는 의무의 대상이 되어 버린다는 점이다. 예를 들어, '피재자인 개인사업자 등 본인'이 재해 보고의무를 지고, 안전위생교육 수강, 위험유해업무에 관한 건강검진 등을 개인 사업주는 자기 부담으로 실시해야 한다.

노동자라면 교육 및 건강검진 수검은 노동자 본인의 의무인 동시에 사용자는 노동자를 수강 수검하게 할 의무를 진다.

이와 같이 노동자 이외에도 보호가 미칠 수 있는 노안위법 규정이라 하더라도, 개인 사업주와 발주자 사이에 지휘명령 관계가 없다는 이유로 발주자에게 의무가 아니라 배려의무나 주지의무를 부과하는 데 그치는 방향성이 뚜렷하게 나타나고 있다.

그러나, 지휘명령 관계가 없다는 것이 발주자에게 개인 사업주를 보호하기 위한 조치를 취하라는 취지의 의무를 부과할 수 없는 이유가 될 수 있는지는 의문의 여지가 있다. 최고재판소가 개인 사업주도 일정한 노안위법 규제의 보호 대상이라고 판단한 이상, 발주자는 노동자와 마찬가지로 개인 사업주에게도 보호조치를 취할 의무가 있다고 해석할 수 있기 때문이다.

이러한 조치를 취하는 것과 '지휘명령'은 별개의 문제가 아닐까? 그러나, 개인 사업주의 근로자성이 인정되지 않는 한, 개인 사업주가 노동자와 동등한 보호를 받기는 어렵다는 것을 이번 노안위법 관련 논의는 보여주고 있다. 그리고 지휘명령 관계를 전제로 한 규정인지의 여부를 일일이 검토하는 것은 매우 복잡한 작업을 행정에 요구하게 된다. 법규제를 시행함에 있어 사업주나 감독행정에도 많은 부담을 지우게 되는 것은 아닌지 우려된다.

또한, 프리랜서 신법에 대해 지적한 바와 같이, 개인 사업주에 대한 보호를 실현하기 위해 노동자에게 인정되는 경우보다 열등한 보호를 새롭게 추가하는 방안이 항상 취해져 왔다고 할 수 있다. 그리고, 일단 자영업자에 대한 특별 규제가 만들어지면 그 대상이 되는 자영업자의 근로자성은 부정되는 경향이 있다. 이러한 귀결은 논리적으로 필연적이라고는 할 수 없지만, 독일에서 제3의 범주에 대한 규제가 전개되는 과정에서도 알 수 있다(이 책 128~131쪽). 이러한 특별규제의 예상치 못한 반작용을 고려할 때, 입법자에게는 자영업자를 위한 특별규제를 규정하는 것보다는 유럽과 같이 근로자성 추정 규정을 두어 근로자성의 해석을 용이하게 한다고 하는 임무가 고려되어야 하는 것이 아닐까 한다.

맺음말 - 최저기준 준수 집행의 중요성

이 책에서는 최근 주목받고 있는 프리랜서의 일하는 방식을 중심으로 노동법을 둘러싼 최근의 움직임에 대해 살펴보고, 향후 고용사회가 어떻게 변화할 것인지에 대해 논의하였다. "들어가며"에서는 우버이츠의 배달원, 아이돌 등을 새로운 일하는 방식의 상징으로 소개했다. 물론, 우버이츠의 배달원은 디지털화로 인해 탄생한 새로운 일하는 방식이다. 하지만, 운전기사라는 직업은 예전부터 고용과 자영업의 경계에 있는 전형적인 직업 중 하나였다. 앱에 등록만 하면 원하는 시간에 원하는 만큼 일할 수 있다는 점은 분명 새롭다. 하지만, 그렇다고 해서 당연히 자영업이라고 할 수는 없을 것이다.

또한, "들어가며"의 **사례 3**에서 다룬 아이돌은 취미인지 노동인지 잘 알 수 없는 활동이며, 고용사회의 변모를 상징하는 문제가 아닐까 생각한다. '아이돌이 되고 싶다'라며 무보수로라도 활동을 하는 청년들의 마음을 이용한 악질적인 비즈니스가 횡행하고 있는 것은 아닌지 우려스럽다.

애초에 정말 본업으로 일하는 프리랜서가 늘고 있는지도 의문이다. 1장 앞부분에서 소개한 것처럼 공식적인 통계는 2021년 이전에는 존재하지 않기 때문이다. 독일의 경우, 연방통계청에 따르면 하르츠 개혁의 창업보조금 덕분에 개인사업자가 일시적으로 증가해 15~64세 전체 종사자 중 개인사업자가 차지하는 비율이 1991년

3.1%에서 2005년 5.1%로 정점을 찍었다고 한다. 그러나, 연방통계청에 따르면, 보조금 규모가 축소된 이후 감소하기 시작했으며, 특히 경제가 호조를 보인 2010년 이후 지속적으로 감소하고 있다(2022년 3.8%). 개인사업자는 일관되게 극히 일부에 그쳤다고 할 수 있다.

자영으로 일하는 것은 힘든 일이다. 힘든 것을 그렇지 않은 것처럼 선전하는 것 같아서, 필자에게는 국가가 프리랜서 활성화 대책을 내놓는 것이 무책임하게 느껴지지 않을 수 없다.

노동법의 역사는 노동자의 건강과 생활을 보장하기 위하여 최저 한도의 보호(최저 노동기준)를 사용자에게 부과하는 것에서부터 시작하였다. 최저 노동기준 중에도 안전보건과 최저임금이 특히 중요하다. 노동·사회보험도 중요하다. 최저임금 미만의 임금만 받고 있는 경우도 있지 않을까? 고용보험이나 사회보험에 가입시켜 주지 않는다는 문제도 실제로는 자주 발생하고 있지만, 일본에서는 이러한 문제에 대한 의식은 그다지 높다고 할 수 없다.

앞으로는 최저 노동기준 준수라는 전통적인 노동법의 역할이 점점 더 중요해지지 않을까 싶다. 앞으로의 노동 행정은 최저기준이 준수되고 있는지에 대한 감독을 지금보다 더 철저하게 실시했으면 하는 바람이다. 그럼에도 불구하고, 실제로는 근로자성이 인정되는 자를 적용대상에 포함시킨 프리랜서 신법이 프리랜서라는 일하는 방식을 촉진할 수 있을지에 대해서는 근본적인 의구심을 가지고 있다. 위장 자영업은 노동법 자체의 잠탈이기 때문이다.

프리랜서가 노동법이나 사회보험법의 규제를 피하기 위해 활용되는 일이 있어서는 안 된다. 최근 노동기준감독서가 '위장 프리랜서'의 근로자성을 인정하고 노재보험 적용을 인정하는 적극적인 대응을 하고 있다는 보도가 있었다. 이에 따르면 아마존 배송원의 산재가 인정되었고(아사히신문 2023년 10월 5일), 프리랜서 사진작가의 출퇴근길 교통사고가 산재로 인정되었다(아사히신문 2023년 11월 15일)고 한다. 이러한 움직임은 환영할 만한 일이다.

또한, 향후 일본에는 5장에서 다룬 독일의 '암노동' 대책에 대한 규제가 필요하지 않을까 싶다. 최저임금, 사회보험료 미지급이라는 금전적 측면에 주목함으로써 그 배후에 있는 중대한 범죄를 단속할 수 있기 때문이다. 앞으로 외국인 노동자가 늘어날 것으로 예상되는 지금, 이것은 시급한 과제라고 생각한다.

노동법이 탄생한 것은 산업화 초기였다. 현재 선진국은 서비스 경제가 중심이 되어 노동자의 일하는 방식이 크게 바뀌었다고 한다. 화이트칼라가 늘어나고 디지털화로 인해 원격근무가 가능해지면서 일하는 방식의 자유도가 높아진 것은 사실이다. 하지만 사회적으로 필수적인 업무를 담당하는 필수노동자(essential worker)는 시간과 장소를 자유롭게 선택할 수 없고, 임금도 높지 않다. 극적으로 진화하는 AI로 인해 일자리를 잃는 노동자가 늘어날 것은 분명하다.

그러나 코로나 사태에서 드러났듯이, 사회에 필수적인 일을 많은 필수노동자가 담당하고 있고, 이 일들이 AI로 대체되지는 않을 것이다. '삼위일체 노동시장 개혁 지침'에서 필자가 크게 공감한 시책은 공공직업안정소(헬로워크)의 커리어 컨설팅 부문의 체제를 강화하는 것이었다. 일자리를 필요로 하는 사람에게 최저 노동기준이 보장된 일자리에 취업할 수 있도록 지원하는 것이 지금까지도, 그리고 앞으로도 고용 정책의 가장 큰 임무일 것이다. 그리고, 이 책에서는 자세히 다루지 못했지만 앞으로는 비정규직이 연금 등 사회보장급여 외에 추가적으로 소득을 얻을 수 있는 일자리로 자리매김하는 방향도 생각해 볼 수 있을 것이다.

칼럼 비즈니스와 인권

1장에서는 사용자성에 대해서도 현행 규제를 개괄적으로 살펴보았는데, 계약관계가 없는 모회사나 원청회사에 대해 노동법상의 규제를 적용하는 것은 어렵다. 4장, 5장에서는 독일에서는 원청기업이 하청기업 노동자에 대한 최저임금이나 사회보험료 미지급에 대한 책임을 지는 경우가 있고, 식육산업에서는 간접고용이 금지되기에 이른 것을 소개했지만, 소개한 것과 같은 강력한 규제는 일본에서는 거의 생각할 수 없을 것으로 보인다.

그 대신 현재 논의가 활발하게 진행되고 있는 것은 공급망에서의 실사(Due Diligence)에 대한 규제다. 이는 원청기업에게 하청기업이 인권을 준수하고 있는지 확인할 의무를 부과하고, 이를 위반할 경우 과태료나 손해배상을 부과하는 규제다. 현재, 유럽 각국에서 입법이 추진되고 있으며 EU지침(안)도 작성되고 있다.

일본에서는 '책임 있는 공급망 등에서의 인권 존중을 위한 가이드라인'이 책정되어 있다. 이 가이드라인에서는 자사, 그룹사, 하청기업에서 인권에 미치는 부정적 영향을 파악하고, 예방·경감 및 대처의 실효성을 평가하고, 대처 방법을 설명·정보공개할 것을 요구하고 있다. 자율적인 노력을 촉구하는 규제에 머물러 있지만, 2023년 대기업들이 구 쟈니스 사무소와의 거래를 잇달아 중단한 것도 이러한 노력의 일환이라고 할 수 있다.

그러나 이번 사건에서 알 수 있듯이 인권침해를 저지른 기업과의 거래를 중단하는 것은 대기업 입장에서는 손쉬운 조치인 반면, 이러한 조치로 인해 피해를 입는 것은 인권침해가 발생한 기업의 노동자들이다. 이것이 바람직한 문제 해결인지 의문이 남는다. 또한, 독일에서도 실제로 거래처 기업이 인권을 준수하고 있는지를 어떻게 조사할 수 있는지 알 수 없다는 점이 지적되고 있다. '비즈니스와 인권'은 사용자성의 한계를 극복하는 새로운 견해로 중요한 의의가 인정되지만, 역시 큰 한계도 있다.

맺음말

이 책은 2023년 4월 말 제정된 '프리랜서 신법'(특정수탁사업자에 관한 거래의 적정화 등에 관한 법률)에 대해 노동법적 관점에서 검토한 것이다. 최근 유럽과 미국에서는 디지털화의 진전에 따라 등장한 새로운 노동이 긱 워크와 플랫폼 노동으로 불리며, 그 보호 방식에 대해 열띤 논의가 진행되고 있다.

일본에서도 우버이츠의 배달원이나 아마존의 하청 운송회사로부터 추가 업무위탁을 받아 상품 배송을 맡는 운전기사는 이러한 플랫폼 노동에 해당한다. 유럽과 미국에서 음식배달과 함께 플랫폼 노동의 전형으로 확산되고 있는 승차 공유에 대해서도 2023년 말 정부 규제개혁추진회의에서 도입을 위한 검토가 시작되었다. 플랫폼 노동에서 플랫폼 사업자(서비스 제공 사업자)는 대면으로 구체적인 지시를 하지 않고 알고리즘에 의해 업무를 할당하고, 고객의 리뷰 등을 활용해 업무의 질을 관리할 수 있다. 노동계약이란, 노동자가 사용자의 지휘명령에 따라 노무를 제공하는 계약을 의미하는데, 노동계약과 그 밖의 용역제공계약(도급이나 위임 등)을 구분하는 사용자의 지휘명령권이 알고리즘의 관리로 대체된다는 점에서 유럽과 미국에서는 긱 워크는 노동법에 대한 중대한 도전으로 받아들여지고 있다고 할 수 있다.

이렇게 전통적인 지휘명령과 다른 관리하에 일하는 플랫폼 노동자는 계약상 노동자가 아닌 자영업자로 취급되기 때문에 노동법의 적용이 인정되지 않는 것이 가장 큰 문제이다. 이를 근로자성 문제라고 하는데, 노동자인가 자영업자인가의 구분 자체는 새로운 것이 아니라 19세기 후반 노동법이 민법에서 독립하여 새로운 법 분야로 자리 잡았을 때부터 어려운 문제였다. 일본에서도 근로자성을 다투는 소송은 많으며, 전후 노동법 제정 직후부터 현재에 이르기까지 이미 상당한 수의 판례가 축적되어 있다.

필자는 약 30년 전(!)에 대학원에서 노동법 연구자를 마음먹었을 때부터 이 문제를 연구 주제로 삼았다. 필자가 연구를 시작했을 때는 규제 완화의 시대였고, 노동자를 자영업자로 만들어 비용을 절감하려는 사용자들의 움직임이 문제시되던 시기였다. 당시에는 세계화로 인한 경제경쟁이 치열했던 시기였기 때문에, 독일에서도 일본에서도 근로자성을 좁게 해석하는 경향을 볼 수 있었다.

그리고 현재 디지털화로 인한 새로운 일자리가 탄생하면서 다시 근로자성 문제가 주목받게 되었다고 할 수 있다. 특히 EU에서는 2020년 전후로 플랫폼 노동자의 근로자성을 인정하는 대법원 판례가 잇따랐다. 그리고, 이 방향을 뒷받침하는 EU의 플랫폼 노동지침이 곧 제정될 예정이어서 이 문제는 결실을 보려 하고 있다.

일본의 프리랜서 신법은 유럽에 비해 근로자성을 확대하기보다는 하청법이라는 경제법 규제와 괴롭힘으로부터의 보호 등 극히 일부 노동법 규제의 적용을 인정하는 등 소극적인 보호에 그치고 있다. 이 책에서는 사회적 유럽(Social Europe)의 이념에 입각하여 적극적인 노동자 보호 입법을 하는 EU와 독일의 노동법을 소개함으로써 일본의 동향을 비판적으로 검토하였다. 필자는 오랫동안 독일 노동법 연구에 종사해 왔으며, 이 책에서는 그 핵심을 담아내고자 노력했다. 독일은 세계 최초로 노동법이 독립된 법 분야로 확립된 나라라고 할 수 있는데, 현재 높은 경제 수준과 고도의 노동자 보호를 동시에 달성하고 있는 독일에서 배울 점이 많다고 생각한다.

필자는 향후 노동법의 과제로 최저임금 준수, 노동시간 기록 등 최저기준의 확보가 더욱 중요해질 것으로 생각한다. 이는 정신건강 문제, 원격근무 등 새로운 과제를 연이어 해결하고 있는 노동법 관계자의 입장에서 보면 의외로 보일 수도 있다. 하지만, 필자는 노동법적 보호가 확대되는 한편 과연 최저기준이 제대로 지켜지고 있는지에 대한 의구심도 들었다. 여기에는 노동·사회보험 가입도 포함된다. 그래서, 이 점에서도 참고할 수 있는 독일의 '암노동' 규제에 관해서도 소개했다.

필자는 그동안 연구를 진행하면서 많은 분들의 도움을 받았다. 이 책과 관련된 범위에 한정하지만, 공저 「디지털 플랫폼과 노동법」(동경대학교 출판부, 2022)의 저자인 미즈마치 유이치로(水町勇一郎), 다케우치(오쿠노) 히사시(竹内(奥野)寿), 이시타 신페이(石田信平) 교수님으로부터 외국의 노동법에 대해 많은 가르침을 받았다. 또한 도쿄EU법연구회에서는 나카무라 타미오(中村民雄) 교수님을 비롯한 다양한 법 분야와 외국법을 전문으로 하는 교수님들로부터 EU법에 대해 폭넓게 배울 수 있었다.

또한, 노동계약의 규칙 대부분은 일본에서도 독일에서도 판례에 의해 형성되어 왔다. 변호사나 판사의 역할이 매우 중요하다고 할 수 있다. 필자는 연구자이지만 실제 분쟁에 종사하는 변호사 선생님들로부터 의견서 작성 기회를 제공받아 최신의 문제에 대해 깊이 있게 고찰할 수 있었다. "들어가며"에서 소개한 사건 중 몇 가지가 바로 그런 사건들이다. 이런 기회를 주신 원고(原告)분들과 대리인인 고(故) 미야자토 쿠니오(宮里邦雄) 변호사님, 도쿠즈미 켄지(徳住堅治) 변호사님, 나츠메 이치로(棗一郎) 변호사님, 오가와 히데오(小川英郎) 변호사님, 아사노 다카히로(淺野高宏) 변호사님, 쇼지 코헤이(庄司浩平) 변호사님, 세이류 미와코(青龍美和子) 변호사님, 나카가와 카츠유키(中川勝之) 변호사님, 가와구치 토모야(川口智也) 변호사님, 후지와라 토모히로(藤原朋弘) 변호사님, 사토 야마토(佐藤大

和) 변호사님, 카사이 쿠니타카(河西邦剛) 변호사님, 모치즈키 히로무(望月宣武) 변호사님, 우가진 타카시(宇賀神崇) 변호사님, 시시카도 노부아키(師子角彬允) 변호사님, 하시모토 카요코(橋本佳代子) 변호사님께 진심으로 감사드린다.

마지막으로 이 책 집필의 기회를 주시고 마지막까지, 세심한 조언을 해주신 것에대해 치쿠마쇼보(筑摩書房)의 가토 슌(加藤峻) 씨에게 감사의 말씀을 드린다. 이 책이 조금이라도 읽기 쉬웠다면 가토 씨 덕분이다. 신간을 집필하는 것은 신간을 좋아하는 저로서는 매우 기쁜 일이었다. 이 책을 읽고 근로자성 문제, 그리고 노동법에 관심을 가져주시는 분들이 많아지기를 바란다.

2024년 1월

하시모토 요코(橋本陽子)

주요 노동법 제·개정 연표

	집단적 노동법	개별적 노동법	노동시장법
전전		• 1911 공장법 • 1917 공장법 시행령 • 1926 개정 공장법 • 1938 상점법	
전후~ 민주화, 전후부흥, 고도경제성장	• 1945 구 노조법(労組法) • 1946 노조법(労調法) • 1949 노조법(労組法)	• 1947 노기법, 노재보험법 • 1959 최임법 • 1972 노안위법 • 1976 임확법	• 1947 직안법, 실업보험법·실업수당법 • 1960 장애인고용촉진법 • 1966 고용대책법 • 1974 고용보험법 • 1976 개정 장애인고용촉진법 • 1979 능개법
1980년대~ 경제의 서비스화, 남녀고용평등		• 1985 균등법 • 1988 개정 노기법 • 1991 육아휴업법 • 1993 파트타임노동법, 육아개호휴업법 • 1997 개정 균등법	• 1985 파견법 • 1986 고연법 • 1990 개정 고연법 • 1994 개정 고연법 • 1999 개정 직안법, 개정 파견법

2000년대~ 경제의 글로벌화, 저성장시대	• 2004 개정 노조법	• 2000 승계법 • 2001 개별노동분쟁 해결촉진법 • 2004 노동심판법 • 2006 개정 균등법 • 2007 개정 파트타임 노동법 • 2007 노동계약법 • 2008 개정 노기법	• 2003 개정 파견법 • 2004 개정 고연법
2010년대~ 격차시정, 일하는 방식 개혁		• 2012 개정 노계법 • 2015 여성활약추진법 • 2018 개정 노기법, 유기·파트법 • 2019 노동시책종합 추진법	• 2011 구직자지원법 • 2012 개정 파견법, 개정 고연법 • 2013 개정 장애인 고용촉진법 • 2015 개정 파견법, 청소년고용촉진법 • 2016 외국인기능 실습법 • 2018 개정 파견법, 개정 입관법 • 2020 개정 고연법

* 高橋賢司, 橋本陽子, 本庄淳志『テキストブック労働法』中央経済社, 2021年, 13쪽의 연표 참조

참고문헌

이 책에서 인용한 주요 문헌 및 이 책의 내용을 더 깊이 알고 싶은 독자에게 추천하는 문헌은 다음과 같다.

일본어 문헌

浅倉むつ子『新しい労働世界とジェンダー平等』かもがわ出版, 2022年.

荒木尚志「プラットォームワーカーの法的保護の総論的考察」『ジュリスト』第1572号, 2022年, 14~22頁.

石田信平, 竹内(奥野)寿, 橋本陽子, 水町勇一郎『デジタルプラットフォムと労働法－労働者概念の生成と展開』東京大学出版会, 2022年.

大内伸哉編『有期労働契約の法理と政策－法と経済·比較法の知見をいかして』弘文堂, 2014年.

鎌田明編『下請法の実務[第四版]』公正取引協会, 2017年.

鎌田耕一「労働法におけるキャリア権の意義」道幸哲也ほか編『社会法のなかの自立と連帯－北海道大学社会法研究会50周年記念論集』旬報社, 2022年, 169~186頁.

國武英生『労働契約の基礎と法構造－労働契約と労働者概念をめぐる日英米比較法研究』日本評論社, 2019年.

島田陽一「専門職者の労働者性判断基準の検討」道幸哲也ほか編『社会法のなかの自立と連帯北海道大学社会法研究会50周年記念論集』旬報社, 2022年, 119~147頁.

末弘嚴太郎「労働基準法解說(1~6·完)」『法律時報』第20巻3号, 1948年, 99~133頁, 同第20巻4号, 1948年, 168~182頁, 同第20巻5号, 1948年, 223~227頁, 同第20巻6号, 1948, 265~276頁, 同第20巻7号, 1948年, 324~331頁, 同第20巻8号, 1948年, 386~399頁.

菅野和夫, 諏訪康雄「労働市場の変化と労働法の課題－新たなサポート·システムを求めて」『日本労働研究雑誌』第418号，1994年，2~15頁．
高橋賢司，橋本陽子，本庄淳志『テキストブック労働法』中央経済社，2021年．
寺園成章『家内労働法の解説』労務行政研究所，1991年．
中西優美子『EU司法裁判所概説』信山社，2022年．
中村民雄『EUとは何か—国家ではない未来の形[第3版]』信山社，2019年．
西谷敏「ドイツ労働法の弾力化論(1~3・完)」『大阪市立大学法学雑誌』第39巻2号，1993年，3~27頁，同第42巻4号，1996年，185~205頁，同第43巻1号，1996年，1~37頁．
西谷敏『規制が支える自己決定－労働法的規制システムの再構築』法律文化社，2004年．
橋本陽子『労働者の基本概念－労働者性の判断要素と判断方法』弘文堂，2021年．
橋本陽子「労働者性の推定規定の可能性」沼田雅之，大原利夫，根岸忠編『社会法をとりまく環境の変化と課題－浜村彰先生古稀記念論集』旬報社，2023年，45~61頁．
濱口桂一郎『ジョ型雇用社会とは何か－正社員体制の矛盾と転機』岩波書店，2021年．
濱口桂一郎『新・EUの労働法政策』労働政策研究・研修機構，2022年．
浜村彰，石田眞，毛塚勝利編『クラウドワークの進展と社会法の近未来』労働開発研究会，2021年．
本久洋一「労働者概念の相対性について－橋本陽子『労働者の基本概念』に学ぶ」道幸哲也ほか編『社会法のなかの自立と連帯－北海道大学社会法研究会50周年記念論集』旬報社，2022年，149~168頁．
森戸英幸，濱口桂一郎，田中恭代，鶴光太郎「座談会・雇用システムの変化と法政策の課題－「ジョブ型雇用社会」の到来?」『ジュリスト』第1553号，2021年，16~33頁．
八代尚宏「骨太の方針で注目の労働市場改革－実現にほど遠い中身のお粗末さ」『日経ビジネス電子版』2023年6月21日配信，https://business.nikkei.com/atcl/seminar/19/00030/062000478 [2024年1月7日閲覧]．
和田肇「ドイツ労働法の変容－標準的労働関係概念を中心に」『日本労働法学会誌』第93号，1999年，57~79頁．
和田肇「標準的労働関係との訣別か」荒木尚志，岩村正彦，山川隆一編『労働法学の展望－菅野和夫先生古稀記念論集』有斐閣，2013年，1~27頁．

Aloisi. Antonio/De Stefano, Valerio, Your Boss is an Algorithm: Artificial Intelligence, Platform Work and Labour, Hart Publishing, 2022.

Hanau, Peter, Neue Weg zur Verbindung von Flexibilität und Sicherheit in der Beschäftigung, in: Muckel, Stefan (Hrsg.), Kirche und Religion im sozialen Rechtsstat: Festschrift für Wolfgang Rüfner zum 70. Geburtstag. Berlin, 2003. S. 176 188.

Harris, Seth D./Krueger. Alan B., A Proposal for Modernizing Labor Laws for Twenty−First−Century Work: The "Independent Worker". The Hamilton Project, Discussion Paper 2015−10, 2015. Herschel, Wilhelm. Die Gefährdung der Rechtskultur, Arbeit und Recht, 1985, S. 265−266.

Hießl, Christina, Jurisprudence of national Courts confronted with cases of alleged misclassification of platform workers: comparative analysis and tentative conclusion, Updated to 31 August 2022, Europe− an Centre of Experties in the field of labour law, employment and labour market policies (ECE).

Kleinhenz, Gerhard/Hanau, Peter, Welche arbeits− und −ergänzenden sozialrechtlichen Regelungen emp− fehlen sich zur Bekämpfung der Arbeitslosogkeit?, Gutachten C für den 63. Deutschen Juristentag, München, 2000.

Kocher, Eva, Europäisches Arbeitsrecht, 2. Aufl., Nomos, 2020.

Nipperdey, Hans Carl, Soziale Marktwirtschaft und Grundgesetz, 2. Aufl., Köln, 1961.

Prassl, Jeremias, Humans as a Service: The Promise and Perils of Work in the Gig Economy, Oxford University Press, 2018.

Wank, Rolf, Arbeitnehmer und Selbständige, C. H. Beck, 1988.

Weil, David, The Fissured Workplace: Why Work Became So Bad for So Many and What Can Be Done to Improve It, Harvard University Press, 2014.

Windscheid, Bernhard, Lehrbuch des Pandektenrechts, Bd. 2, 7. Aufl., Frankfurt a.M., 1891.

부록 1

일본 「특정수탁사업자에 관한 거래의 적정화 등에 관한 법률」

제1장 총칙

제1조(목적) 이 법률은 일본의 일하는 방식의 다양화의 진전에 비추어 보아, 개인이 사업자로서 수탁한 업무에 안정적으로 종사할 수 있는 환경을 정비하기 위하여, 특정수탁사업자에게 업무위탁을 하는 사업자에 대하여 특정수탁사업자의 급부 내용, 기타 사항의 명시를 의무화하는 등의 조치를 강구함으로써, 특정수탁사업자에 관계되는 거래의 적정화 및 특정수탁업무종사자의 취업환경의 정비를 도모하고, 이로써 국민경제의 건전한 발전에 기여하는 것을 목적으로 한다.

제2조(정의) ① 이 법률에서 "특정수탁사업자"란, 업무위탁의 상대방인 사업자로, 다음의 각호의 어느 하나에 해당하는 자를 말한다.
1. 개인으로 종업원을 사용하지 않는 자
2. 법인으로 1.의 대표자 이외의 다른 임원(이사, 이사역, 집행역, 업무를 집행하는 사원, 감사 혹은 감사역 또는 이에 준하는 자를 말한다. 제6항 제2호에서 같음)이 없고, 또한 종업원을 사용하지 않는 자

② 이 법률에서 "특정수탁업무종사자"란, 특정수탁사업자인 전항 제1호에서 열거하는 개인 및 특정수탁사업자인 동항 제2호에서 열거하는 법인의 대표자를 말한다.

③ 이 법률에서 "업무위탁"이란 다음에 열거하는 행위를 말한다.
1. 사업자가 그 사업을 위해 다른 사업자에게 물품의 제조(가공을 포함) 또는 정보성과물의 작성을 위탁하는 것
2. 사업자가 그 사업을 위해 다른 사업자에게 역무의 제공을 위탁하는 것(다른 사업자로서 자신에게 역무의 제공을 시키는 것을 포함함)

④ 전항 제1호의 "정보성과물"이란 다음에 열거하는 것을 말한다.

1. 프로그램(전자계산기에 대한 지령으로, 1.의 결과를 얻을 수 있도록 조합된 것을 말함)
2. 영화, 방송프로그램, 기타 영상 또는 음성, 기타 음향으로 구성되는 것
3. 문자, 도형 혹은 기호 혹은 이러한 것의 결합 또는 이러한 것과 색채와의 결합으로 구성되는 것
4. 전 3호에서 열거하는 것 외에, 이러한 것과 유사한 것으로 정령에서 정하는 것

⑤ 이 법률에서 "업무위탁사업자"란, 특정수탁사업자에게 업무위탁을 하는 사업자를 말한다.

⑥ 이 법률에서 "특정업무위탁사업자"란, 업무위탁사업자로 다음의 각호의 어느 하나에 해당하는 자를 말한다.

1. 개인으로 종업원을 사용하는 자
2. 법인으로 2 이상의 임원이 있거나 또는 종업원을 사용하는 자

⑦ 이 법률에서 "보수"란, 업무위탁사업자가 업무위탁을 한 경우에 특정수탁사업자의 급부(제3항 제2호에 해당하는 업무위탁을 한 경우에는 해당 역무의 제공을 하는 것. 제5조 제1항 제1호 및 제3호와 제8조 제3항 및 제4항을 제외하고 이하 같음)에 대하여 지급해야 하는 대금을 말한다.

제2장 특정수탁사업자에 관한 거래의 적정화

제3조(특정수탁사업자의 급부 내용, 기타 사항의 명시 등) ① 업무위탁사업자는 특정수탁사업자에게 업무위탁을 한 경우에는 즉시 공정거래위원회규칙에서 정하는 바에 따라, 특정수탁사업자의 급부의 내용, 보수 금액, 지급기일, 기타 사항을 서면 또는 전자적 방법(전자정보처리조직을 사용하는 방법, 기타 정보통신의 기술을 이용하는 방법으로 공정거래위원회규칙에서 정하는 것을 말한다. 이하 이 조에서 같음)으로 특정수탁사업자에게 명시해야 한다. 단, 이러한 사항 가운데 그 내용을 정할 수 없는 것에 대하여 정당한 이유가 있는 것에 대해서는 그 명시를 필요로 하지 않는 것으로 하고, 이 경우에는 업무위탁사업자는 해당 사항의 내용이 정해진 후 즉시 해당 사항을 서면 또는 전자적 방법으로 특정수탁사업자에게 명시해야 한다.
② 업무위탁사업자는 전항의 규정에 따라 동항에서 규정하는 사항을 전자적 방법으로 명시한 경우에, 특정수탁사업자로부터 해당 사항을 기재한 서면의 교부를 요구받은 때에는 지체없이 공정거래위원회규칙에서 정하는 바에 따라, 이를 교부해야 한다. 단, 특정수탁사업자의 보호에 지장을 발생

하는 일이 없는 경우로서 공정거래위원회규칙에서 정하는 경우에는 그러하지 않다.

제4조(보수의 지급기일 등) ① 특정업무위탁사업자가 특정수탁사업자에게 업무위탁을 한 경우의 보수의 지급기일은 해당 특정업무위탁사업자가 특정수탁사업자의 급부 내용에 대하여 검사 여부를 불문하고, 해당 특정업무위탁사업자가 특정수탁사업자의 급부를 수령한 날(제2조 제3항 제2호에 해당하는 업무위탁을 한 경우에는 특정수탁사업자로부터 해당 역무의 제공을 받은 날. 다음 항에서 같음)로부터 기산하여 60일의 기간 내에, 또한 가능한 한 짧은 기간 내에 정해야 한다.
② 전항의 경우에 보수의 지급기일이 정해지지 않은 때에는 특정업무위탁사업자가 특정수탁사업자의 급부를 수령한 날이, 동항의 규정에 위반하여 보수의 지급기일이 정해진 때에는 특정업무위탁사업자가 특정수탁사업자의 급부를 수령한 날로부터 기산하여 60일을 경과하는 날이, 각각 보수의 지급기일로 정해진 것으로 간주한다.
③ 전 2항의 규정에 관계없이, 다른 사업자(이하 이 항 및 제6항에서 "원위탁자(元委託者)"라고 함)로부터 업무위탁을 받은 특정업무위탁자가 해당 업무위탁에 관한 업무(이하 이 항 및 제6항에서 "원위탁업무"라고 함)의 전부 또는 일부에 대하여 특정수탁사업자에게 재위탁한 경우(전조 제1항의 규정에서 재위탁인 취지, 원위탁자의 성명 또는 명칭, 원위탁업무의 대가의 지급기일(이하 이 항 및 다음 항에서 "원위탁 지급기일"이라고 함), 기타 공정거래위원회규칙에서 정하는 사항을 특정수탁사업자에게 명시한 경우에 한한다)에는 해당 재위탁에 관한 보수의 지급기일은 원위탁 지급기일에서 기산하여 30일의 기간 내에, 또한 가능한 한 짧은 기간 내에 정해야 한다.
④ 전항의 경우에 보수의 지급기일이 정해지지 않은 때에는 원위탁 기급기일이 동항의 규정에 위반하여 보수의 지급기일이 정해진 때에는 원위탁 지급기일에서 기산하여 30일을 경과한 날이 각각 보수의 지급기일로 정해진 것으로 간주한다.
⑤ 특정업무위탁사업자는 제1항 혹은 제3항의 규정에 따라 정해진 지급기일 또는 제2항 혹은 전항의 지급기일까지 보수를 지급해야 한다. 단, 특정수탁사업자가 귀책해야 하는 사유로 인하여 지급할 수 없는 때에는 해당 사유가 소멸한 날로부터 기산하여 60일(제3항의 경우에는 30일) 이내에 보수를 지급해야 한다.
⑥ 제3항의 경우에 특정업무위탁사업자는 원위탁자로부터 선불금의 지급

을 받은 때에는 원위탁업무의 전부 또는 일부에 대하여 재위탁을 한 특정수탁사업자에 대하여 자재의 조달, 기타 업무위탁에 관한 업무의 착수에 필요한 비용을 선불금으로 지급하도록 적절한 배려를 해야 한다.

제5조(특정업무위탁사업자의 준수사항) ① 특정업무위탁사업자는 특정수탁사업자에 대하여 업무위탁(정령에서 정하는 기간 이상의 기간 행하는 것(해당 업무위탁에 관한 계약의 갱신으로 해당 정령에서 정하는 기간 이상 계속하여 행하게 되는 것을 포함한다)에 한함. 이하 이 조에서 같음)을 한 경우에는 다음에 열거하는 행위(제2조 제3항 제2호에 해당하는 업무위탁을 한 경우에는 제1호 및 제3호에서 열거하는 행위를 제외함)를 해서는 안 된다.

1. 특정수탁사업자의 귀책해야 하는 사유가 없는데, 특정수탁사업자의 급부 수령을 거부하는 것
2. 특정수탁사업자의 귀책해야 하는 사유가 없는데 보수의 금액을 줄이는 것
3. 특정수탁사업자의 귀책해야 하는 사유가 없는데 특정수탁사업자의 급부를 수령한 후 특정수탁사업에게 그 급부에 관한 물건을 인수하게 하는 것
4. 특정수탁사업자의 급부 내용과 동종 또는 유사한 급부에 대하여 통상 지급되는 대가에 비해 현저하게 낮은 보수의 금액을 부당하게 정하는 것
5. 특정수탁사업자의 급부 내용을 균질하게 하거나 또는 그 개선을 도모하기 위해 필요가 있는 경우, 기타 정당한 이유가 있는 경우를 제외하고, 자신이 지정하는 물건을 강제하여 구입하게 하거나 또는 역무를 강제하여 이용시키는 것

② 특정업무위탁사업자는 특정수탁사업자에게 업무위탁을 한 경우에는 다음에 열거하는 행위를 함으로써, 특정수탁사업자의 이익을 부당하게 침해해서는 안 된다.

1. 자신을 위해 금전, 역무, 기타 경제상의 이익을 제공하게 하는 것
2. 특정수탁사업자의 귀책해야 하는 사유가 없는데 특정수탁사업자의 급부 내용을 변경시키거나 또는 특정수탁사업자의 급부를 수령한 후(제2조 제3항 제2호에 해당하는 업무위탁을 한 경우에는 특정수탁사업자로부터 해당 역무의 제공을 받은 후)에 급부를 다시 시키는 것

제6조(신고 등) ① 업무위탁사업자로부터 업무위탁을 받은 특정수탁사업자는 이 장의 규정에 위반하는 사실이 있는 경우에는 공정거래위원회 또는 중소기업청 장관에게 그 취지를 신고하고, 적당한 조치를 취해야 하는 것을 요구할 수 있다.

② 공정거래위원회 또는 중소기업청 장관은 전항의 규정에 따른 신고가 있는 때에는 필요한 조사를 하고, 그 신고의 내용이 사실이라고 인정하는 때에는 이 법률에 근거로 한 조치, 기타 적당한 조치를 취해야 한다.
③ 업무위탁사업자는 특정수탁사업자가 제1항의 규정에 따른 신고를 한 것을 이유로 하여, 해당 특정수탁사업자에게 거래의 수량 삭감, 거래의 정지, 기타 불이익 취급을 해서는 안된다.

제7조(중소기업청 장관의 청구) ① 중소기업청 장관은 업무위탁사업자에 대하여 제3조의 규정에 위반했는지의 여부 또는 전조 제3항의 규정에 위반했는지의 여부를 조사하고, 그 사실이 있다고 인정하는 때에는 공정거래위원회에 대하여 이 법률의 규정에 따라 적당한 조치를 취해야 하는 것을 요구할 수 있다.
② 중소기업청장은 특정업무위탁사업자에 대하여 제4조 제5항 혹은 제5조 제1항(제1호에 관한 부분을 제외한다) 혹은 제2항의 규정에 위반했는지의 여부 또는 동조 제1항(동호에 관한 부분에 한한다)의 규정에 위반하고 있는지의 여부를 조하고, 그 사실이 있다고 인정하는 때에는 공정거래위원회에 대하여 이 법률의 규정에 따라 적당한 조치를 취해야 하는 것을 요구할 수 있다.

제8조(권고) ① 공정거래위원회는 업무위탁사업자가 제3조의 규정에 위반했다고 인정하는 때에는 해당 업무위탁사업자에 대하여 신속하게 동조 제1항의 규정에 따른 명시 또는 동조 제2항의 규정에 따른 서면의 교부를 해야 하는 것, 기타 필요한 조치를 취해야 하는 것을 권고할 수 있다.
② 공정거래위원회는 특정업무위탁사업자가 제4조 제5항의 규정에 위반했다고 인정하는 때에는 해당 특정업무위탁사업자에 대하여 신속하게 보수를 지급해야 하는 것, 기타 필요한 조치를 취해야 하는 것을 권고할 수 있다.
③ 공정거래위원회는 특정업무위탁사업자가 제5조 제1항(제1호에 관한 부분에 한한다)의 규정에 위반하고 있다고 인정하는 때에는 해당 특정업무위탁사업자에 대하여 신속하게 특정수탁사업자의 급부를 수령해야 하는 것, 기타 필요한 조치를 취해야 하는 것을 권고할 수 있다.
④ 공정거래위원회는 특정업무위탁사업자가 제5조 제1항(제1호에 관한 부분을 제외한다)의 규정에 위반했다고 인정하는 때에는 해당 특정업무위탁사업자에 대하여 신속하게 그 보수의 금액에서 줄인 금액을 지급하고, 특정수탁사업자의 급부에 관한 물건을 재차 수취해야 하는 것, 기타 필요한 조치를 취해야 하는 것을 권고할 수 있다.
⑤ 공정거래위원회는 특정업무위탁사업자가 제5조 제2항의 규정에 위반했

다고 인정하는 때에는 해당 특정업무위탁사업자에 대하여 신속하게 해당 특정수탁사업자의 이익을 보호하기 위해서 필요한 조치를 취해야 하는 것을 권고할 수 있다.
⑥ 공정거래위원회는 업무위탁사업자가 제6조 제3항의 규정에 위반하고 있다고 인정하는 때에는 해당 업무위탁사업자에 대하여 신속하게 불이익 취급을 그만두어야 하는 것, 기타 필요한 조치를 취해야 하는 것을 권고할 수 있다.

제9조(명령) ① 공정거래위원회는 전조의 규정에 따른 권고를 받은 자가, 정당한 이유없이 해당 권고에 관한 조치를 취하지 않은 때에는 해당 권고를 받은 자에 대하여 해당 권고에 관한 조치를 취해야 하는 것을 명령할 수 있다.
② 공정거래위원회는 전항의 규정에 따른 명령을 한 경우에는 그 취지를 공표할 수 있다.

제10조(사적독점금지 및 공정거래의 확보에 관한 법률의 준용) 전조 제1항의 규정에 따른 명령을 하는 경우에 대해서는 사적독점금지 및 공정거래의 확보에 관한 법률(1947년 법률 제54호) 제61조, 제65조 제1항 및 제2항, 제66조, 제70조의 3 제3항 및 제4항, 제70조의 6부터 제70조의 9까지, 제70조의 12, 제76조, 제77조, 제85조(제1호에 관계되는 부분에 한한다), 제86조, 제87조와 제88조의 규정을 준용한다.

제11조(보고 및 검사) ① 중소기업청 장관은 제7조의 규정 시행에 필요한 한도에서, 업무위탁사업자, 특정업무위탁사업자, 특정수탁사업자, 기타 관계자에 대하여 업무위탁에 관하여 보고를 시키거나 또는 그 직원에게 이러한 자의 사무소, 기타 사업장에 출입하여 장부서류, 기타 물건을 검사하게 할 수 있다.
② 공정거래위원회는 제8조 및 제9조 제1항의 규정의 시행에 필요한 한도에서, 업무위탁사업자, 특정업무위탁사업자, 특정수탁사업자, 기타 관계자에 대하여 업무위탁에 관하여 보고를 시키거나 또는 그 직원에게 이러한 자의 사무소, 기타 사업장에 출입하여, 장부서류, 기타 물건을 검사하게 할 수 있다.
③ 전 2항의 규정에 따라 직원이 출입한 때에는 그 신분을 제시하는 증명서를 휴대하고, 관계인에게 제시해야 한다.
④ 제1항 및 제2항의 규정에 따른 출입검사의 권한은 범죄수사를 위해서 인정된 것으로 해석해서는 안 된다.

제3장 특정수탁업무종사자의 취업환경의 정비

제12조(모집정보의 정확한 표시) ① 특정업무위탁사업자는 신문, 잡지, 기타 간행물에 게시하는 공고, 문서의 제출 또는 분포, 기타 후생노동성령에서 정하는 방법(다음 항에서 "광고 등"이라고 한다)으로 그 행하는 업무위탁에 관한 특정수탁사업자의 모집에 관한 정보(업무의 내용, 기타 취업에 관한 사항으로서 정령에서 정하는 사항에 관한 것에 한한다)를 제공하는 때에는, 해당 정보에 대하여 허위의 표시 또는 오해를 발생시키는 표시를 해서는 안 된다.
② 특정업무위탁사업자는 광고 등으로 전항의 정보를 제공하는 때에는 정확하고 최신의 내용으로 유지되어야 한다.

제13조(임신, 출산 혹은 육아 또는 돌봄에 관한 배려) ① 특정업무위탁사업자는 그 행하는 업무위탁(정령에서 정하는 기간 이상의 기간 행하는 것(해당 업무위탁에 관한 계약의 갱신으로 해당 정령에서 정하는 기간 이상 계속하여 행하게 되는 것을 포함한다)에 한한다. 이하 이 조 및 제16조 제1항에서 "계속적 업무위탁"이라고 한다)의 상대방인 특정수탁사업자로부터의 신청에 응하여, 해당 특정수탁사업자(해당 특정수탁사업자가 제2조 제1항 제2호에서 열거하는 법인인 경우에는 그 대표자)가 임신, 출산 혹은 육아 또는 돌봄(이하 이 조에서 "육아돌봄 등"이라고 함)과 양립하면서 해당 계속적 업무위탁에 관한 업무에 종사할 수 있도록, 그 자의 육아돌봄 등의 상황에 따른 필요한 배려를 해야 한다.
② 특정업무위탁사업자는 그 행하는 계속적 업무위탁 이외의 업무위탁의 상대방인 특정수탁사업자로부터의 신청에 응하여, 해당 특정수탁사업자(해당 특정수탁사업자가 제2조 제1항 제2호에 열거하는 법인인 경우에는 그 대표자)가 육아돌봄 등과 양립하면서 해당 업무위탁에 관한 업무에 종사할 수 있도록, 그 자의 육아돌봄 등의 상황에 따른 필요한 배려를 하도록 노력해야 한다.

제14조(업무위탁에 관하여 행해지는 언동에 기인하는 문제에 관하여 강구해야 하는 조치 등) ① 특정업무위탁사업자는 그 행하는 업무위탁에 관한 특정수탁업무종사자에 대하여 해당 업무위탁에 관하여 행해지는 다음의 각호에 규정하는 언동으로 인해, 해당 각호에 열거하는 상황에 이르는 일이 없도록 그 자로부터의 상담에 응하고 적절하게 대응하기 위해 필요한 체제의 정비, 기타 필요한 조치를 강구해야 한다.
1. 성적인 언동에 대한 특정수탁업무종사자의 대응으로 그 자(그 자가 제2

조 제1항 제2호에서 열거하는 법인의 대표자인 경우에는 해당 법인)에 관한 업무위탁의 조건에 대하여 불이익을 주거나 또는 성적인 언동으로 인해 특정수탁업무종사자의 취업환경을 저해하는 것

2. 특정수탁업무종사자의 임신 또는 출산에 관한 신청으로 후생노동성령에서 정하는 것에 관한 언동으로 인해 그 자의 취업환경을 저해하는 것
3. 거래상의 우월적인 관계를 배경으로 한 언동으로 업무위탁에 관한 업무를 수행하는데 있어서 필요하고 또한 상당한 범위를 초월한 것으로 인해 특정수탁업무종사자의 취업환경을 저해하는 것

② 특정업무위탁사업자는 특정수탁업무종사자가 전항의 상담을 한 것 또는 특정업무사업자에 의한 해당 상담에 대한 대응에 협력한 때에 사실을 말한 것을 이유로, 그 자(그 자가 제2조 제1항 제2호에 열거하는 법인의 대표자인 경우에는 해당 법인)에 대하여 업무위탁에 관한 계약의 해지, 기타 불이익을 취급을 해서는 안 된다.

제15조(지침) 후생노동대신은 전 3조에서 정하는 사항에 간하여, 특정업무위탁사업자가 적절하게 대처하기 위해서 필요한 지침을 공표하기로 한다.

제16조(해제 등의 예고) ① 특정업무위탁사업자는 계속적 업무위탁에 관한 계약의 해지(계약기간의 만료 후에 갱신하지 않는 경우를 포함한다. 다음 항에서 같음)를 하고자 하는 경우에는 해당 계약의 상대방인 특정수탁사업자에 대하여, 후생노동성령에서 정하는 바에 따라 적어도 30일 전까지 그 예고를 해야 한다. 단, 재해, 기타 부득이한 사유로 인해 예고하는 것이 어려운 경우, 기타 후생노동성령에서 정하는 경우에는 그러하지 않다.

② 특정수탁사업자가 전항의 예고가 이루어진 날로부터 동항의 계약이 만료하는 날까지 동안에, 계약의 해지의 이유 개시를 특정업무위탁사업자에게 청구한 경우에는 해당 특정업무위탁사업자는 해당 특정수탁사업자에 대하여, 후생노동성령에서 정하는 바에 따라 지체없이 이를 개시해야 한다. 단, 제3자의 이익을 저해할 우려가 있는 경우, 기타 후생노동성령에서 정하는 경우에는 그러하지 않다.

제17조(신고 등) ① 특정업무위탁사업자로부터 업무위탁을 받거나 또는 받고자 하는 특정수탁사업자는 이 장의 규정에 위반하는 사실이 있는 경우에는 후생노동대신에 대하여 그 취지를 신고하고, 적당한 조치를 취해야 하는 것을 요구할 수 있다.

② 후생노동대신은 전항의 규정에 따른 신고가 있는 때에는 필요한 조사를 하고, 그 신고의 내용이 사실이라고 인정하는 때에는 이 법률에 근거로

하는 조치, 적당한 조치를 취해야 한다.
③ 제6조 제3항의 규정은 제1항의 경우에 대해서 준용한다.

제18조(권고) 후생노동대신은 특정업무위탁사업자가 제12조, 제14조, 제16조 또는 전조 제3항에서 준용하는 제6조 제3항의 규정에 위반하고 있다고 인정하는 때에는 해당 특정업무위탁사업자에 대하여 그 위반을 시정하거나 또는 방지하기 위해서 필요한 조치를 취해야 하는 것을 권고할 수 있다.

제19조(명령 등) ① 후생노동대신은 전조의 규정에 따른 권고(제14조에 관한 것을 제외한다)를 받은 자가, 정당한 이유없이 해당 권고에 관한 조치를 취하지 않은 때에는 해당 권고를 받은 자에 대하여 해당 권고에 관한 조치를 취해야 하는 것을 명령할 수 있다.
② 후생노동대신은 전항의 규정에 따른 명령을 한 경우에는 그 취지를 공표할 수 있다.
③ 후생노동대신은 전조의 규정에 의한 권고(제14조에 관한 것에 한한다)를 받은 자가, 정당한 이유없이 해당 권고에 관한 조치를 취하지 않은 때에는 그 취지를 공표할 수 있다.

제20조(보고 및 검사) ① 후생노동대신은 제18조(제14조에 관한 부분을 제외한다) 및 전조 제1항의 규정의 시행에 필요한 한도에서, 특정업무위탁사업자, 특정수탁사업자, 기타 관계자에 대하여 업무위탁에 관하여 보고를 시키거나 또는 그 직원에게 이러한 자의 사무소, 기타 사업장에 출입하여 장부서류, 기타 물건을 검사하게 할 수 있다.
② 후생노동대신은 제18조(제14조에 관한 부분에 한한다) 및 전조 제3항의 규정의 시행에 필요한 한도에서 특정업무위탁사업자에 대하여 업무위탁에 관하여 보고를 요구할 수 있다.
③ 제11조 제3항 및 제4항의 규정은 제1항의 규정에 의한 출입검사에 대하여 준용한다.

제4장 잡칙

제21조(특정수탁사업자로부터의 상담대응에 관한 체제의 정비) 국가는 특정수탁사업자에 관한 거래의 적정화 및 특정수탁업무종사자의 취업환경의 정비에 이바지하도록, 특정수탁사업자로부터의 상담에 응하고 적절하게 대응하기 위해서 필요한 체제 정비, 기타 필요한 조치를 강구하기로 한다.

제22조(지도 및 조언) 공정거래위원회 및 중소기업청 장관과 후생노동대신은 이 법률의 시행에 관하여 필요가 있다고 인정하는 때에는 업무위탁사업자에 대하여 지도 및 조언을 할 수 있다.

제23조(후생노동대신의 권한의 위임) 이 법률에서 정하는 후생노동대신의 권한은 후생노동성령에서 정하는 바에 따라, 그 일부를 도도부현 노동국장에게 위임할 수 있다.

제5장 벌칙

제24조 다음의 각호의 어느 하나에 해당하는 경우에는 해당 위반행위를 한 자는 50만 엔 이하의 벌금에 처한다.

1. 제9조 제1항 또는 제10조 제1항의 규정에 따른 명령에 위반한 때
2. 제11조 제1항 혹은 제2항 또는 제20조 제1항의 규정에 따른 보고를 하지 않거나 혹은 허위의 보고를 하거나 또는 이러한 규정에 다른 검사를 거부, 방해, 혹은 기피한 때

제25조 법인의 대표자 또는 법인 혹은 사람의 대리인, 사용인, 기타 종업자가 그 법인 또는 사람의 업무에 관하여 전조의 위반행위를 한 때에는 행위자를 벌하는 외에, 그 법인 또는 사람에 대하여 동조의 형을 부과한다.

제26조 제20조 제2항의 규정에 따른 보고를 하지 않거나 또는 허위의 보고를 한 자는 20만 엔 이하의 과료에 처한다.

부칙

(시행기일)

1. 이 법률은 공포일로부터 기산하여 1년 6월을 초과하지 않는 범위 내에서 정령에서 정하는 날부터 시행한다.

(검토)

2. 정부는 이 법률의 시행 후 3년을 목표로 하여, 이 법률 규정의 시행 상황을 감안하여, 이 법률의 규정에 대하여 검토를 하고, 그 결과에 근거로 하여 필요한 조치를 강구하기로 한다.

부록 2

2024년 10월 23일 유럽의회 및 이사회에서 채택된 플랫폼 작업에서의 노동조건 개선에 관한 지침 (EU) 2024/2831[1)]

(前文 생략)

제I장 일반 조항

제1조 목적 및 범위

1. 이 지침의 목적은 다음 각호에 의해 플랫폼 작업에서의 노동조건과 개인정보 보호를 개선하는 것이다:
   (a) 플랫폼 노동을 수행하는 사람의 고용상 지위를 정확하게 결정하기 위한 조치를 도입한다;
   (b) 플랫폼 작업에서 알고리즘에 의한 관리의 투명성, 공정성, 사람에 의한 감독, 안전 및 책임성을 촉진한다; 그리고
   (c) 월경(越境)하여 활동하는 상황을 포함하여, 플랫폼노동의 투명성을 개선한다.
2. 이 지침은 유럽사법재판소의 판례를 고려하여, 회원국에서 시행 중인 법률, 단체협약 또는 관행에 의해 정의된 바에 따라, 고용계약 또는 고용 관계를 맺고 있거나, 사실에 기반한 평가에 근거하여 그러한 것으로 간주할 수 있는 자로서, 유럽연합 내에서 플랫폼 노동을 수행하는 모든 사람에게 적용되는 최소한의 권리를 규정한다.

   또한, 이 지침은 고용계약이나 고용 관계를 맺지 않은 사람을 포함하여, 플랫폼 작업을 수행하는 자연인에게 적용되는 알고리즘에 의한 관

1) https://eur-lex.europa.eu/eli/dir/2024/2831/oj

리에 관한 조치를 규정함으로써, 그들의 개인정보 처리와 관련하여 자연인의 보호를 강화하기 위한 규칙을 규정한다.

3. 이 지침은 설립 장소나 달리 적용되는 법률과 관계없이, 유럽연합 내에서 수행되는 플랫폼 노동을 조직하는 디지털 노동 플랫폼에 적용된다.

제2조 정의

1. 본 지침의 목적을 위해, 다음과 같은 정의가 적용된다:
   (a) '디지털 노동 플랫폼(digital labour platform)'이란 다음 요건을 모두 충족하는 역무를 제공하는 자연인 또는 법인을 의미한다:
      (i) 역무가 적어도 부분적으로는 웹사이트나 모바일 애플리케이션과 같은 전자적 수단을 통하여 원격(遠隔)에서 제공된다;
      (ii) 역무가 역무 수령자의 요청에 따라 제공된다;
      (iii) 역무는, 그 필요하고 본질적인 구성 부분으로, 해당 작업이 온라인상에서 수행되는지 또는 특정한 장소에서 수행되는지에 관계없이, 보수를 대가로 개인에 의하여 수행되는 작업을 조직하는 것을 포함한다;
      (iv) 역무는 자동화된 모니터링 또는 (자동화된) 의사결정 시스템의 사용을 포함한다;
   (b) '플랫폼 작업(platform work)'이란, 디지털 노동 플랫폼을 통해 조직되고, 개인 또는 중개인과 역무의 수령자 사이에 계약 관계가 존재하는지에 관계없이, 디지털 노동 플랫폼 또는 중개인과 개인 사이의 계약 관계에 근거하여 유럽연합 내에서 개인에 의해 수행되는 모든 작업을 의미한다;
   (c) '플랫폼 노동을 수행하는 자(person performing platform work)'란, 계약 관계의 성격이나 관련 당사자에 의해 부여된 계약의 명칭과 관계없이, 플랫폼 작업을 수행하는 모든 개인을 의미한다;
   (d) '플랫폼 노동자(platform worker)'란, 플랫폼 작업을 수행하는 자로서, 고용계약을 맺었거나, 또는 유럽사법재판소의 판례를 고려하여 회원국에서 시행 중인 법률, 단체협약 또는 관행에 따라 고용 관계가 있는 것으로 간주되는 모든 사람을 의미한다;
   (e) '중개인(intermediary)'이란, 디지털 노동 플랫폼이 플랫폼 노동을 활용할 수 있게 하거나, 플랫폼 작업을 디지털 노동 플랫폼을 통하여 제공할 목적으로, 다음 각호에 해당하는 자연인 또는 법인을 의미한다:
      (i) 해당 디지털 노동 플랫폼 및 플랫폼 작업을 수행하는 자와 계약

관계를 체결한 경우; 또는

(ii) 해당 디지털 노동 플랫폼과 플랫폼 작업을 수행하는 자 사이의 하도급 망 내에 있는 경우;

(f) '노동자 대표(workers' representatives)'란, 노동조합이나 (회원국의) 국내법과 관행에 따라 플랫폼 노동자에 의해 자유롭게 선출한 대표와 같은 플랫폼 노동자의 대표를 의미한다;

(g) '플랫폼 작업을 수행하는 자의 대표(representatives of persons performing platform work')란, 노동자 대표 및 (회원국의) 국내법 및 관행에 따라 규정된 범위 내에서, 플랫폼 노동자가 아닌 자로서 플랫폼 작업을 수행하는 자들의 대표를 의미한다;

(h) '자동화된 모니터링 시스템(automated monitoring systems)'이란, 전자적 수단을 통하여, 개인 데이터의 수집을 포함하여, 플랫폼 작업을 수행하는 자의 작업 성과나 작업 환경 내에서 수행되는 활동의 모니터링·감독 또는 평가를 위해 사용되거나, 또는 이를 지원하는 시스템을 의미한다;

(i) '자동화된 의사결정 시스템(automated decision－making systems)'이란, 전자적 수단을 통하여, 플랫폼 노동자의 노동조건, 특히 플랫폼 작업을 수행하는 자의 채용, 작업 할당에의 접근과 그 조직, 개별 작업에 관한 가격의 책정을 포함한 소득, 안전 및 보건, 노동 시간, 교육·승진 또는 이에 상응하는 처우에 대한 접근, 계정의 제한·정지 또는 그 종료를 포함한 계약상 지위 등을 포함하여, 플랫폼 작업을 수행하는 에게 중대한 영향을 미치는 결정을 하거나, 또는 이를 지원하는데 사용되는 시스템을 의미한다.

2. 역무 제공자의 주된 목적이 자산의 활용이나 공유인 경우, 또는 역무 제공자가 직업적이지 않은 개인이 상품을 재판매할 수 있도록 허용하는 경우에는 제1항 제(a)호에 규정된 디지털 노동 플랫폼의 정의에 포함되지 않는다.

제3조 중개인

회원국은, 디지털 노동 플랫폼이 중개인을 활용하는 경우, 중개인과 계약관계를 맺고 있는 플랫폼 노동을 수행하는 자가 본 지침에 의해 디지털 노동 플랫폼과 직접 계약 관계를 맺고 있는 자에게 부여된 것과 같은 수준의 보호를 받을 수 있도록 하기 위한 적절한 조치를 해야 한다. 이를 위해 회원국은 적절한 경우 연대책임(joint liability) 및 분할책임(several liability) 시스템을 포함하여, 국내법 및 관행에 따라 적절한 체제를 구축해야 한다.

제II장 고용상 지위

제4조 올바른 고용상 지위의 결정

1. 회원국은, 회원국에서 시행 중인 법률, 단체협약 또는 관행에 정의된 고용관계의 존재를 확인하기 위해, 유럽사법재판소의 판례를 고려하여 제5조에 따른 고용 관계 추정의 적용에 의한 방식을 포함해서, 플랫폼 작업을 수행하는 자의 고용상 지위를 올바르게 확인하고 이를 보장하기 위한 적절하고 효과적인 절차를 마련해야 한다.
2. 고용관계 존부의 판단은, 관련 당사자 사이에 합의된 계약상 약정에서 그러한 관계를 어떻게 분류되는지와 관계없이, 플랫폼 작업의 조직에서의 자동화된 모니터링 또는 자동화된 의사결정 시스템 사용을 포함하여, 작업의 실제 수행과 관련된 사실이 주된 기준이 되어야 한다.
3. 고용 관계의 존재가 확인된 경우, 해당 국가의 법률 체계에 따라 사용자의 의무를 부담하는 당사자 또는 당사자들이 명확하게 식별되어야 한다.

제5조 법률상 추정

1. 회원국에서 시행 중인 법률, 단체협약 또는 관행에 따라, 그리고 유럽사법재판소의 판례를 고려하여, 통제와 지시를 보여주는 사실이 확인될 경우, 디지털 노동 플랫폼과 해당 플랫폼을 통해 플랫폼 작업을 수행하는 자 사이의 계약 관계는 고용관계로 법률상 추정된다. 디지털 노동 플랫폼이 법률상 추정을 복멸하기 위해서는 경우, 디지털 노동 플랫폼은 회원국에서 시행 중인 법률, 단체협약 또는 관행에 정의된 바에 따라, 그리고 유럽사법재판소의 판례를 고려하여, 해당 계약 관계가 고용관계가 아니라는 것을 증명해야 한다.
2. 제1항의 목적상, 회원국은 플랫폼 노동을 수행하는 자에게 유리한 절차적 편의를 제공하는 효과적인, 반증 가능한 고용에 대한 법률상 추정을 확립해야 하고, 또한 회원국은 이러한 법률상 추정이 플랫폼 작업을 수행하는 자 또는 그들의 대표자 측에게 그들의 고용상 지위를 확인하는 절차에서의 요건상의 부담을 가중하는 결과를 초래하지 않도록 보장해야 한다.
3. 본조에 규정된 법률상 추정은, 플랫폼 작업을 수행하는 자의 고용상 지위의 올바른 결정이 문제가 되는 관련된 모든 행정 또는 사법 절차에 적용되어야 한다.

   이러한 법률상 추정은 조세, 형사 및 사회보장 문제와 관련된 절차에는 적용되지 않는다. 그러나, 회원국은 국내법에 따라 해당 절차에 법률상 추정을 적용할 수 있다.

4. 플랫폼 노동을 수행하는 자들, 그리고 국내법과 관행에 따른 그들의 대표는 플랫폼 업무를 수행하는 자의 올바른 고용상 지위를 결정하기 위한 제3항 제1문에 언급된 절차를 개시할 권리를 갖는다.
5. 권한이 있는 국가 기관이 플랫폼 노동을 수행하는 자가 잘못 분류되었을 수 있다고 판단하는 경우, 해당 기관은 국내법과 관행에 따라 그러한 자의 고용상 지위를 결정하기 위한 적절한 조치 또는 절차를 개시하여야 한다.
6. 2026년 12월 2일 이전에 체결되어 해당일에 여전히 계속되고 있는 계약관계에 관해서는, 본 조에서 언급된 법률상 추정은 해당일 이후에만 적용된다.

제6조 지원 조치의 체계

회원국은 법률상 추정의 효과적인 시행과 준수를 보장하기 위한 지원 조치의 체계를 구축해야 한다. 특히, 회원국은 다음과 같은 사항을 이행해야 한다:

(a) (회원국은) 디지털 노동 플랫폼, 플랫폼 업무를 수행하는 자 및 사회적 파트너(social partners)가 법률상 추정을 이해하고, 반증하는 절차를 포함하여 법률상 추정을 시행할 수 있도록, 구체적이고 실질적인 권고의 형태를 포함하는 적절한 가이드라인(guidance)을 개발한다;

(b) (회원국은) 권한 있는 국가 기관이, 서로 다른 권한 있는 국가 기관이 협력하는 경우를 포함하여, 올바른 고용상 지위의 결정에 관한 규칙을 준수하지 않는 디지털 노동 플랫폼을 선제적으로 식별하고, 표적화하여 추적할 수 있도록, 국내법과 관행에 따라 가이드라인을 개발하고 적절한 절차를 수립한다;

(c) (회원국은) 국내법 또는 관행에 따라 권한 있는 국가 기관에 의해 실시되는 효과적인 통제와 감독을 규정하고, 특히 적절한 경우에는, 플랫폼 노동을 수행하는 자의 고용상 지위가 권한 있는 국가 기관에 의해 확인된 특정 디지털 노동 플랫폼에 대한 통제와 감독을 규정하고, 이러한 통제와 감독이 비례적이고 비차별적으로 이루어지도록 보장한다.

(d) (회원국은) 권한 있는 국가 기관이 제(b)호에서 언급된 과업을 수행할 수 있도록, 권한 있는 해당 기관을 위한 적절한 교육을 제공하

고, 알고리즘에 의한 관리 분야의 기술적 전문성을 제공한다.

제III장 알고리즘에 의한 관리

제7조 자동화된 모니터링 또는 자동화된 의사결정 시스템을 통한 개인정보 처리의 제한

1. 디지털 노동 플랫폼은 자동화된 모니터링 또는 자동화된 의사결정 시스템을 통하여, 다음 각호의 행위를 하여서는 아니 된다:
   (a) 플랫폼 작업을 수행하는 자의 감정적 또는 심리적 상태에 관한 일체의 개인 정보의 처리;
   (b) 다른 플랫폼 작업을 수행하는 다른 자 및 그들의 대표와의 대화를 포함하여, 사적인 대화와 관련된 일체의 개인정보의 처리;
   (c) 플랫폼 업무를 수행하는 자가 플랫폼 업무를 제공하거나 수행하지 않는 기간에 이루어지는 일체의 개인정보의 수집;
   (d) (유럽 연합 기본권) 헌장[1]에 정의된 결사의 자유, 단체교섭 및 단체행동의 권리 또는 정보 및 협의권을 포함한 기본권의 행사를 예측하기 위한 개인정보의 처리;
   (e) 인종적 또는 민족적 출신, 이민 상태, 정치적 견해, 종교 또는 철학적 신념, 장애, 만성적 질환이나 HIV 상태를 포함한 건강 상태, 정서적 또는 심리적 상태, 노동조합 가입 여부, 개인의 성생활 또는 성적 지향을 추론하기 위한 일체의 개인정보의 처리;
   (f) 데이터베이스에 저장된 개인들의 생체 데이터와 비교함으로써 플랫폼 업무를 수행하는 자의 신원을 식별하기 위하여, 해당 플랫폼 업무를 수행하는 자의 Regulation (EU) 2016/679 제4조 제(14)호[2]에 정의된 바에 따른 일체의 생체정보의 처리.
2. 본 조의 조항은 채용 또는 선발 절차의 개시 시점부터 모든 플랫폼 작업을 수행하는 자에게 적용된다.
3. 본 조는 자동화된 모니터링 시스템 및 자동화된 의사결정 시스템 이외

---

1) the Charter of Fundamental Rights of the European Union.

2) GDPR Article 4 Definitions

(14) 'biometric data' means personal data resulting from specific technical processing relating to the physical, physiological or behavioural characteristics of a natural person, which allow or confirm the unique identification of that natural person, such as facial images or dactyloscopic data;

에도, 어떠한 방식으로든 플랫폼 노동을 수행하는 자에게 영향을 미치는 결정을 지원하거나 내리는 자동화된 시스템을 사용하는 디지털 노동 플랫폼에도 또한 적용된다.

제8조 데이터 보호 영향 평가

1. 디지털 노동 플랫폼에 의한, 자동화된 모니터링 시스템 및 자동화된 의사결정 시스템을 통한 개인정보의 처리는 Regulation (EU) 2016/679 제35조 제(1)항[3]의 의미 내에서 자연인의 권리와 자유에 높은 위험을 초래할 가능성이 있는 처리의 유형이다. 위 조항에 따라 자동화된 모니터링 시스템 및 자동화된 의사결정 시스템을 통한 개인정보 처리가, 본 지침 제7조에 명시된 처리 제한을 포함하여 플랫폼 업무를 수행하는 자의 개인정보 보호에 미치는 영향을 평가할 때, Regulation (EU) 2016/679 제4조 제(7)호[4]에 정의된 개인정보처리자의 역할을 하는 디지털 노동 플랫폼은 플랫폼 업무를 수행하는 자와 그들의 대표의 견해를 들어야 한다.
2. 디지털 노동 플랫폼은 노동자 대표에게 제1항에 언급된 평가를 제공해야 한다.

제9조 자동화된 모니터링 시스템 또는 자동화된 의사결정 시스템의 투명성

1. 회원국은 디지털 노동 플랫폼이 플랫폼 노동을 수행하는 자, 플랫폼 노동자의 대표 및 요청이 있을 시에는 권한 있는 국가 기관에게 자동화된 모니터링 시스템 또는 자동화된 의사결정 시스템의 사용을 통지하도록

3) GDPR Article 35 Data protection impact assessment
   1. Where a type of processing in particular using new technologies, and taking into account the nature, scope, context and purposes of the processing, is likely to result in a high risk to the rights and freedoms of natural persons, the controller shall, prior to the processing, carry out an assessment of the impact of the envisaged processing operations on the protection of personal data. A single assessment may address a set of similar processing operations that present similar high risks.

4) GDPR Article 4 Definitions
   (7) ‘controller’ means the natural or legal person, public authority, agency or other body which, alone or jointly with others, determines the purposes and means of the processing of personal data; where the purposes and means of such processing are determined by Union or Member State law, the controller or the specific criteria for its nomination may be provided for by Union or Member State law;

요구해야 한다.

이러한 정보는 다음과 관련된다:

(a) 자동화된 모니터링 시스템과 관련하여:

(i) 그러한 시스템이 사용 중이거나, 또는 도입 과정에 있다는 사실;

(ii) 역무 수령자의 평가를 포함하여, 해당 시스템을 통해 모니터링, 감독 또는 평가되는 데이터 및 행위의 범주;

(iii) 모니터링의 목적 및 해당 시스템이 어떻게 이를 달성할 것인지;

(iv) 해당 시스템을 통해 처리되는 개인 데이터의 수령자 또는 수령자의 범주 및 기업 그룹 내에서 행해지는 경우를 포함하여 그러한 개인정보의 전송 또는 이전 일체;

(b) 자동화된 의사결정 시스템과 관련하여:

(i) 그러한 시스템이 사용 중이거나, 또는 도입 과정에 있다는 사실;

(ii) 해당 시스템을 통해 내려지거나 지원되는 의사결정의 범주;

(iii) 플랫폼 업무를 수행하는 자의 개인 데이터나 행동이 의사결정에 영향을 미치는 방식을 포함하여, 해당 시스템이 고려하는 데이터의 범주와 주요 매개변수(parameters) 및 자동화된 의사결정에서의 그러한 매개변수들의 상대적 중요도;

(iv) 플랫폼 업무를 수행하는 자의 계정을 제한, 정지 또는 해지하고, 그들에 의해 수행된 업무에 관한 보수 지급을 거부하는 결정은 물론, 그들의 계약상 지위에 관한 결정 또는 이에 준하거나, 불이익한 영향을 미치는 결정에 대한 근거;

(c) 자동 시스템에 의해 내려지거나 지원되는, 플랫폼 작업을 수행하는 자들에게 영향을 미치는 모든 범주의 결정.

2. 디지털 노동 플랫폼은 제1항에서 언급된 정보를 전자문서의 형식일 수도 있는 문서 형태로 제공하여야 한다. 해당 정보는 명확하고 쉬운 언어를 사용하여, 투명하고 이해하기 쉬우며, 접근이 쉬운 형태로 제공되어야 한다.

3. 디지털 노동 플랫폼은 아래 각 호의 시기에 플랫폼 노동을 수행하는 자에게 적용되는 노동 조건을 포함하여 그들에게 직접적으로 영향을 미치는 시스템 및 그 특징에 관한 제1항에 언급된 정보를 간결한 형태로 제공해야 한다:

(a) 늦어도 첫 근무일에;

(b) 노동조건, 작업의 조직이나 업무 성과의 모니터링에 영향을 미치는 변경이 도입되기 전에; 및

(c) 플랫폼 노동을 수행하는 자들의 요청이 있는 경우 언제든지.

플랫폼 노동을 수행하는 자들의 요청이 있는 경우 디지털 노동 플랫폼은 모든 관련 시스템 및 그 특징과 관련하여 제1항에 언급된 정보를 포괄적이고 상세한 형태로 제공해야 한다.

4. 디지털 노동 플랫폼은 노동자 대표에게, 모든 관련 시스템 및 그 특징에 관하여 제1항에 언급된 정보를 포괄적이고 상세한 형태로 제공해야 한다. 디지털 노동 플랫폼은 아래 각 호의 시기에 그와 같은 정보를 제공해야 한다.
   (a) 해당 시스템을 사용하기 전에;
   (b) 노동조건, 작업의 조직이나 업무 성과의 모니터링에 영향을 미치는 변경이 도입되기 전에; 및
   (c) 노동자 대표의 요청이 있을 때 언제든지.

   디지털 노동 플랫폼은 권한 있는 국가 기관의 요청이 있을 경우 언제든지 제1항에 언급된 정보를 포괄적이고 상세한 형태로 제공해야 한다.

5. 디지털 노동 플랫폼은 채용 또는 선발 절차를 진행 중인 자에게 제1항에 언급된 정보를 제공해야 한다. 해당 정보는 제2항에 따라 제공되어야 하고, 간결해야 하며며, 해당 절차에 사용되는 자동화된 모니터링 시스템 또는 자동화된 의사결정 시스템에만 관련되어야 하고, 해당 채용 또는 선발 절차가 개시되기 전에 제공되어야 한다.

6. 플랫폼 작업을 수행하는 자는, Regulation (EU) 2016/679에 따른 역무 수령자의 권리에 부정적인 영향을 미치지 않는 범위 내에서, 평점(ratings) 및 후기(reviews)를 포함하여 디지털 노동 플랫폼의 자동화된 모니터링 및 자동화된 의사결정 시스템의 맥락에서 그들의 작업 수행을 통하여 생성된 개인정보의 이동성에 대한 권리를 갖는다.

   디지털 노동 플랫폼은 플랫폼 작업을 수행하는 자에게 Regulation (EU) 2016/679 제20조[5] 및 본항 제1문에 언급된 이동성에 대한 권리의 효과적인 행사를 촉진하는 도구를 무료로 제공해야 한다. 플랫폼 작업을 수행하는 자의 요청이 있는 경우, 디지털 노동 플랫폼은 그러한 개인정보를 제3자에게 직접 전송해야 한다.

제10조 자동화된 모니터링 시스템 및 자동화된 의사결정 시스템에 대한 인간의 감독

1. 회원국은 디지털 노동 플랫폼이, 정기적으로 또한 어떤 경우에도 2년마다, 적용 가능한 경우 플랫폼 노동을 수행하는 자들의 노동조건 및 작

5) GDPR Article 20 Right to data portability

업장에서의 평등한 대우에 관한 내용을 포함하여, 디지털 노동 플랫폼이 사용하는 자동화된 모니터링 시스템 및 자동화된 의사결정 시스템이 내렸거나 지원하는 개별 의사결정이 그들에게 미치는 영향을 감독(oversee)하고, 노동자 대표의 참여하에 이에 대한 평가를 실시하도록 보장해야 한다.

2. 회원국은 디지털 노동 플랫폼이 자동화된 모니터링 시스템 또는 자동화된 의사결정 시스템이 내리거나 지원하는 개별 의사결정의 영향에 대한 효과적인 감독 및 평가를 위해 충분한 인적 자원을 확보하도록 요구해야 한다. 디지털 노동 플랫폼에 의해 감독 및 평가 기능을 부여받은 자는 그러한 기능을 행사하는데 필요한 역량, 교육 및 자동화된 결정을 무효로 하는 것을 포함한 권한을 보유하여야 한다. 이들은 자신들의 기능을 행사하였음을 이유로, 해고나 이에 상응하는 조치, 징계 조치 또는 기타 불리한 대우를 받지 않도록 보호받아야 한다.
3. 제1항에서 언급한 감독 또는 평가에서 자동화된 모니터링 시스템 또는 자동화된 의사결정 시스템의 사용 시 작업장 내 차별의 고위험(high risk)이 식별되거나, 자동화된 모니터링 시스템 또는 자동화된 의사결정 시스템이 내리거나 지원하는 개별 의사결정이 플랫폼 노동을 수행하는 자의 권리를 침해하는 것으로 확인되는 경우, 디지털 노동 플랫폼은 적절한 경우 자동화된 모니터링 시스템 또는 자동화된 의사결정 시스템의 수정이나 그 사용의 중단을 포함하여, 장래에 그와 같은 결정을 방지하는데 필요한 조치를 해야 한다.
4. 제1항에 따른 평가에 관한 정보는 플랫폼 노동자의 대표에게 전달되어야 한다. 디지털 노동 플랫폼은 또한 플랫폼 작업을 수행하는 자와 권한 있는 국가 기관의 요청이 있으면 그러한 기관이 그러한 정보를 사용할 수 있도록 해야 한다.
5. 플랫폼 작업을 수행하는 자와의 계약 관계나 계정을 제한, 정지 또는 해지하는 일체의 결정 또는 이에 상응하는 불이익을 주는 다른 모든 결정은 인간에 의해 내려져야 한다.

제11조 인간에 의한 재검토

1. 회원국은 플랫폼 작업을 수행하는 자가 자동화된 의사결정 시스템에 의해 내려지거나 지원되는 모든 의사결정에 대해, 부당한 지연 없이 디지털 노동 플랫폼으로부터 설명을 들을 권리를 보장해야 한다. 설명은, 구두 또는 서면의 형태로, 명확하고 쉬운 언어를 사용하여, 투명하고 이해하기 쉬운 방식으로 제공되어야 한다. 회원국은 디지털 노동 플랫폼이

플랫폼 노동을 수행하는 자에게, 어떠한 의사결정에 이르게 된 사실, 상황, 이유를 논의하고 명확히 하기 위하여 디지털 노동 플랫폼이 지정한 연락 담당자와 연락할 수 있도록 보장해야 한다. 디지털 노동 플랫폼은 해당 담당자가 해당 기능을 수행하는 데 필요한 역량, 교육 및 권한을 보유하도록 보장해야 한다.

디지털 노동 플랫폼은 자동화된 의사결정 시스템에 의해 지원되거나, 또는 적용 가능한 경우 그에 의해 내려진, 플랫폼 노동을 수행하는 자의 계정의 제한·정지 또는 해지에 관한 일체의 결정, 플랫폼 노동을 수행하는 자에 의해 수행된 작업에 대한 보수 지급의 거부에 관한 일체의 결정, 플랫폼 작업을 수행하는 자의 계약상 지위에 관한 일체의 결정, 이와 유사한 효과가 있는 일체의 결정 또는 고용이나 기타 계약상 관계의 본질적인 측면에 영향을 미치는 그 밖의 결정에 관하여, 부당한 지연 없이 또한 늦어도 그러한 결정의 효력이 발생하는 날에, 그러한 결정의 이유를 서면으로 작성하여 플랫폼 작업을 수행하는 자에게 제공하여야 한다.

2. 플랫폼 작업을 수행하는 자와 국내법 또는 관행에 따라 플랫폼 작업을 수행하는 자를 대신하여 행동하는 대표는 디지털 노동 플랫폼에 제1항에 언급된 결정에 대해 검토를 요청할 권리가 있다. 디지털 노동 플랫폼은, 부당한 지연 없이, 또한 어떠한 경우에도 그러한 요청의 수령일로부터 2주 이내에, 플랫폼 노동을 수행하는 자에게 충분하게 적확하고, 적절하게 근거를 갖춘 답변을 전자문서 형식일 수도 있는 문서의 형식으로 제공하여야 한다.
3. 제1항에서 언급된 결정이 플랫폼 노동을 수행하는 자의 권리를 침해하는 경우, 디지털 노동 플랫폼은 지체없이, 또한 어떠한 경우에도 결정이 채택된 날로부터 2주 이내에 해당 결정을 교정해야 한다. 그러한 교정이 불가능한 경우, 디지털 노동 플랫폼은 발생한 피해에 대해 적절한 보상을 제공해야 한다. 어떠한 경우에도, 디지털 노동 플랫폼은 적절한 경우 자동화된 의사결정 시스템의 수정 또는 그 사용의 중단을 포함하여, 장래에 그와 같은 결정을 방지하는데 필요한 조치를 해야 한다.
4. 본 조는 국내법 및 관행, 그리고 단체협약에 규정된 징계 및 해고 절차에 영향을 미치지 않는다.
5. 본조는 플랫폼 작업을 수행하는 자가 Regulation (EU) 2019/1150(P2B Regulation) 제2조 제(1)호[6]에 정의된 사업적 이용자에 해당하는 경우

6) P2B Regulation Article 2 Definitions

에는 적용되지 않는다.

제12조 안전 및 보건

1. 디지털 노동 플랫폼은, Council Directive 89/391/EEC[7] 및 작업장에서의 안전 및 보건 분야에서의 관련 지침에 영향을 미치지 않는 범위에서, 플랫폼 노동자와 관련하여 다음의 사항을 이행하여야 한다:
   (a) 자동화된 모니터링 시스템 또는 자동화된 의사결정 시스템이 플랫폼 노동자의 안전 및 보건에 미치는 위험성, 특히 업무상 사고에 대한 잠재적 위험성, 심리사회적(psychosocial) 및 인간공학적(ergonomic) 위험성의 평가;
   (b) 작업 환경의 구체적인 특성의 관점에서 식별된 위험에 대하여, 해당 시스템의 안전장치이 적절한지에 대한 평가;
   (c) 적절한 예방 및 보호 조치의 도입.
2. 본조 제1항의 요건과 관련하여, 디지털 노동 플랫폼은 Council Directive 89/391/EEC 제10조[8] 및 제11조[9]에 따라 플랫폼 노동자 및/또는 그들의 대표에게 효과적인 정보 제공, 협의 및 참여를 보장하여야 한다.
3. 디지털 노동 플랫폼은 플랫폼 노동자에게 과도한 압박을 주거나, 또는 그 밖에 플랫폼 노동자의 안전 및 신체적·정신적 건강을 위험에 처하게 하는 방식으로 자동화된 모니터링 시스템 또는 자동화된 의사결정 시스템을 사용해서는 안 된다.
4. 본조는, 자동화된 의사결정 시스템 외에도, 어떠한 방식으로든 플랫폼 노동자에게 영향을 미치는 의사결정을 지원하거나 내리는 자동화된 시스템을 사용하는 경우에도 적용된다.
5. 폭력과 괴롭힘으로부터의 보호를 포함하여, 플랫폼 노동자의 안전 및 보건을 보장하기 위하여, 회원국은 디지털 노동 플랫폼이 효과적인 보고 경로를 포함한 예방 조치를 마련하도록 보장해야 한다.

---

(1) 'business user' means any private individual acting in a commercial or professional capacity who, or any legal person which, through online intermediation services offers goods or services to consumers for purposes relating to its trade, business, craft or profession;

7) Council Directive on the introduction of measures to encourage improvements in the safety and health of workers at work(유럽 연합 노동자 안전 및 보건 향상을 촉진하는 대책의 도입에 관한 지침)

8) Article 10 Worker information

9) Article 11 Consultation and participation of workers

제13조 정보 제공 및 협의

1. 본 지침은 정보 제공 및 협의와 관련하여 Directive 89/391/EEC에 영향을 미치지 않으며, 2002/14/EC 지침[10] 또는 2009/38/EC 지침[11]에 영향을 미치지 않는다.
2. 회원국은, 본 조 제1항에 언급된 지침을 준수하는 것 외에도, 디지털 노동 플랫폼이 Directive 2002/14/EC 제2조 제(f)호[12] 및 제(g)호[13]에 정의된 바에 따라 노동자 대표에 정보를 제공하고 그와 협의를 하는 경우, 자동화된 모니터링 시스템 또는 자동화된 의사결정 시스템의 도입이나 그 사용에 중대한 변경을 초래할 수 있는 결정을 포함하도록 보장해야 한다.

   본 항의 목적상, 노동자 대표에 대한 정보 제공 및 그와의 협의는 Directive 2002/14/EC에 규정된 정보권 및 협의권의 행사와 같은 방식으로 이루어져야 한다.
3. 플랫폼 노동자의 대표는 정보 제공과 협의의 대상이 되는 사항을 검토하고 의견을 제시하는 데 필요한 한도에서, 자신이 선택한 전문가의 조력을 받을 수 있다. 디지털 노동 플랫폼이 관련 회원국에서 250명을 초과하는 노동자를 사용하는 경우, 전문가에 대한 비용은 그에 비례적인 경우에 한하여, 디지털 노동 플랫폼이 부담해야 한다. 회원국은 그 조력의 효과를 보장하면서, 전문가 요청의 빈도를 결정할 수 있다.

제14조 노동자에 대한 정보 제공

플랫폼 노동자의 대표가 없는 경우, 회원국은 디지털 노동 플랫폼이 자동화된 모니터링 시스템 또는 자동화된 의사결정 시스템의 도입 또는 그 사용에 상당한 변화를 초래할 수 있는 결정에 대해 관련 플랫폼 노동자에게 직접 정보를 제공하도록 보장해야 한다. 이러한 정보는 전자문서의 형식일 수도 있는 문서 형태로 제공되어야 하고, 명확하고 쉬운 언어를 사용하

10) 유럽공동체의 정보 제공과 협의를 위한 일반기본지침(2002/14/EC)
11) 유럽사업장협의회에 관한 지침(2009/38/EC)
12) Directive 2002/14/EC Article 2 Definitions
   (f) "information" means transmission by the employer to the employees' representatives of data in order to enable them to acquaint themselves with the subject matter and to examine it;
13) Directive 2002/14/EC Article 2 Definitions
   (g) "consultation" means the exchange of views and establishment of dialogue between the employees' representatives and the employer.

여, 투명하고 이해하기 쉬우며, 접근이 쉬운 방식으로 제공되어야 한다.

제15조 플랫폼 노동자 대표 이외의 플랫폼 노동을 수행하는 자의 대표에 대한 특정 조치

플랫폼 노동자 대표 이외의 플랫폼 노동을 수행하는 자의 대표는, 그들이 플랫폼 노동자가 아닌 플랫폼 작업을 수행하는 자를 대신하여 그들의 개인정보의 보호와 관련하여 행동하는 범위에서, 본 지침 제8조 제2항, 제9조 제1항·제4항, 제10조 제4항 및 제11조 제2항에 따라 노동자 대표에게 부여된 권리를 행사할 수 있다.

제IV장 플랫폼 노동의 투명성

제16조 플랫폼 노동의 신고

회원국은 디지털 노동 플랫폼이 관련 회원국의 법률에 규정된 규칙과 절차에 따라, 플랫폼 노동자에 의해 수행하는 작업을 그러한 작업이 수행되는 회원국의 권한 있는 기관에 신고하도록 요구해야 한다.

이는 월경(越境)하여 활동하는 상황에서의 작업을 회원국의 관련 기관에 신고하여야 하는, 유럽연합 법률에 따른 특정 의무에 영향을 미치지 않는다.

제17조 플랫폼 노동에 대한 관련 정보에의 접근

1. 회원국은 디지털 노동 플랫폼이 권한 있는 기관은 물론 플랫폼 작업을 수행하는 자의 대표가 다음 정보에 접근할 수 있도록 보장해야 한다:
   (a) 활동의 수준과 그들의 계약상 또는 고용상 지위에 따라 분류된 해당 디지털 노동 플랫폼을 통해 플랫폼 작업을 수행하는 자의 수;
   (b) 디지털 노동 플랫폼에 의해 결정되고, 그들의 계약상 관계에 적용될 수 있는 일반적인 주요조건 및 세부조건;
   (c) 해당 디지털 노동 플랫폼을 통하여 정기적으로 플랫폼 작업을 수행하는 자의 평균적인 활동 기간, 개인별 주당 평균 작업시간 및 활동으로 얻는 평균 소득;
   (d) 디지털 노동 플랫폼과 계약 관계를 맺고 있는 중개인.
2. 회원국은 디지털 노동 플랫폼이 플랫폼 노동을 수행하는 자에 의해 수행된 작업 및 그들의 고용상 지위에 관한 정보를 권한 있는 국가 기관에 제공하도록 보장해야 한다.
3. 제1항에 언급된 정보는 관련 디지털 노동 플랫폼을 통하여 플랫폼 작업이 수행되고 있는 각각의 회원국에 제공되어야 한다. 제1항 제(c)호와

관련해서는, 이러한 정보는 요청이 있는 경우에만 제공하면 된다.

4. 제1항에 언급된 정보는 최소 6개월마다 갱신되어야 하며, 또한 제1항 제(b)호와 관련해서는 주요조건 및 세부조건이 실질적으로 변경될 때마다 갱신되어야 한다.

   제1문에도 불구하고, 디지털 노동 플랫폼이 마이크로 기업을 포함한 중소기업일 경우, 회원국은 제1항에 언급된 정보 갱신의 주기를 매년 1회로 규정할 수 있다.

5. 권한 있는 기관과 플랫폼 노동을 수행하는 자의 대표는 디지털 노동 플랫폼에, 고용계약에 관한 세부 사항을 포함하여, 제공된 일체의 정보에 관한 추가적인 설명 및 세부 사항을 요청할 권리가 있다. 디지털 노동 플랫폼은 이러한 요청에 대해 부당한 지연 없이 근거를 갖춘 답변을 제공함으로써 이에 응하여야 한다.

제V장 구제 및 집행

제18조 구제받을 권리

회원국은, Regulation (EU) 2016/679(GDPR) 제79조[14] 및 제82조[15]를 제한하지 않는 한도에서, 고용 또는 기타 계약상 관계가 종료된 자들을 포함하여 플랫폼 작업을 수행하는 자들이 적시에 효과적이고 공정한 분쟁 해결 절차를 활용할 수 있도록 하고, 또한 본 지침에서 도출된 그들의 권리가 침해된 경우에는, 발생한 손해에 대한 적절한 보상을 포함한 구제를 받을 권리를 보장해야 한다.

제19조 플랫폼 노동을 수행하는 자를 대리 또는 보조하는 절차

Regulation (EU) 2016/679(GDPR) 제80조[16]에 영향을 미치지 않는 범위에서, 회원국은 플랫폼 노동을 수행하는 자의 대표 및 국내법 또는 관행에 따라 플랫폼 작업을 수행하는 자의 권리를 옹호할 적법한 이익을 갖는 법인이, 본 지침에서 도출된 권리 또는 의무를 집행하기 위한 일체의 사법 또는 행정 절차에 참가할 수 있도록 보장해야 한다. 본 지침에서 도출된 권리 또는 의무가 침해된 경우, 이들은 국내법과 관행에 따라 플랫폼 작업을 수행하는 자 또는 그러한 자들을 대리하거나, 보조하여 행위 할 수 있다.

14) GDPR Article 79 Right to an effective judicial remedy against a controller or processor

15) GDPR Article 82 Right to compensation and liability

16) GDPR Article 80 Representation of data subjects

제20조 플랫폼 작업을 수행하는 자를 위한 소통 경로

회원국은, 디지털 노동 플랫폼이 Regulation (EU) 2016/679상의 의무를 준수하면서, 디지털 노동 플랫폼의 디지털 인프라 또는 이와 상응하는 효과적인 수단을 통하여 플랫폼 작업을 수행하는 자들이 상호 개인적이고 안전하게 연락 및 소통하고, 또한 플랫폼 작업을 수행하는 자들의 대표와 연락하거나 연락을 받을 수 있도록 보장하는데 필요한 조치를 하여야 한다. 회원국은 디지털 노동 플랫폼에 이러한 연락 및 소통에 대한 접근 또는 모니터링을 삼갈 것을 요구해야 한다.

제21조 증거에 대한 접근

1. 회원국은 본 지침의 조항과 관련된 쟁송 절차에서 회원국 법원 또는 권한 있는 기관이 디지털 노동 플랫폼에 그들의 통제하에 있는 일체의 관련 증거의 개시를 명령할 수 있도록 보장해야 한다.
2. 회원국은, 회원국의 법원이 비밀 정보가 포함된 증거가 소송과 관련이 있다고 판단할 경우, 회원국 법원이 그러한 증거의 공개를 명령할 권한을 갖도록 보장해야 한다. 회원국은, 그러한 정보의 공개를 명령할 때, 회원국 법원의 재량으로 그러한 정보를 보호하기 위한 효과적인 조치를 할 수 있도록 보장해야 한다.

제22조 불리한 대우 또는 결과로부터의 보호

회원국은, 디지털 노동 플랫폼에 의한 일체의 불리한 대우와 디지털 노동 플랫폼에 제기된 불만 또는 본 지침에 규정된 권리의 준수를 강제하기 위한 목적으로 개시된 절차로 인해 발생하는 일체의 불리한 결과로부터, 그들 중 그 대표를 포함하여 플랫폼 작업을 수행하는 자들을 보호하는데 필요한 조치를 도입해야 한다.

제23조 해고로부터의 보호

1. 회원국은, 플랫폼 작업을 수행하는 자들이 본 지침에 규정된 권리를 행사하였음을 이유로, 그들을 해고, 계약의 해지 또는 이에 상응하는 처분 및 해고, 계약의 해지 또는 이에 상응하는 처분을 위한 일체의 준비행위를 금지하는데 필요한 조치를 하여야 한다.
2. 본 지침에 규정된 권리를 행사하였음을 이유로, 해고·계약의 해지 또는 이에 상응하는 효과가 있는 처분에 처하여졌다고 생각하는 플랫폼 업무를 수행하는 자는, 디지털 노동 플랫폼에 해고·계약의 해지 또는 이에 상응하는 일체의 처분에 관하여 정당하게 근거를 갖춘 이유를 제공할

것을 요청할 수 있다. 디지털 노동 플랫폼은 부당한 지연 없이 그러한 근거를 서면으로 제공해야 한다.

3. 회원국은, 제2항에 언급된 플랫폼 작업을 수행하는 자들이 법원이나 그 밖의 권한 있는 기관 또는 조직에 그와 같은 해고·계약의 해지 또는 이에 상응하는 조치가 있었다고 추정될 수 있는 사실을 증명할 경우, 디지털 노동 플랫폼이 그와 같은 해고·계약의 해지 또는 이에 상응하는 조치가 제1항에서 언급한 사유 이외의 사유에 근거한 것임을 증명하도록 보장하는데 필요한 조치를 해야 한다.
4. 회원국은, 법원 또는 그 밖의 권한 있는 기관 또는 조직이 사건의 사실관계를 조사해야 하는 절차에서는 제3항의 적용을 요구받지 않는다.
5. 제3항은 회원국에 의해 달리 규정하지 않는 한, 형사(刑事) 절차에는 적용되지 않는다.

제24조 감독 및 벌칙

1. Regulation (EU) 2016/679(GDPR)의 감독기관) 또는 동 규정의 적용을 모니터링할 책임이 기관은, 데이터 보호 문제에 관련된 한도에서 Regulation (EU) 2016/679(GDPR)의 제VI장,[17] 제VII장[18] 및 제VIII장[19]의 관련 조항에 따라 본 지침 제7조부터 제11조까지의 적용을 모니터링 및 집행할 책임도 있다.

   해당 규정(GDPR) 제83조 제5항[20]에 언급된 행정벌의 상한액은 본 지침 제7조부터 제11조까지에 대한 침해에 적용된다.
2. 제1항에 언급된 기관과 그 밖에 권한 있는 국가 기관은, 관련 있는 경우, 특히 자동화된 모니터링 또는 자동화된 의사결정 시스템이 플랫폼 작업을 수행하는 자에게 미치는 영향에 대한 의문이 제기되는 경우, 각자의 권한 범위 내에서 본 지침의 집행을 위해 협력해야 한다. 이를 위해, 이러한 기관들은, 요청이 있는 경우 또는 자발적으로, 점검(inspections) 또는 조사(investigations) 과정에서 취득한 정보를 포함한

17) GDPR CHAPTER VI Independent supervisory authorities
18) GDPR CHAPTER VII Cooperation and consistency
19) GDPR CHAPTER VIII Remedies, liability and penalties
20) GDPR Article 83 General conditions for imposing administrative fines
    5. Infringements of the following provisions shall, in accordance with paragraph 2, be subject to administrative fines up to 20,000,000 EUR, or in the case of an undertaking, up to 4% of the total worldwide annual turnover of the preceding financial year, whichever is higher: (하략)

관련된 정보를 서로 교환해야 한다.

3. 권한 있는 국가 기관은, 유럽 집행위원회(European Commission)의 지원을 받아, 법률적 추정의 시행에 관한 관련 정보 및 모범 사례를 교환함으로써 협력하여야 한다.
4. 플랫폼 작업을 수행하는 자가 디지털 노동 플랫폼이 설립된 회원국이 아닌 회원국에서 플랫폼 업무를 수행하는 경우, 이러한 회원국들의 권한 있는 기관들은 본 지침을 집행하기 위한 목적으로 정보를 교환하여야 한다.
5. 제1항에 영향을 미치지 않는 한도에서, 회원국은 본 지침의 조항에 따라 채택된 국내 규정 또는 본 지침의 범위 내에 있는 권리와 관련하여 이미 시행 중인 관련 규정의 침해에 적용될 수 있는 벌칙에 관한 규칙을 마련해야 한다. 이러한 벌칙은 효과적이고, 억제력이 있으며, 기업에 의한 침해의 성격·중대성·기간 및 영향을 받는 노동자의 수에 비례적이어야 한다.
6. 디지털 노동 플랫폼이 플랫폼 작업을 수행하는 자의 올바른 고용상 지위를 결정하는 법원 판결의 준수를 거부하는 것과 관련한 침해의 경우, 회원국은 이에 대한 벌칙을 규정해야 하며, 이러한 벌칙에는 금전적 제재가 포함될 수 있다.

제VI장 최종 조항

제25조 플랫폼 작업에서의 단체교섭 촉진

회원국은, 사회적 파트너의 자율성을 침해하지 않는 범위에서, 또한 국가별 관행의 다양성을 고려하여, 플랫폼 노동자의 올바른 고용상 지위를 확인하고, 본 지침 제III장에 규정된 알고리즘에 의한 관리와 관련한 권리의 행사를 촉진하는 위한 조치를 포함하여, 플랫폼 작업에서의 사회적 파트너의 역할을 증진하고, 또한 단체교섭권의 행사를 장려하기 위한 적절한 조치를 하여야 한다.

제26조 역진(逆進) 금지 및 더 유리한 조항

1. 본 지침은, 플랫폼 작업을 수행하는 자의 올바른 고용상 지위를 결정하기 위하여 수립된 절차는 물론 그들의 대표의 기존의 특권을 포함하여, 회원국 내에서 플랫폼 노동자에게 이미 제공된 보호의 일반적인 수준을 낮추는 유효한 근거가 될 수 없다.
2. 본 지침은, 본 지침의 목적에 맞추어, 플랫폼 노동자에게 더 유리한 법

률, 규칙 또는 행정 규정을 적용 또는 도입하거나, 플랫폼 노동자에게 더 유리한 단체협약의 적용을 장려 또는 허용하는 회원국의 특권에 영향을 미치지 않는다.

3. 본 지침은 유럽연합의 그 밖의 법적 조치를 통해 플랫폼 작업을 수행하는 자에게 부여된 그 밖의 권리에 영향을 미치지 않는다.

第27조 정보의 보급

회원국은, 플랫폼 작업을 수행하는 자, 중소기업을 포함한 디지털 노동 플랫폼은 물론 일반 공중이 법률적 추정의 적용에 관한 정보를 포함하여, 제1조에 명시된 목적과 관련하여 이미 시행 중인 관련 조항 및 본 지침을 국내법으로 수용하는 조치에 주의를 기울일 수 있도록 보장해야 한다. 이러한 정보는 명확하고, 포괄적이며, 장애가 있는 자를 포함한 모든 자가 쉽게 접근할 수 있는 방식으로 제공되어야 한다.

第28조 단체협약 및 개인 데이터 처리에 관한 특정 규칙

회원국은, 제26조 제1항에 따라, 제9조·제10조 및 제11조에 의한 플랫폼 업무를 수행하는 자의 개인정보 처리와 관련한 권리 및 자유의 보호를 보장하기 위하여 법률 또는 단체협약으로 보다 구체적인 규칙을 규정할 수 있다. 회원국은, 국내법 또는 관행에 따라, 사회적 파트너가 플랫폼 노동자의 전반적인 보호를 존중하면서 제12조 및 제13조에 언급된 내용과 다른 플랫폼 노동에 관한 단체협약을 유지·교섭·체결 및 시행하도록 허용할 수 있으며, 제29조 제4항에 따라 사회적 파트너에게 그 시행을 위탁하는 경우에는 제17조에 명시된 사항과 다른 플랫폼 노동에 관한 단체협약을 유지·교섭·체결 및 시행하도록 허용할 수 있다.

第29조 수용 및 시행

1. 회원국은 2026년 12월 2일까지 본 지침을 준수하는 데 필요한 법률, 규칙 및 행정 조항을 시행해야 하여야 한다. 회원국은 즉시 유럽 집행위원회에 이를 통지해야 한다.

   회원국이 이러한 조치를 채택하는 경우, 그러한 조치에 본 지침에 관한 언급을 포함하거나, 또는 공식 발표 시 그러한 언급이 수반되어야 한다. 그러한 언급의 방법은 회원국에서 정한다.

2. 회원국은 본 지침이 적용되는 분야에서 채택하는 국내법의 주요 조치의 원문을 유럽 집행위원회에 통보하여야 한다.

3. 회원국은, 회원국의 국내법과 관행에 따라, 사회적 파트너의 효과적인 참여를 보장하고, 본 지침의 이행을 위하여 사회적 대화를 촉진 및 강

화하기 위한 적절한 조치를 하여야 한다.

4. 사회적 파트너들이 공동으로 사회적 파트너에게 본 지침의 이행을 위탁할 것을 요청하는 경우, 본 지침이 추구하는 결과가 항상 보장될 수 있도록 회원국이 필요한 모든 조치를 하는 것을 조건으로, 회원국은 본 지침의 시행을 사회적 파트너에게 위탁할 수 있다.

제30조 집행위원회의 검토

유럽 집행위원회는 2029년 12월 2일까지 회원국·유럽 연합 수준의 사회적 파트너 및 주요 이해관계자들과의 협의를 거쳐, 마이크로 기업을 포함한 중소기업에 미치는 영향을 고려하여, 본 지침의 이행을 검토하고, 적절한 경우 입법 개정을 제안해야 한다. 이러한 검토에서, 집행위원회는 중개인의 사용이 본 지침의 전반적인 시행에 미치는 영향과 법률상 추정의 효과에 특히 주의를 기울여야 한다.

제31조 발효

본 지침은 유럽 연합 공식 저널에 게재된 날로부터 20일 후에 발효된다.

제32조 수신자

이 지침은 회원국을 대상으로 한다.

2024년 10월 23일 스트라스부르에서 작성됨

유럽의회를 대표하여
의장 R. METSOLA

유럽 이사회를 대표하여
의장 ZSIGMOND B. P.

[저자 약력]

하시모토 요코(橋本 陽子)

도쿄대학교(東京大学) 법학부 졸업, 동대학원 법학정치학연구과 석사과정 수료
현재 가큐슈인대학교(学習院大学) 법학부 교수로 재직 중

주요 저서로 『労働者の基本概念－労働者性の判断要素と判断方法(노동자의 기본개념－노동자성의 판단요소와 판단방법))』(弘文堂, 제36회 오키나가상(沖永賞)), 『EU·ドイツの労働者概念と労働時間法(EU·독일의 노동자개념과 근로시간법)』(편저, 信山社), 『テキストブック労働法(텍스트북 노동법)』(공저, 中央経済社), 『デジタルプラットフォームと労働法－労働者概念の生成と展開(디지털 플랫폼과 노동법－노동자 개념의 생성과 전개)』(공저, 東京大学出版会) 등이 있다.

역서로 Michael Kittner, 『ドイツ労働法判例50選－裁判官が描く労働法の歴史(50 Urteile: Arbeitsgerichte schreiben Rechtsgeschichte, 3. Aufl)』(信山社)가 있다.

[역자 약력]

권오성

서울대학교 공법학과 졸업, 성균관대학교 법학석사 및 동 대학원 법학박사
변호사(사법연수원 31기 수료), 전 성신여자대학교 법과대학 교수
현 연세대학교 법학전문대학원 부교수로 재직 중

저서로 『당신의 안녕이 기준이 될 때』(21세기북스), 『노동법을 묻다』(공저, 문우사), 『노동법의 쟁점과 사례』(공저, 박영사), 『중대재해처벌법의 체계』((주)새빛) 등이 있고, 역서로 『디지털 팩토리』(공역, 숨쉬는 책공장), 『노동·자유·존엄』(공역, 문우사)이 있다.

연구관심 주제로 플랫폼 경제, 인공지능, 기후위기, 인구구조 변화 등에 따른 노동법의 대응 등에 관심을 가지고 연구하고 있다.

박수경

일본 와세대다학교 졸업. 국제관계학 박사(노동정책 전공)
현재 강원대학교 비교법학연구소 연구교수로 재직 중

저서로 『대학 괴롭힘』(공저, 박영사), 『Asian Perspectives on Workpalce Bullying and Harassment』(공저, Springer) 등이 있다.

연구관심 주제로 직장 내 괴롭힘, 일하는 사람의 건강권, 저출산 고령화 및 디지털 전환과 다양한 일하는 방식에 따른 노동정책 및 법제의 변화 등에 관심을 가지고 연구하고 있다.

노동법은 프리랜서를 보호할 수 있을까?
– 앞으로의 고용사회를 생각하다

초판발행 2024년 11월 30일

지은이 하시모토 요코(橋本 陽子)
옮긴이 권오성 · 박수경
펴낸이 김중용

편 집 심성보 · 김인숙

펴낸곳 도서출판 **정독**
경기도 고양시 일산서구 하이파크로 113, 102-204
등록 제406-2014-000093호
전 화 031)924-7203 팩 스 031)935-0345
홈페이지 www.jeongdok.co.kr 이메일 admin@jeongdok.co.kr
ISBN 979-11-6858-314-6 93360

정 가 15,000원